자기주도학습
체크리스트 ✓

✓ 선생님의 친절한 강의로 여러분의 예습·복습을 도와 드릴게요.

✓ 공부를 마친 후에 확인란에 체크하면서 스스로를 칭찬해 주세요.

✓ 강의를 듣는 데에는 30분이면 충분합니다.

날짜	강의명		확인	날짜	강의명		확인
	강				강		
	강				강		
	강				강		
	강				강		
	강				강		
	강				강		
	강				강		
	강				강		
	강				강		
	강				강		
	강				강		
	강				강		
	강				강		
	강				강		
	강				강		
	강				강		
	강				강		
	강				강		
	강				강		
	강				강		
	강				강		
	강				강		

자기주도학습 체크리스트로 공부의 기쁨이 차곡차곡 쌓일 것입니다.

우리 아이 문해력 수준, 어느 정도일까?

초등 1학년 ~ 중학 1학년
(학년별 3회분 평가 수록)

《 문해력 등급 평가 》

문해력 전 영역 수록

어휘, 쓰기, 독해부터
디지털독해까지 종합 평가

정확한 수준 확인

문해력 수준을 수능과
동일한 9등급제로 확인

평가 결과표 양식 제공

부족한 부분은 스스로 진단하고
친절한 해설로 보충 학습

문해력 본학습 전에 수준을 진단하거나 본학습 후에 평가하는 용도로 활용해 보세요.

 인터넷·모바일·TV
무료 강의 제공

초 | 등 | 부 | 터 **EBS**

사회 6-2

BOOK 1
개념책

예습·복습·숙제까지 해결되는
교과서 완전 학습서

BOOK 1
개념책

BOOK 1 개념책으로
교과서에 담긴 **학습 개념**을
꼼꼼하게 공부하세요!

해설책 PDF 파일은 EBS 초등사이트(primary.ebs.co.kr)에서 내려받으실 수 있습니다.

| 교재
내용
문의 | 교재 내용 문의는 EBS 초등사이트
(primary.ebs.co.kr)의 교재 Q&A
서비스를 활용하시기 바랍니다. | 교 재
정오표
공 지 | 발행 이후 발견된 정오 사항을 EBS 초등사이트
정오표 코너에서 알려 드립니다.
교재 검색 ▶ 교재 선택 ▶ 정오표 | 교재
정정
신청 | 공지된 정오 내용 외에 발견된 정오 사항이
있다면 EBS 초등사이트를 통해 알려 주세요.
교재 검색 ▶ 교재 선택 ▶ 교재 Q&A |

BOOK1
개념책

만점왕 사회
6-2

이 책의 구성과 특징

BOOK
1
개념책

1 | 단원 도입

단원을 시작할 때마다 도입 그림을 눈으로 확인하며 안내 글을 읽으면, 공부할 내용에 대해 흥미를 갖게 됩니다.

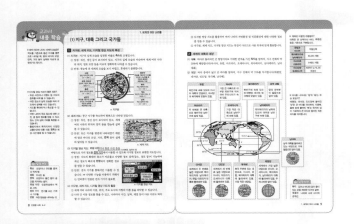

2 | 교과서 내용 학습

본격적인 학습을 시작하는 단계입니다. 자세한 개념 설명과 그림을 통해 핵심 개념을 분명하게 파악할 수 있습니다.

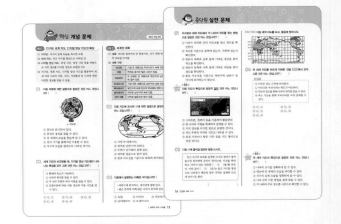

3 | 핵심 개념 + 실전 문제

[핵심 개념 문제 / 중단원 실전 문제]
개념별 문제, 실전 문제를 통해 교과서에 실린 내용을 하나하나 꼼꼼하게 살펴보며 빈틈없이 학습할 수 있습니다.

4 | 서술형 평가 돋보기

단원의 주요 개념과 관련된 서술형 문항을 심층적으로 학습하는 단계로, 강화될 서술형 평가에 대비할 수 있습니다.

5 | 대단원 정리 학습

학습한 내용을 정리하는 단계입니다. 학습 내용을 보다 명확하게 정리할 수 있습니다.

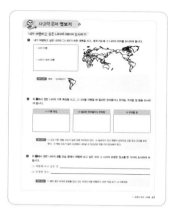

6 | 사고력 문제 엿보기

다양한 자료로 창의적인 활동을 하면서 생각하는 힘을 기를 수 있습니다.

7 | 대단원 마무리

평가를 통해 단원 학습을 마무리 하고, 자신이 보완해야 할 점을 파악할 수 있습니다.

8 | 수행 평가 미리 보기

학생들이 고민하는 수행 평가를 대단원별로 구성하였습니다. 선생님께서 직접 출제하신 문제를 통해 수행 평가를 꼼꼼히 준비할 수 있습니다.

BOOK

2

실전책

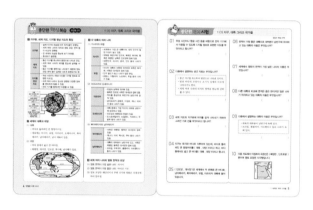

1 | 핵심 복습 + 쪽지 시험

핵심 정리를 통해 학습한 내용을 복습하고, 간단한 쪽지 시험을 통해 자신의 학습 상태를 확인할 수 있습니다.

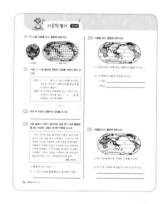

2 | 중단원 + 대단원 평가

[중단원 확인 평가 / 학교 시험 만점왕] 앞서 학습한 내용을 바탕으로 보다 다양한 문제를 경험하여 단원별 평가를 대비할 수 있습니다.

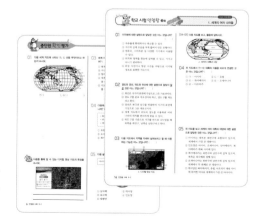

3 | 서술형 평가

단원의 주요 개념과 관련된 서술형 문항을 심층적으로 학습하는 단계로, 강화될 서술형 평가에 대비할 수 있습니다.

BOOK 1 개념책

평상 시 진도 공부는

교재(북1 개념책)로 공부하기

만점왕 북1 개념책으로 진도에 따라 공부해 보세요.

개념책에는 학습 개념이 자세히 설명되어 있어요.

따라서 학교 진도에 맞춰 만점왕을 풀어 보면

혼자서도 쉽게 공부할 수 있습니다.

TV(인터넷) 강의로 공부하기

개념책으로 혼자 공부했는데, 잘 모르는 부분이 있나요?

더 알고 싶은 부분도 있다고요?

만점왕 강의가 있으니 걱정 마세요.

만점왕 강의는 TV를 통해 방송됩니다.

방송 강의를 보지 못했거나 다시 듣고 싶은 부분이 있다면

인터넷(EBS 초등사이트)을 이용하면 됩니다.

이 부분은 잘 모르겠으니 인터넷으로 다시 봐야겠어.

만점왕 방송 시간: EBS홈페이지 편성표 참조

EBS 초등사이트: primary.ebs.co.kr

시험 대비 공부는 북2 실전책으로! (북2 2쪽 자기주도 활용 방법을 읽어 보세요.)

이 책의 **차례**

CONTENTS

BOOK
1
개념책

1 단원

세계의 여러 나라들

세계에는 어떤 나라들이 있을까요? 각 나라는 어디에 위치하고 있으며 세계 여러 나라 사람들은 어떻게 살아갈까요? 이번 단원에서는 대륙과 대양 및 대륙별 주요 나라들에 대해 알아보고, 세계의 다양한 기후 특징과 세계 여러 나라 사람들의 생활 모습에 대해서도 알아볼 거예요. 또한, 우리나라와 가까운 나라들의 환경과 생활 모습을 이해하고, 이웃 나라와의 교류 모습을 알아보며, 나아가 세계 여러 나라들과 우리나라가 어떤 관계를 맺고 있는지 알아봅시다.

단원 학습 목표

1. 지구본, 세계 지도, 디지털 영상 지도의 특성을 이해하고, 대륙과 대양, 대륙별 주요 나라의 위치 및 특징을 이해할 수 있습니다.
2. 세계의 기후 분포 및 특징을 살펴보고, 세계 여러 나라의 생활 모습과 환경과의 관계를 파악할 수 있습니다.
3. 우리나라와 가까운 나라들의 자연환경과 인문환경을 살펴보고, 이를 바탕으로 우리나라와의 교류 및 상호 의존 관계를 이해할 수 있습니다.

단원 진도 체크

회차	학습 내용		진도 체크
1차	(1) 지구, 대륙 그리고 국가들	교과서 내용 학습 + 핵심 개념 문제	✓
2차		중단원 실전 문제 + 서술형 평가 돋보기	✓
3차	(2) 세계의 다양한 삶의 모습	교과서 내용 학습 + 핵심 개념 문제	✓
4차		중단원 실전 문제 + 서술형 평가 돋보기	✓
5차	(3) 우리나라와 가까운 나라들	교과서 내용 학습 + 핵심 개념 문제	✓
6차		중단원 실전 문제 + 서술형 평가 돋보기	✓
7차	대단원 정리 학습, 사고력 문제 엿보기, 대단원 마무리, 수행 평가 미리 보기		✓

해당 부분을 공부한 후 ✓표를 하세요.

(1) 지구, 대륙 그리고 국가들

► 세계 지도에 나타난 세계의 모습은?
적도를 기준으로 둥근 지구를 평면으로 나타낼 때, 땅과 바다의 모양, 면적, 거리 등이 실제와 다르게 표현되기도 합니다.

► 디지털 영상 지도의 좋은 점은?
- 위성 사진이나 지형도 등 지도의 종류를 바꿔 볼 수 있습니다.
- 어떤 장소의 실제 모습을 여러 각도에서 살펴볼 수도 있습니다.
- 지도를 확대하거나 축소할 수 있습니다.
- 어떤 나라의 주요 장소에 대한 사진, 글 등의 정보를 얻을 수 있고, 장소 간의 실제 거리를 측정할 수 있습니다.
- 출발지에서 목적지까지 다양한 교통수단에 따른 이동 **경로**와 예상 시간 등을 알 수 있습니다.

1 지구본, 세계 지도, 디지털 영상 지도의 특징

(1) **지구본**: 지구의 실제 모습을 일정한 비율로 **축소**한 모형입니다.
 ① 장점: 위선, 경선 등이 표시되어 있고, 지구의 실제 모습과 비슷하여 세계 여러 나라의 위치, 영토 모양 등을 비교적 정확하게 나타낼 수 있습니다.
 ② 단점: 한눈에 전 세계의 모습을 보기 어렵고, 휴대하기 불편합니다.

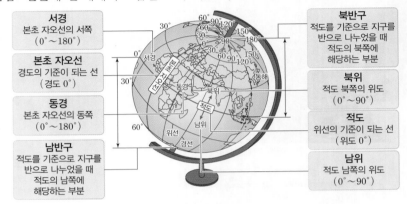

서경 본초 자오선의 서쪽 (0°~180°)
본초 자오선 경도의 기준이 되는 선 (경도 0°)
동경 본초 자오선의 동쪽 (0°~180°)
남반구 적도를 기준으로 지구를 반으로 나누었을 때 적도의 남쪽에 해당하는 부분
북반구 적도를 기준으로 지구를 반으로 나누었을 때 적도의 북쪽에 해당하는 부분
북위 적도 북쪽의 위도 (0°~90°)
적도 위선의 기준이 되는 선 (위도 0°)
남위 적도 남쪽의 위도 (0°~90°)

▲ 지구본

(2) **세계 지도**: 둥근 지구를 축소하여 평면으로 나타낸 것입니다.
 ① 장점: 위선, 경선 등이 표시되어 있고, 세계 여러 나라의 위치와 영역 등을 한눈에 살펴볼 수 있습니다.
 ② 단점: 둥근 지구를 평면에 나타내었기 때문에 땅과 바다의 모양, 거리, **면적** 등이 실제와 달라질 수 있습니다.

▲ 세계 지도

(3) **디지털 영상 지도**: **위성 사진**이나 항공 사진 등을 스마트폰, 컴퓨터 등 바탕으로 지리 정보를 **전자 기기**에서 이용할 수 있도록 디지털 정보로 표현한 지도입니다.
 ① 장점: 지도의 확대와 축소가 자유롭고 다양한 정보 검색(장소, 경로 등)이 가능하며 최신 정보가 빠르게 **반영**되어 정확한 정보를 얻을 수 있습니다.
 ② 단점: 전자 기기를 통해서만 이용할 수 있습니다. ➡ 다양한 기능을 이용하기 위해서는 인터넷이 연결된 전자 기기가 필요함.

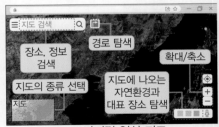

▲ 디지털 영상 지도

낱말 사전
축소 모양이나 규모를 줄여서 작게 함.
경로 지나는 길.
면적 모양이나 물건 등이 공간을 차지하는 넓이.
위성 사진 인공위성에서 찍은 사진.
전자 기기 전기를 쓰는 기계나 기구들.
반영 어떤 현상을 나타내는 것.

(4) 지구본, 세계 지도, 디지털 영상 지도의 활용
 ① 세계 여러 나라의 이름, 위치, 주요 도시와 지형의 이름 등을 파악할 수 있습니다.
 ② 나라 간 이동 경로를 찾을 수 있고, 나라마다 시간, 날짜, 계절 등이 다른 이유도 파악할 수 있습니다.

③ 디지털 영상 지도를 활용하여 여러 나라의 자연환경 및 인문환경에 대한 다양한 정보를 얻을 수 있습니다.

④ 지구본, 세계 지도, 디지털 영상 지도는 특징이 다르므로 사용 목적에 맞게 활용합니다.

2 세계의 대륙과 대양

(1) **대륙**: 바다로 둘러싸인 큰 땅덩어리로 거대한 면적을 가진 **육지**를 말하며, 지구 전체의 약 30%에 해당합니다(아시아, 유럽, 아프리카, 오세아니아, 북아메리카, 남아메리카, 남극 대륙).

(2) **대양**: 바다 중에서 넓고 큰 바다를 말하며, 지구 전체의 약 70%를 차지합니다(태평양, 대서양, 인도양, 북극해, 남극해).

대륙은 어떻게 구분할까?

대륙은 큰 산맥이나 바다, **국경선** 등을 기준으로 구분합니다.

유럽과 아시아	우랄산맥
북아메리카와 남아메리카	파나마 지협
아시아와 아프리카	수에즈 지협
아시아와 오세아니아	파푸아 뉴기니의 국경선

바다를 나타내는 '양'과 '해'는 무슨 뜻일까?

태평양, 대서양, 인도양에 붙여진 '양'은 큰 바다를 의미하며, 지중해, 홍해 등에 붙여진 '해'는 육지와 섬이 가로막아 큰 바다와 떨어진 작은 바다를 의미합니다.

유럽
북반구에 속해 있으며 아시아 대륙과 연결되고, 대서양과 북극해에 맞닿아 있음.

아시아
가장 큰 대륙으로 대부분 북반구에 위치하며 우리나라가 속해 있음.

북아메리카
북반구에 속해 있으며 태평양, 대서양, 북극해에 맞닿아 있음.

남극 대륙
땅의 대부분이 얼음으로 덮여 있음.

아프리카
두 번째로 큰 대륙으로 북반구와 남반구에 걸쳐 있음.

오세아니아
가장 작은 대륙으로 남반구에 속해 있음.

남아메리카
북아메리카의 남쪽에 있으며 대부분 남반구에 속해 있음.

남극해
남극 대륙을 둘러싸고 있는 대양으로 거의 얼음으로 덮여 있음.

대서양
세계에서 두 번째로 넓은 대양으로 북아메리카와 남아메리카, 유럽, 아프리카 대륙에 둘러싸여 있음.

인도양
세계에서 세 번째로 넓은 대양으로 아시아, 아프리카, 오세아니아 대륙에 둘러싸여 있음.

북극해
북극 주변에 있는 대양으로, 아시아, 유럽, 북아메리카 대륙에 둘러싸여 있음. 가장 작은 대양임.

태평양
세계에서 가장 넓은 대양으로 아시아, 오세아니아, 북아메리카, 남아메리카 대륙에 둘러싸여 있음. 우리나라와 닿아 있음.

낱말 사전

육지 강이나 바다와 같이 물이 있는 곳을 제외한 지구의 겉면.
국경선 나라와 나라 사이의 경계선.

3 각 대륙의 나라

(1) 아시아의 여러 나라

① 아시아: 세계에서 가장 큰 대륙으로, 대륙의 대부분은 북반구에 위치하고, 일부 지역은 남반구에 위치하고 있습니다. 북쪽으로 북극해, 남쪽으로 인도양, 동쪽으로 태평양과 맞닿아 있으며, 세계 인구의 **절반** 이상이 살고 있는 대륙입니다.

② 아시아에 속한 나라: 대한민국, 러시아, 중국, 일본, 인도, 네팔, 싱가포르, 베트남, 필리핀, 튀르키예 등

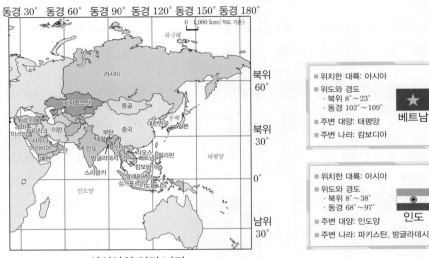

▲ 아시아의 여러 나라

> **▶ 아시아 대륙과 유럽 대륙의 구분은?**
> 아시아 대륙의 서쪽에는 유럽 대륙이 위치합니다. 아시아 대륙과 유럽 대륙을 구분하는 지형지물은 우랄산맥으로 우랄산맥의 서쪽은 유럽, 동쪽은 아시아입니다.

> **▶ 두 대륙에 걸쳐 있는 나라는?**
> 러시아, 튀르키예는 아시아와 유럽 대륙에 걸쳐 있는 나라이고, 이집트는 아시아와 아프리카 대륙에 걸쳐 있는 나라입니다.

(2) 유럽의 여러 나라

① 유럽: 아시아 대륙의 서쪽에 있으며, 남쪽으로는 아프리카 대륙이 있고, 북극해, 대서양과 접해 있습니다. 다른 대륙에 비해 면적이 좁은 편이지만 많은 나라들이 위치하고, **인구 밀도**가 높은 특징이 있습니다.

② 유럽에 속한 나라: 프랑스, 이탈리아, 노르웨이, 독일, 폴란드, 스위스, 에스파냐, 영국, 핀란드, 스웨덴 등

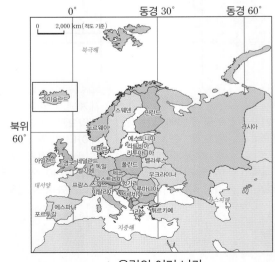
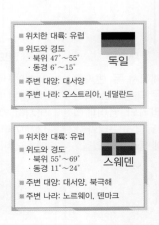

▲ 유럽의 여러 나라

> **▶ 지중해란?**
> 지중해는 유럽, 아시아, 아프리카 세 대륙에 둘러싸인 바다이며, 유럽의 이탈리아, 그리스, 프랑스 등의 나라가 지중해에 접해 있습니다.
>
>
> ▲ 지중해

> **낱말 사전**
>
> **절반** 하나를 반으로 가름. 또는 그렇게 가른 반.
> **인구 밀도** 단위 면적(1km²)당 거주하는 인구수.

(3) 아프리카의 여러 나라

① 아프리카: 유럽의 남쪽에 있는 대륙으로 북반구와 남반구에 걸쳐 있으며, 인도양, 대 서양과 접해 있습니다.

② 아프리카에 속한 나라: 남아프리카 공화국, 이집트, 케냐, 리비아, 알제리, 수단, 가 나, 나이지리아, 탄자니아, 에티오피아 등
└─ 주권이 국민에게 있는 나라 형태

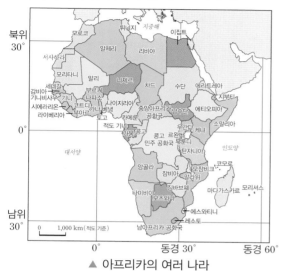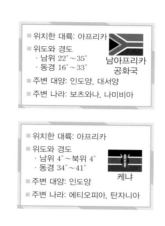

▲ 아프리카의 여러 나라

(4) 오세아니아의 여러 나라

① 오세아니아: 대륙 중 가장 작은 대륙으로 대부분 남반구에 속합니다. 태평양의 많은 섬과 오스트레일리아로 이루어져 있으며, 인도양, 태평양과 맞닿아 있습니다.

② 오세아니아에 속한 나라: 오스트레일리아, 뉴질랜드, 키리바시, 투발루, 파푸아 뉴기 니, 피지, 팔라우, 사모아, 통가 등

▲ 오세아니아의 여러 나라

(5) 북아메리카의 여러 나라

① 북아메리카: 북반구에 속해 있으며, 태평양과 대서양 사이에 위치해 있고 남쪽에는 남아메리카 대륙이 있습니다.

② 북아메리카에 속한 나라: 미국, 캐나다, 멕시코, 쿠바, 자메이카, 과테말라, 파나마 등

▶ 사하라 사막은 어디에 위치할까?
아프리카 대륙의 북부 지역에는 세계 최대의 사막인 사하라 **사막**이 있습니다.

▲ 사하라 사막

▶ 오세아니아 대륙의 범위는 어디까지일까?
지도에서 오세아니아 대륙을 보면 큰 섬으로 이루어진 오스트레일리아와 뉴질랜드 외에 아주 작은 섬들도 포함되는 것을 알 수 있습니다. 키리바시, 투발루, 사모아, 통가 등과 같이 태평양의 크고 작은 섬들로 이루어진 많은 나라도 오세아니아 대륙에 속하는 나라입니다.

사막 비가 적게 내리거나 거의 내리지 않아 식물이 자라기 힘든 지역.

▶ **알래스카는 어느 나라 땅일까?**
미국의 영토는 캐나다 남쪽 부분과 캐나다 서쪽 부분(알래스카)으로 나뉘어져 있습니다. 알래스카 지역은 북아메리카 북서쪽 끝에 있는 미국의 주에 해당합니다.

▶ **우리나라의 면적은 얼마일까?**
우리나라 영토의 면적은 약 22만 km²이며, 남한의 면적은 약 10만 km² 정도입니다. 라오스, 영국, 가이아나 등은 우리나라 영토와 면적이 비슷합니다.

▶ **국경선은 어떻게 정할까?**
국경선은 주로 산맥, 하천, 해협 등과 같은 자연적 요인에 따라 결정이 되어 구불구불한 형태가 많습니다. 그러나 미국, 캐나다의 국경선이나 아프리카 대륙에 위치한 나라들의 국경선과 같이 인위적으로 선을 그어 국경선을 정한 경우 직선 형태의 국경선이 나타나기도 합니다.

▶ **나라별 영토의 모양**

▲ 사각형 모양

▲ 동서로 긴 모양

▲ 남북으로 긴 모양

🍎 **낱말 사전**

시국 하나의 시(市)만으로 이루어진 국가.
해안선 바다와 육지가 맞닿은 선.

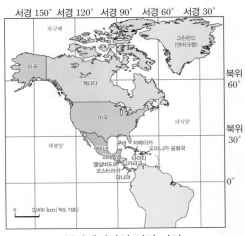

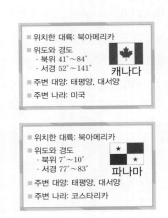

▲ 북아메리카의 여러 나라

(6) 남아메리카의 여러 나라
  ① 남아메리카: 대부분이 남반구에 속해 있으며, 태평양과 대서양 사이에 위치해 있고 북쪽에는 북아메리카 대륙이 있습니다.
  ② 남아메리카에 속한 나라: 브라질, 콜롬비아, 아르헨티나, 칠레, 우루과이, 페루, 에콰도르, 파라과이 등

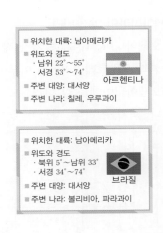

▲ 남아메리카의 여러 나라

4 **세계 여러 나라의 영토 면적과 모양의 특징**

(1) 세계 여러 나라의 면적
  ① 영토 면적이 제일 넓은 나라: 러시아(면적: 1,710만 km²)
  ② 영토 면적이 제일 좁은 나라: 바티칸 **시국**(면적: 0.44km²)

(2) 나라의 영토 모양: **해안선**이나 주변 국가와 맞닿은 국경선에 따라 달라집니다.

▲ 복잡한 해안선이 나타나는 노르웨이

▲ 단순한 국경선이 나타나는 사우디아라비아

▲ 영토가 분리된 미국

▲ 영토가 바다와 접하지 않는 스위스

핵심 개념 문제

정답과 해설 8쪽

개념 1 · 지구본, 세계 지도, 디지털 영상 지도의 특징

(1) **지구본**: 지구의 실제 모습을 축소한 모형
(2) **세계 지도**: 둥근 지구를 평면으로 나타낸 것
(3) **디지털 영상 지도**: 위성 사진, 항공 사진 등을 바탕으로 지리 정보를 디지털 정보로 표현한 지도
(4) 지구본, 세계 지도, 디지털 영상 지도를 활용하여 세계 여러 나라의 이름, 위치, 자연환경 등 나라에 대한 다양한 정보를 얻을 수 있음.

01 다음 자료에 대한 설명으로 알맞은 것은 어느 것입니까? (   )

▲ 지구본

① 위도만 표시되어 있다.
② 위선과 경선을 찾을 수 있다.
③ 전 세계의 모습을 한눈에 알 수 있다.
④ 전자 기기를 통해서만 이용할 수 있다.
⑤ 지구의 모습을 평면으로 나타낸 것이다.

02 세계 지도와 비교했을 때, 디지털 영상 지도에만 나타나는 특징을 모두 고른 것은 어느 것입니까? (   )

> ㉠ 확대와 축소가 가능하다.
> ㉡ 나라의 위치를 찾을 수 있다.
> ㉢ 각 나라 주변의 바다 이름을 찾을 수 있다.
> ㉣ 교통수단에 따른 이동 경로와 이동 시간을 알 수 있다.

① ㉠, ㉡   ② ㉠, ㉣   ③ ㉡, ㉢
④ ㉡, ㉣   ⑤ ㉢, ㉣

개념 2 · 세계의 대륙

(1) **대륙**: 바다로 둘러싸인 큰 땅덩어리, 지구 전체 면적의 약 30%를 차지함.
(2) **대륙 구분**

아시아	가장 큰 대륙으로 우리나라가 속해 있음.
유럽	면적은 좁지만 많은 나라가 있음.
아프리카	두 번째로 큰 대륙으로 북반구와 남반구에 걸쳐 있음.
오세아니아	가장 작은 대륙으로 남반구에 속해 있음.
북아메리카	북반구에 속해 있으며 북극해와 접해 있음.
남아메리카	대부분 남반구에 속해 있음.
남극 대륙	대부분 얼음으로 덮여 있음.

03 다음 지도에 표시된 ㉠에 대한 설명으로 알맞은 것은 어느 것입니까? (   )

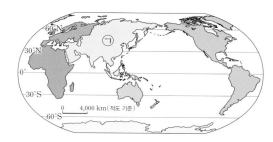

① 가장 큰 대륙이다.
② 대부분 남반구에 속한다.
③ 주변이 남극해와 접해 있다.
④ 대부분 얼음으로 덮여 있다.
⑤ 본초 자오선을 기준으로 북쪽에 위치한다.

04 다음에서 설명하는 대륙은 어디입니까? (   )

> • 북반구에 위치하고, 대서양에 접해 있다.
> • 좁은 면적에 비해 많은 나라가 위치해 있다.

① 유럽   ② 아시아   ③ 아프리카
④ 남아메리카   ⑤ 오세아니아

개념 3 · 세계의 대양

(1) 대양: 넓고 큰 바다, 지구 전체 면적의 약 70%를 차지함.

(2) 대양 구분

태평양	가장 넓은 바다로 아시아, 오세아니아, 북아메리카, 남아메리카 대륙 사이에 위치함.
대서양	두 번째로 넓은 바다로 아프리카, 유럽, 북아메리카, 남아메리카 대륙에 둘러싸여 있음.
인도양	아시아, 아프리카, 오세아니아 대륙과 맞닿아 있음.
북극해	아시아, 유럽, 북아메리카 대륙에 둘러싸여 있음.
남극해	남극 대륙을 둘러싸고 있음.

05 다음 지도의 빈칸에 들어갈 알맞은 대양의 이름을 쓰시오.

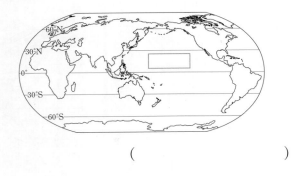

( )

06 세계의 대양에 대한 설명으로 알맞은 것은 어느 것입니까? ( )

① 북극해는 지구에서 가장 큰 바다이다.
② 태평양은 대부분 얼음으로 덮여 있다.
③ 대서양은 아시아 대륙을 둘러싸고 있다.
④ 오세아니아 대륙의 남쪽에 대서양이 위치한다.
⑤ 인도양은 아시아, 아프리카, 오세아니아 대륙에 맞닿아 있다.

개념 4 · 아시아, 유럽, 아프리카에 속한 나라

(1) 아시아: 대한민국, 중국, 일본, 베트남, 싱가포르, 인도, 사우디아라비아 등

(2) 유럽: 영국, 이탈리아, 프랑스, 독일, 스웨덴, 핀란드, 노르웨이, 에스파냐 등

(3) 아프리카: 이집트, 남아프리카 공화국, 케냐, 리비아, 알제리, 탄자니아 등

07 다음의 나라들이 속한 대륙은 어디입니까? ( )

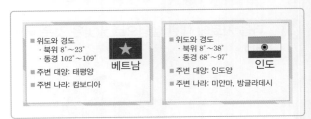

① 아시아   ② 아프리카
③ 오세아니아   ④ 북아메리카
⑤ 남아메리카

08 지도의 ㉠ 대륙에 속하는 나라가 <u>아닌</u> 것은 어느 것입니까? ( )

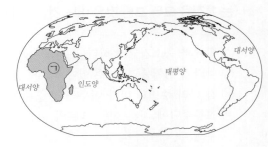

① 케냐   ② 이집트
③ 알제리   ④ 이탈리아
⑤ 남아프리카 공화국

개념 5 오세아니아, 북아메리카, 남아메리카에 속한 나라

(1) 오세아니아: 오스트레일리아, 뉴질랜드, 투발루, 파푸아 뉴기니, 키리바시, 피지 등
(2) 북아메리카: 미국, 캐나다, 멕시코, 쿠바, 파나마 등
(3) 남아메리카: 브라질, 콜롬비아, 아르헨티나, 칠레, 우루과이 등

09 서진이가 설명하고 있는 나라가 속한 대륙의 이름을 쓰시오.

> 이 대륙은 남반구에 속하며, 동쪽은 대서양과 접해 있어. 이 대륙에 속한 나라로는 칠레, 우루과이, 파라과이 등이 있어.

서진

(   ) 대륙

10 다음 나라의 공통적 특징으로 알맞은 것은 어느 것입니까? (   )

> 미국, 캐나다, 멕시코

① 남반구에 속해 있다.
② 북극해와 맞닿아 있다.
③ 북아메리카 대륙에 속해 있다.
④ 가장 면적이 작은 대륙에 속한다.
⑤ 비슷한 위도에 위치하는 나라이다.

개념 6 세계 여러 나라의 영토 면적과 모양

(1) 영토 면적: 나라마다 영토의 면적이 각각 다름.
　• 세계에서 가장 넓은 나라: 러시아
　• 세계에서 가장 좁은 나라: 바티칸 시국
　• 우리나라의 면적: 약 22만 km^2(남한은 약 10만 km^2)
　• 우리나라와 면적이 비슷한 나라: 라오스, 영국, 가이아나 등
(2) 영토 모양: 영토 모양은 해안선이나 주변 국가와 맞닿은 국경선에 따라 달라짐. ➡ 나라마다 영토의 모양이 각각 다름.

11 다음 지도에 대한 설명으로 알맞지 <u>않은</u> 것은 어느 것입니까? (   )

▲ 세계 여러 나라의 면적(2021년)

① 캐나다보다 미국의 영토가 더 넓다.
② 세계 여러 나라는 영토 면적이 각각 다르다.
③ 세계에서 가장 영토가 넓은 나라는 러시아이다.
④ 중국과 브라질의 영토는 우리나라 영토보다 크다.
⑤ 우리나라 영토의 면적은 세계에서 85번째로 크다.

12 색으로 표시된 나라의 특징으로 알맞은 것을 모두 고른 것은 어느 것입니까? (   )

> ㉠ 영토가 모두 바다로 둘러싸여 있다.
> ㉡ 영토 모양이 남북 방향으로 긴 모양이다.
> ㉢ 영토의 경계선과 국경을 맞대고 있는 나라는 없다.

① ㉠　　　② ㉡　　　③ ㉢
④ ㉠, ㉡　　　⑤ ㉡, ㉢

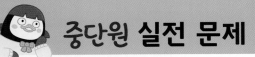

01 지구본과 세계 지도에서 각 나라의 위치를 찾는 방법으로 알맞은 것은 어느 것입니까? (   )

① 나라가 위치한 곳의 가로선을 찾고 위도를 확인한다.

② 적도를 기준으로 동쪽에 있는지, 서쪽에 있는지 확인한다.

③ 영토의 북쪽과 남쪽 끝에 가까운 경선을 찾아 위도를 확인한다.

④ 영토의 동쪽과 서쪽 끝에 가까운 위선을 찾아 경도를 확인한다.

⑤ 본초 자오선을 기준으로 북반구와 남반구 중 어디에 위치하는지 찾는다.

◠중요◠
02 다음 지도의 특징으로 알맞지 <u>않은</u> 것은 어느 것입니까? (   )

① 스마트폰, 컴퓨터 등을 이용하여 활용한다.

② 한 나라의 지형을 확대하여 살펴볼 수 있다.

③ 지리 정보를 디지털 정보로 표현한 것이다.

④ 적도 주변의 지역만 지도로 나타낼 수 있다.

⑤ 위성 사진이나 항공 사진 등을 지도 형식으로 바꾼 것이다.

03 다음 ㉠에 들어갈 알맞은 말을 쓰시오.

둥근 지구의 표면을 일정한 크기로 잘라서 펼쳐 놓으면 위아래에 공간이 생기는데, 이것을 확대하고 이어서 네모 반듯한 (㉠   )을/를 만든다. 이와 같이 (㉠   )은/는 둥근 지구를 평면으로 나타내기 때문에 일부 지역은 실제와 다르게 보이기도 한다.

(   )

[04~05] 다음 세계 지도를 보고, 물음에 답하시오.

04 위 세계 지도를 바르게 이해한 것을 보기 에서 모두 고른 것은 어느 것입니까? (   )

보기

㉠ 미국은 적도 근처에 위치한다.

㉡ 이라크와 우리나라는 위도가 비슷하다.

㉢ 위도와 경도를 통해 나라의 위치를 찾을 수 있다.

㉣ 축소 기능을 통해 우리나라를 크게 살펴볼 수 있다.

① ㉠, ㉡   ② ㉠, ㉢

③ ㉡, ㉢   ④ ㉡, ㉣

⑤ ㉢, ㉣

◠중요◠
05 위 세계 지도의 특징으로 알맞은 것은 어느 것입니까? (   )

① 나라의 크기를 정확하게 알 수 있다.

② 한눈에 전 세계의 모습을 파악할 수 있다.

③ 지구의 실제 모습을 정확하게 알 수 있다.

④ 나라 간의 이동 방법을 쉽게 찾을 수 있다.

⑤ 각 나라의 주요 장소를 사진으로 확인할 수 있다.

정답과 해설 8쪽

[06~07] 다음 지도를 보고, 물음에 답하시오.

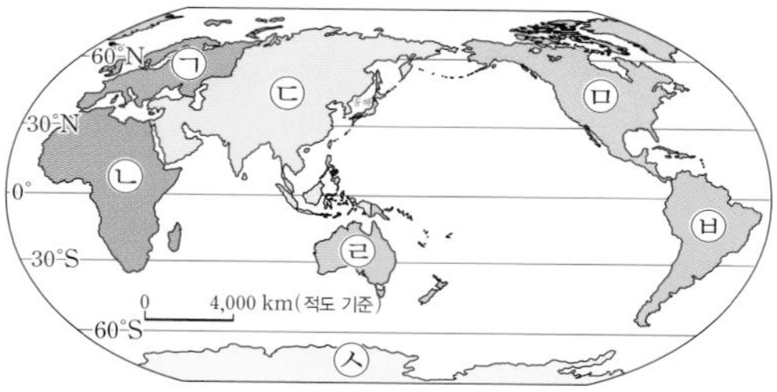

▲ 세계의 대륙

06 위 ㉠~㉥에 대한 설명으로 알맞은 것은 어느 것입니까? (   )

① ㉠은 남반구에 위치한다.
② ㉡은 두 번째로 큰 대륙이다.
③ ㉣은 대부분 얼음으로 덮여 있다.
④ ㉠과 ㉤의 사이에 태평양이 위치한다.
⑤ ㉥은 적도를 기준으로 대부분 북쪽에 위치한다.

07 위 지도에서 다음 나라가 속한 대륙을 찾아 기호와 대륙의 이름을 쓰시오.

프랑스, 덴마크, 네덜란드

(1) 기호: (   )
(2) 이름: (   )

중요

08 세계 여러 대양의 위치 및 특징에 대한 설명으로 알맞은 것은 어느 것입니까? (   )

① 인도양: 유럽의 북쪽에 위치한다.
② 북극해: 아프리카 대륙을 둘러싸고 있다.
③ 남극해: 적도 주변의 대륙을 둘러싸고 있다.
④ 태평양: 가장 큰 바다로, 우리나라와 가깝다.
⑤ 대서양: 아시아와 오세아니아 사이에 위치한다.

09 다음 나라 카드를 보고 뉴질랜드의 위치를 바르게 이해한 사람은 누구입니까? (   )

뉴질랜드

- 위치한 대륙: 오세아니아
- 위도와 경도 범위: 남위 34°~47°, 동경 166°~179°
- 주변에 있는 대양: 태평양
- 주변에 있는 나라: 오스트레일리아
- 영토 크기: 70,534km^2

① 주원: 뉴질랜드는 남반구에 위치하고 있어.
② 하영: 북극해와 가까운 곳에 위치한 나라야.
③ 지석: 뉴질랜드는 본초 자오선의 서쪽에 위치하고 있어.
④ 연준: 뉴질랜드는 적도를 기준으로 북쪽에 위치하고 있어.
⑤ 세빈: 뉴질랜드는 우리나라와 비슷한 위도에 위치하고 있어.

10 다음 대화를 통해 알 수 있는 내용으로 알맞은 것은 어느 것입니까? (   )

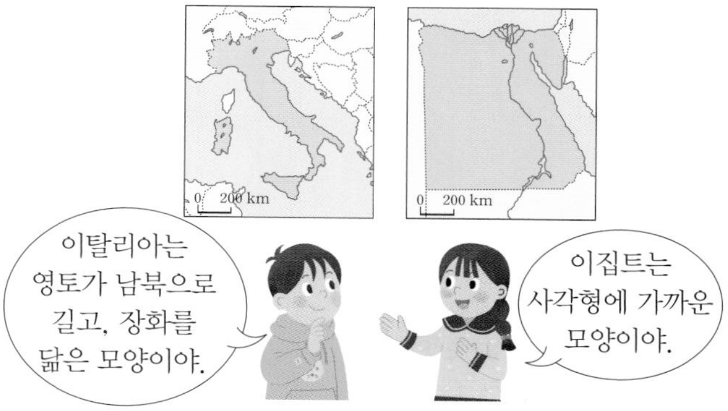

① 나라마다 영토의 모양이 서로 다르다.
② 나라들의 국경선을 정하는 방법이 같다.
③ 이탈리아와 이집트의 영토 면적이 비슷하다.
④ 이탈리아와 이집트는 위도가 비슷한 나라이다.
⑤ 이탈리아와 이집트는 국경선이 맞닿은 나라이다.

서술형 평가 돋보기

학교에서 출제되는 서술형 평가를 미리 준비하세요.

연습 문제

🔍 문제 해결 전략

1 단계	제시된 자료가 무엇인지 파악하기

↓

2 단계	대륙의 이름과 위치 연결하기

↓

3 단계	대양의 위치를 파악하고 대양과 맞닿은 대륙 찾기

🔍 핵심 키워드
• 세계의 대륙: 아시아, 유럽, 아프리카, 오세아니아, 북아메리카, 남아메리카, 남극 대륙
• 세계의 대양: 태평양, 대서양, 인도양, 북극해, 남극해

[1~3] 다음 지도를 보고, 물음에 답하시오.

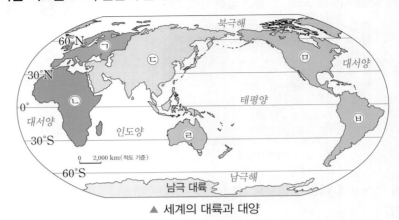

▲ 세계의 대륙과 대양

1 위 ㉠~㉡ 대륙의 이름을 쓰시오.

기호	대륙 이름	기호	대륙 이름
㉠		㉣	
㉡		㉤	
㉢		㉥	

2 다음은 위 ㉡ 대륙의 특징을 정리한 것입니다. (   ) 안에 알맞은 말을 써넣으시오.

> ㉡은 (   ) 대륙으로, (   )에 이어 두 번째로 크기가 큰 대륙입니다. 또한 (   )을/를 중심으로 북반구와 남반구에 걸쳐 있습니다.

빈칸을 채우며 서술형 문제의 답안을 작성하는 연습을 해 보세요!

3 위 지도를 보고, 태평양의 위치를 대륙과 관련 지어 설명하고 특징을 쓰시오.

_____

_____

실전 문제

[1~2] 다음 자료를 보고, 물음에 답하시오.

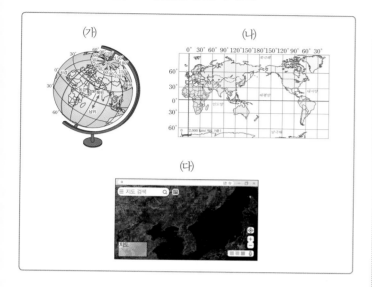

(가)   (나)

(다)

1 다음은 (가)와 (나)의 공통점입니다. (   ) 안에 알맞은 말을 써넣으시오.

(가)와 (나)에는 가로선인 (   )과/와 세로선인 (   )이/가 있고, 이를 이용하여 나라의 (   )을/를 찾을 수 있습니다.

2 다음 상황에서 재은이가 활용할 수 있는 자료를 (가)~(다)에서 찾아 자료의 기호와 이름을 쓰고, 그 자료의 특징을 쓰시오.

이것에는 나라가 너무 작게 표시되어 있어서 국경선 모양을 자세히 살펴볼 수가 없네. 이 나라에 대해 좀 더 자세히 살펴보고 조사하고 싶은데……

재은

(1) 활용할 수 있는 자료의 기호와 이름:
(　　　　　　　)

(2) 특징: _____

_____

[3~5] 다음 나라 카드를 보고, 물음에 답하시오.

칠레
- 위치한 대륙: 남아메리카
- 위치: 남위 17°~56°, 서경 66°~76°
- 주변에 있는 대양: 태평양
- 주변에 있는 나라: 　ㄱ　
- 영토 크기: 75만 7,000km²
- 영토 모양: 　ㄴ　

에티오피아
- 위치한 대륙: 아프리카
- 위치: 북위 3°~14°, 동경 32°~47°
- 주변에 있는 대양: 인도양
- 주변에 있는 나라: 소말리아, 수단, 남수단, 에리트레아, 지부티, 케냐
- 영토 크기: 110만 4,300km²
- 영토 모양: 한쪽 끝이 뾰족하게 튀어나온 형태

3 위 ㄱ에 들어갈 나라를 **보기** 에서 모두 찾아 쓰시오.

보기
- 페루
- 영국
- 캐나다
- 미국
- 아르헨티나
- 이집트
- 러시아
- 싱가포르

_____

_____

4 위 ㄴ에 들어갈 알맞은 내용을 쓰시오.

_____

_____

5 위 나라 카드의 내용을 참고하여, 칠레와 에티오피아의 위치를 적도를 기준으로 설명하시오.

_____

_____

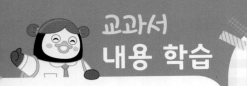

교과서 내용 학습

(2) 세계의 다양한 삶의 모습

1 세계의 기후

(1) 기후의 의미: 한 지역에서 여러 해에 걸쳐 나타나는 평균적인 날씨입니다.

(2) 세계의 기후 구분

① 세계 각 지역은 위도나 지형, 해발 고도 등에 따라 다양한 기후가 나타납니다.

② 기후는 기온과 강수량 등에 따라 열대 기후, 온대 기후, 냉대 기후, 한대 기후, **건조** 기후 등으로 구분할 수 있습니다. **해발 고도**가 높은 산지 지역에서는 고산 기후가 나타기도 합니다.

③ 세계의 기후는 적도에서 극지방으로 가면서 기온이 낮아지며 열대 기후, 온대 기후, 냉대 기후, 한대 기후 순서로 나타납니다.

┌─── 남극과 북극을 중심으로 한 그 주변 지역

▶ 세계 각 지역의 기후에 영향을 주는 요소는?

세계의 기후는 위도, 지형, 해발 고도, 육지와 바다의 영향, 해류 등 다양한 자연환경 요소에 따라 달라집니다. 기후는 기온을 기준으로 열대 기후, 온대 기후, 냉대 기후, 한대 기후로 구분하며, 강수량이 매우 적은 지역은 건조 기후로 구분합니다.

▶ 건조 기후란?

건조 기후는 주로 남북위 20°~30° 일대와 바다에서 멀리 떨어진 지역에서 나타납니다. 건조 기후는 일 년 동안의 강수량을 모두 합쳐도 500mm가 채 안 될 정도로 비가 적게 내립니다.

▶ 고산 기후란?

해발 고도가 높은 산지 지역에서는 고산 기후가 나타납니다. 해발 고도가 높아지면 기온이 낮아지기 때문에 고산 지대의 기후는 연중 춥고 서늘한 편입니다. 그러나 적도 부근의 고산 지역은 일 년 내내 월평균 기온이 15℃ 내외로 우리나라 봄철과 비슷한 온화한 기후가 나타납니다.

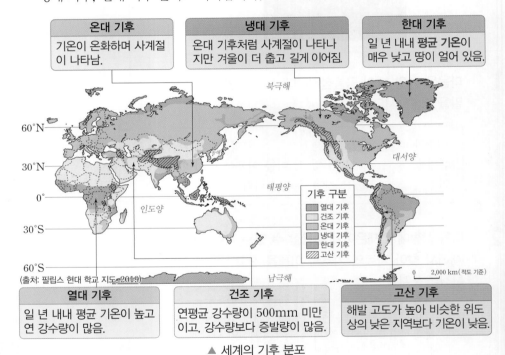

온대 기후
기온이 온화하며 사계절이 나타남.

냉대 기후
온대 기후처럼 사계절이 나타나지만 겨울이 더 춥고 길게 이어짐.

한대 기후
일 년 내내 평균 기온이 매우 낮고 땅이 얼어 있음.

(출처: 필립스 현대 학교 지도, 2019)

열대 기후
일 년 내내 평균 기온이 높고 연 강수량이 많음.

건조 기후
연평균 강수량이 500mm 미만이고, 강수량보다 증발량이 많음.

고산 기후
해발 고도가 높아 비슷한 위도상의 낮은 지역보다 기온이 낮음.

기후 구분
■ 열대 기후
□ 건조 기후
▨ 온대 기후
▨ 냉대 기후
▨ 한대 기후
▨ 고산 기후

▲ 세계의 기후 분포

낱말 사전

건조 말라서 습기가 없는 상태.
해발 고도 평균 해수면(바다 표면)으로부터 잰 육지의 높이.
평균 기온 일정한 기간 동안 관측한 기온의 평균값.

더 알아보기 위도에 따라 기온이 달라지는 이유

지구의 각 지역별 기온 차에 큰 영향을 주는 요소는 '위도'입니다. 지구는 둥글기 때문에 위도에 따라 햇빛을 받는 양이 달라집니다. 저위도 지역은 태양 에너지가 수직에 가깝게 들어와 좁은 지역에 태양 에너지가 집중되기 때문에 높은 기온이 나타납니다. 반면 극지방과 가까운 고위도 지역은 태양 에너지가 비스듬하게 들어와 태양 에너지가 넓은 지역으로 분산되기 때문에 저위도·중위도 지역보다 기온이 낮게 나타납니다. 따라서 적도 주변은 기온이 높고 극지방으로 갈수록 기온이 낮아집니다.

2 기후에 따라 달라지는 사람들의 생활 모습

(1) 열대 기후의 특징과 생활 모습

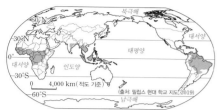

▲ 열대 기후의 분포

열대 기후
- 적도를 중심으로 한 저위도 지역에 주로 분포함.
- 일 년 내내 기온이 높고 계절의 변화가 거의 없음.
- 일 년 내내 비가 많이 내리는 곳도 있고, **건기**와 우기가 나타나는 지역도 있음.

① 열대 기후 지역은 많은 강수량과 높은 기온으로 인해 **열대 우림**이 형성된 곳도 있고, 건기와 우기로 인해 초원이 넓게 펼쳐진 곳도 있습니다.

② 열대 우림과 초원을 활용한 야생 동물 관광 산업, 전통 부족 생활 체험 등의 **생태 관광 산업**이 발달하고 있습니다.

③ 전통적으로 화전 농업을 통해 얌, 카사바와 같은 농작물을 재배하였고, 최근에는 카카오, 커피, 사탕수수와 같은 농작물을 재배하여 수출하고 있습니다.

④ 홍수로 인한 침수 및 땅에서부터 올라오는 열기와 습기 등을 막고 해충의 피해를 막기 위해 **고상 가옥**을 짓고 살아갑니다.

▲ 생태 관광 산업

▲ 화전 농업

▲ 커피 재배

▲ 고상 가옥

(2) 온대 기후의 특징과 생활 모습

▲ 온대 기후의 분포

온대 기후
- 중위도 지역에 주로 나타남.
- 사계절이 비교적 뚜렷하며, 기온이 온화한 편임.
- 일 년 내내 비가 고르게 내리는 곳도 있고, 여름에 덥고 비가 많이 내리는 곳도 있으며, 여름에 덥고 건조하며 겨울에 비가 더 많이 내리는 곳도 있음.
- 기온과 강수량이 적당하여 사람이 살기에 알맞은 기후임.

① 인구가 많이 살고 다양한 농업 및 산업이 발달하였습니다.

② 여름에 비가 많이 내리는 아시아에서는 벼농사, 일 년 내내 비가 고르게 내리는 유럽에서는 밀 재배와 **목축업**, 여름에 덥고 건조한 지중해 주변에서는 올리브, 포도를 많이 재배합니다.

③ 계절과 지역에 따라 음식과 옷차림, 집의 형태가 다양하게 나타납니다.

▲ 벼농사

▲ 밀 재배

▲ 목축업 및 낙농업

▲ 지중해의 포도 농장

▶ **화전 농업이란?**
열대 기후 지역에서 전통적으로 농작물 재배를 위해 이용한 방법으로, 숲을 태운 곳에 밭을 만들고 남은 재를 거름으로 활용하여 농작물을 기르는 방식입니다. 한곳에서 지속적으로 농사짓는 것이 아니라 땅의 거름기가 다 빠져나가면 다른 지역으로 이동하여 똑같은 방식으로 농사를 짓습니다.

▶ **열대 기후에서 많이 생산되는 농작물은?**
카카오, 커피, 사탕수수, 바나나 등은 기온이 높고 비가 많이 내리는 지역에서 자라기에 알맞은 농작물입니다. 이러한 기후를 활용하여 대규모로 농작물을 재배하고 다른 나라로 수출하고 있습니다.

▶ **온대 기후의 농업 특징은?**
농사를 짓기에 알맞은 기후인 온대 기후 지역에서는 일찍부터 다양한 농업이 발달했습니다. 아시아에서는 주로 벼농사가 이루어지며, 유럽에서는 밀 재배와 낙농업이 발달하였습니다. 또한, 지중해 주변에서는 대규모로 올리브, 포도 재배가 이루어지며 수확한 작물을 이용한 올리브유, 와인 등이 많이 생산되고 있습니다.

낱말 사전

건기 일 년 중 강수량이 적은 기간이나 계절로, 기후가 건조한 시기.
우기 일 년 중 강수량이 많은 기간이나 계절.
열대 우림 열대 기후의 숲. 다양한 종류의 크고 작은 나무들이 빽빽하게 밀림을 이룸.
생태 관광 산업 생태계를 훼손하지 않으면서 지구를 탐방하여 자연과 문화를 이해·감상할 수 있는 지속 가능한 관광.
고상 가옥 가옥이 지면으로부터 떨어져 있는 집.
목축 소, 양, 말, 돼지 같은 가축을 많이 기르는 일.

▶ 냉대 기후에서 잘 자라는 나무는?
침엽수는 바늘 모양의 잎을 가진 나무이며, 냉대 기후 지역에서 많이 볼 수 있습니다. 특히 러시아와 캐나다의 북부에는 타이가라고 하는 거대한 침엽수림 지대가 발달하였습니다.

▶ 극지방에 있는 과학 기지는?
극지방의 과학 조사 및 기후 환경 연구를 위해 세계의 많은 나라가 과학 기지를 설립하고 연구에 참여하고 있습니다. 우리나라는 남극에 세종 과학 기지와 장보고 과학 기지를 설치하였고, 북극에는 다산 과학 기지를 설치하여 자원 탐사, 환경 변화 연구 등을 하고 있습니다.

(3) 냉대 기후의 특징과 생활 모습

▲ 냉대 기후의 분포

> **냉대 기후**
> • 주로 북반구의 중위도와 고위도 지역 사이에 널리 분포함.
> • 온대 기후처럼 사계절이 있으나 온대 기후보다 겨울이 더 춥고 길며 눈이 많이 내림.
> • 기온의 **연교차**가 큰 편임.

① 여름에 밀, 감자, 옥수수 등을 재배할 수 있고, 겨울에는 기온이 낮아져 농사를 짓기가 어렵습니다.
② **침엽수림**이 넓게 발달하여 목재와 **펄프** 생산이 활발하게 이루어지며, 통나무를 활용하여 집을 짓기도 합니다.

▲ 밀 농사

▲ 침엽수림

▲ 목재 생산

▲ 통나무집

(4) 한대 기후의 특징과 생활 모습

▲ 한대 기후의 분포

> **한대 기후**
> • 남극과 북극 주변의 고위도 지역에 분포함.
> • 일 년 내내 기온이 매우 낮아 나무가 자라기 어렵고 얼음과 눈으로 덮여 있고 땅속은 대부분 얼어 있음.

① 기온이 매우 낮아 나무가 자라기 어렵습니다(짧은 여름에는 이끼류의 식물이 자라기도 함).
② 극지방 기후 환경 연구 및 과학 연구를 위한 과학 기지가 있습니다.
③ 지하자원 개발이 활발하게 이루어지고 있으며 오로라, **백야**, 빙하 등을 이용한 관광 산업이 발달하고 있습니다.
④ 짧은 여름에 이끼와 같은 작은 풀이 자라는 곳에서는 순록을 기르며 **유목** 생활을 하기도 합니다.
⑤ 동물의 털과 가죽으로 만든 옷을 입고, 얼음과 눈으로 지은 집에서 생활하기도 합니다.

낱말 사전

연교차 일 년 중 가장 따뜻한 달의 평균 기온과 가장 추운 달의 평균 기온의 차이.
침엽수림 전나무, 가문비나무, 소나무 등 잎이 바늘처럼 생긴 침엽수가 많이 자라는 숲.
펄프 종이를 만들기 위해 나무에서 뽑아낸 원료.
백야 여름에 태양이 지평선 아래로 내려가지 않아 밤에도 어두워지지 않는 현상.
유목 일정한 거처를 정하지 않고 물과 풀밭을 찾아 옮겨 다니며 가축을 기르는 방식.

▲ 세종 과학 기지(남극)

▲ 알래스카 송유관

▲ 오로라 관광 산업

▲ 순록 유목 생활

(5) 건조 기후의 특징과 생활 모습

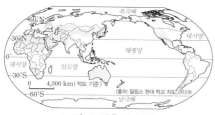
▲ 건조 기후의 분포

건조 기후

- 주로 위도 20°~30° 일대와 바다와 멀리 떨어진 대륙 내부에 나타남.
- 연 강수량이 500mm 이하일 정도로 매우 적음.
- 사막이 나타나는 곳이 있고, **초원**이 나타나는 곳도 있음.

① 사막 지역에서는 물을 쉽게 구할 수 있는 **오아시스**나 하천 주변에서 흙집을 짓고, 대추야자 등을 재배하며 살아갑니다.

② 초원 지역에서는 물과 풀이 있는 곳을 찾아 가축과 함께 이동하는 유목 생활을 하며, 이동식 집을 짓고 가축으로부터 털과 가죽, 음식 등을 얻으며 살아갑니다.

③ 사막 지역 사람들은 뜨거운 햇볕과 모래바람으로부터 몸을 보호하기 위해 온몸을 감싸는 얇고 긴 형태의 옷을 주로 입습니다.

▲ 오아시스 마을

▲ 이동식 집(게르)

▲ 얇고 긴 옷

▲ 사막 지역의 흙집

(6) 고산 기후의 특징과 생활 모습

▲ 고산 기후의 분포

고산 기후

- 해발 고도가 높은 지역에서 나타남.
- 저위도의 고산 기후 지역에서는 일 년 내내 우리나라의 봄철과 같은 온화한 날씨가 나타나며 **일교차**가 큰 편임.

① 저위도 고산 기후 지역 사람들은 주로 감자, 옥수수 등을 재배하고, 알파카, 라마 등을 기릅니다.

② 강한 햇볕을 가리기 위해 챙이 넓고 둥근 모자를 쓰고, 일교차가 크기 때문에 체온 보호를 위해 옷을 여러 겹 입고 망토를 두르기도 합니다.

▲ 고산 지대 도시

▲ 고산 지대의 농작물

▲ 챙이 넓고 둥근 모자와 망토

▶ 건조 기후의 종류는?
건조 기후는 강수량이 매우 적기 때문에 풀조차 자라지 못해 사막이 나타나는 곳도 있고, 풀이 자라는 초원이 나타나는 곳도 있습니다.

▲ 아프리카의 사하라 사막

▲ 몽골의 초원

▶ 해발 고도가 높은 곳에 발달한 고산 도시는?
적도 주변은 보통 덥고 습한 열대 기후가 나타나지만 안데스산맥, 로키산맥과 같은 해발 고도가 높은 지역에서는 일 년 내내 봄 같은 온화한 날씨가 나타나 많은 사람이 모여 사는 큰 도시가 발달하기도 하였습니다. 대표적인 고산 도시에는 콜롬비아의 보고타, 볼리비아의 라파스 등이 있습니다.

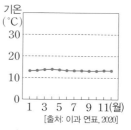
[출처: 이과 연표, 2020]
▲ '보고타'의 월평균 기온

🐑 낱말 사전

초원 풀이 나 있는 들판.
오아시스 사막 가운데에 샘이 솟고 풀과 나무가 자라는 곳.
일교차 하루 중 기온이 가장 높을 때와 가장 낮을 때의 차이.

3 세계 여러 나라 사람들의 생활 모습

(1) 세계의 다양한 의복 문화(의생활 모습)

한대 기후 지역의 전통 옷(아노락)	베트남의 모자(논라)	인도의 전통 옷(사리)	이란의 옷(차도르)
강한 추위에 견딜 수 있도록 두꺼운 털가죽으로 만든 모자 달린 옷	비와 뜨거운 햇빛을 막기 위해 쓰는 원뿔 모양의 모자	한 장의 넓고 긴 천으로 허리와 어깨, 머리 등을 감쌀 수 있도록 만든 옷	이슬람교도 여성들이 외출할 때 얼굴 외의 모든 신체를 가리기 위하여 입는 옷

(2) 세계의 다양한 음식 문화(식생활 모습)

스위스의 퐁뒤	인도네시아의 나시고렝	튀르키예의 케밥	멕시코의 타코
스위스에서 많이 생산되는 다양한 치즈를 녹여 여러 재료를 찍어 먹는 음식	더운 기후에서 음식이 쉽게 상하지 않도록 밥과 다양한 **향신료**를 넣어 볶은 음식	유목 생활을 하며 얇게 썬 고기 조각을 간단히 구워 먹던 풍습에서 발전한 전통 음식	많이 생산되는 옥수수를 이용하여 만든 토르티야에 채소나 고기를 싸서 먹는 음식

(3) 세계의 다양한 주거 문화(주생활 모습)

파푸아 뉴기니의 고상 가옥	그리스의 하얀 벽 집	몽골의 게르	모로코의 흙집
땅으로부터 올라오는 열기와 습기를 막기 위해 땅에서 높이 띄워 지은 집	벽을 두껍게 하여 열을 차단하고, 외벽을 하얗게 칠해 햇빛이 반사되게 만든 집	나무로 뼈대를 세우고 천막을 덮어 간편하게 조립하고 분해할 수 있는 이동식 집	주변에서 쉽게 구할 수 있는 흙으로 벽돌을 만들어 지은 흙집

(4) 세계의 다양한 생활 모습과 환경과의 관계: 세계 곳곳의 생활 모습은 지형, 기후 등의 자연환경과 종교, 전통, 풍습 등 인문환경의 영향을 받아 다양하게 나타납니다.

(5) 세계 여러 나라의 생활 모습 조사하기(예 튀르키예)

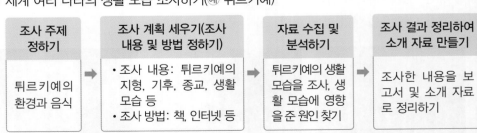

조사 주제 정하기	조사 계획 세우기(조사 내용 및 방법 정하기)	자료 수집 및 분석하기	조사 결과 정리하여 소개 자료 만들기
튀르키예의 환경과 음식	• 조사 내용: 튀르키예의 지형, 기후, 종교, 생활 모습 등 • 조사 방법: 책, 인터넷 등	튀르키예의 생활 모습을 조사, 생활 모습에 영향을 준 원인 찾기	조사한 내용을 보고서 및 소개 자료로 정리하기

(6) 세계의 다양한 생활 모습을 대하는 태도: 세계 각 나라의 생활 모습은 고유한 가치를 가지고 있기 때문에 서로 다른 생활 모습을 이해하고 존중하는 태도가 필요합니다.

▶ **인도네시아의 '나시고렝'이란?**
인도네시아어로 '나시'는 밥을 뜻하며, '고렝'은 볶는 것을 뜻합니다. 인도네시아에서는 더운 날씨로 인해 음식이 상하는 것을 막기 위해 기름에 볶거나 튀겨서 조리하는 음식이 발달했습니다.

▶ **종교 영향을 받은 생활 모습은?**
• **힌두교**를 믿는 사람들은 옷감을 자르고 꿰매는 것을 바람직하지 않다고 여기므로 인도의 전통 옷은 옷감을 자르지 않은 긴 천의 형태로 되어 있습니다.
• **이슬람교**를 믿는 국가에서는 종교적 이유로 여성이 신체가 보이지 않도록 가리는 형태의 옷을 입습니다.
• 튀르키예 사람들이 많이 믿는 이슬람교에서 돼지고기 먹는 것을 금하기 때문에 튀르키예의 대표 음식인 케밥은 주로 양고기나 닭고기로 만듭니다.

▶ **모로코 흙집의 특징은?**
사막 지역에서 볼 수 있는 흙집은 집들을 서로 가깝게 지어 그늘이 생기도록 하였고, 모래바람을 막기 위해 창문을 작게 만들었습니다. 또한 비가 거의 내리지 않아 지붕이 평평합니다.

▶ **조사한 내용을 소개하는 다양한 방법은?**
조사한 내용과 사진, 영상 등을 활용하여 동영상으로 소개하기, 책으로 만들기, 보고서로 나타내기 등 다양한 형태로 소개 자료를 만들 수 있습니다.

낱말 사전

힌두교 인도에서 고대부터 전해 내려오는 브라만교가 민간 신앙과 융합하여 발전한 종교.
이슬람교 알라신을 섬기는 종교.
향신료 음식에 맵거나 향기로운 맛을 더하는 조미료.

개념 1 세계의 기후

(1) 세계의 각 지역은 위도, 지형, 해발 고도 등에 따라 다양한 기후가 나타남.
(2) 열대 기후, 온대 기후, 냉대 기후, 한대 기후, 건조 기후, 고산 기후 등으로 구분함.
(3) 세계 기후 분포
• 위도의 영향을 많이 받음.
• 적도 지방에서 극지방으로 갈수록 기온이 낮아지며 대체로 열대 기후, 건조 기후, 온대 기후, 냉대 기후, 한대 기후 순으로 나타남.

01 다음 (   ) 안에 공통적으로 들어갈 말은 어느 것입니까? (   )

> (   )은/는 한 지역에서 여러 해에 걸쳐 나타나는 평균적인 날씨이다. 세계의 (   )은/는 위도, 지형, 해발 고도 등 다양한 자연환경 요소에 따라 달라진다.

① 계절
② 산업
③ 기후
④ 인문환경
⑤ 해발 고도

02 다음 질문에 대한 답을 찾기 위해 조사할 내용으로 가장 알맞지 <u>않은</u> 것은 어느 것입니까? (   )

적도 주변에 위치한 나라들은 어떤 기후가 나타날까?

① 위도
② 지형
③ 수도의 이름
④ 월평균 기온
⑤ 연평균 강수량

개념 2 열대 기후와 온대 기후의 특징 및 생활 모습

(1) 열대 기후

특징	• 주로 적도를 중심으로 한 저위도 지역에 분포하며 일 년 내내 평균 기온이 높고 연 강수량이 많음. • 열대 우림, 초원 등이 나타남.
생활 모습	• 화전 농업, 생태 관광 산업 등이 이루어짐. • 커피, 카카오, 사탕수수 등의 작물을 재배함. • 덥고 습한 지역에서는 고상 가옥의 형태를 볼 수 있음.

(2) 온대 기후

특징	• 주로 중위도 지역에 분포함. • 사계절이 나타나고 기온이 온화한 편임.
생활 모습	• 다양한 농업과 산업이 발달함(벼농사, 밀농사, 낙농업, 올리브 및 포도 재배 등). • 계절과 지역에 따라 다양한 의식주 형태가 발달함.

03 열대 기후에 대한 설명으로 맞으면 ○표, 틀리면 ×표 하시오.

(1) 주로 적도 근처 저위도 지역에 나타난다.
(   )
(2) 전통적인 화전 농업의 방법으로 카사바, 얌 등을 재배한다.
(   )
(3) 일 년 동안 기온이 크게 변하며 더운 여름과 추운 겨울이 반복된다.
(   )

04 다음 낱말 카드와 관련된 기후를 보기 에서 찾아 쓰시오.

중위도	산업 발달
사계절	온화한 기후

보기
• 열대 기후　　• 온대 기후　　• 한대 기후

(   )

개념 3 · 냉대 기후와 한대 기후의 특징 및 생활 모습

(1) 냉대 기후

특징	• 주로 북반구의 중위도와 고위도 지역 사이에 널리 분포함. • 온대 기후보다 겨울이 더 춥고 긺. • 침엽수림이 넓게 발달함.
생활 모습	• 밀, 감자, 옥수수 등을 재배하고 목재와 펄프를 많이 생산함. • 통나무집 형태가 발달함.

(2) 한대 기후

특징	• 남극과 북극 주변의 고위도 지역에 분포함. • 일 년 내내 기온이 매우 낮고 대부분의 땅이 얼음으로 덮여 있음.
생활 모습	• 지하자원 개발 및 관광 산업이 발달함. • 과학·환경 연구 시설 등이 있음. • 순록을 기르며 유목 생활을 하기도 함.

05 다음 기후 지역에서 주로 볼 수 있는 모습으로 가장 알맞은 것은 어느 것입니까? (   )

> 온대 기후처럼 계절의 변화가 나타나지만 겨울이 더 춥고 길다는 특징이 있으며, 여름에는 주로 밀, 감자, 옥수수 등의 작물을 재배한다.

① 모래 언덕이 있는 사막
② 침엽수가 널리 분포한 숲
③ 벼농사가 대규모로 이루어지는 논
④ 사파리 생태 관광이 이루어지는 초원
⑤ 바나나와 카카오 등이 재배되는 농장

06 다음 ㉠, ㉡에 들어갈 알맞은 말을 쓰시오.

> 한대 기후는 지구의 적도에서 멀리 떨어진 (㉠   )위도 지역에 주로 분포하기 때문에 일 년 내내 기온이 낮고 대부분의 땅이 눈과 (㉡   )(으)로 덮여 있다.

㉠: (   ), ㉡: (   )

개념 4 · 건조 기후와 고산 기후의 특징 및 생활 모습

(1) 건조 기후

특징	• 주로 20°~30° 일대와 대륙 내부에 나타남. • 강수량이 매우 적고, 사막과 초원이 나타남.
생활 모습	• 오아시스·하천 주변에서 농업이 이루어지기도 함. • 초원에서는 유목 생활을 함. • 흙벽돌로 집을 짓고, 온몸을 가리는 옷을 입어 뜨거운 햇볕과 모래로부터 몸을 보호함.

(2) 고산 기후

특징	• 해발 고도가 높은 지역에서 나타남. • 기온이 높지 않고 서늘한 편임.
생활 모습	• 저위도의 고산 기후 지대에는 도시가 형성됨. • 감자, 옥수수 등을 많이 재배함. • 강한 햇빛을 피하기 위해 챙이 넓은 모자를 쓰고, 일교차가 커서 망토를 입음.

07 건조 기후 지역에 다음과 같은 생활 모습이 나타나는 이유로 알맞은 것은 어느 것입니까? (   )

> 오아시스 주변에 마을을 형성하고 대추야자, 밀 등을 재배하기도 하지만 대부분의 지역에서는 농사를 짓기 어렵다.

① 강수량이 매우 적기 때문에
② 지하자원이 풍부하기 때문에
③ 다양한 농업이 발달했기 때문에
④ 연평균 기온이 매우 낮기 때문에
⑤ 비가 많이 내리는 지역이기 때문에

08 다음 내용과 관련된 기후는 무엇입니까? (   )

> 콜롬비아의 도시 '보고타'는 해발 고도가 약 2,640m인 안데스 산지에 있는 도시로, 적도 부근에 위치하지만 연평균 기온이 약 15℃ 정도로 서늘하고 온화한 기후가 일 년 내내 나타난다.

① 열대 기후   ② 고산 기후   ③ 건조 기후
④ 냉대 기후   ⑤ 한대 기후

개념 5 · 세계 여러 나라 사람들의 생활 모습

(1) 세계 여러 나라 사람들의 생활 모습은 지형, 기후 등의 자연환경과 종교, 전통, 풍습 등 인문환경의 영향을 받아 다양하게 나타남.

(2) 세계의 다양한 의복 문화: 인도의 사리, 한대 기후 지역의 아노락, 베트남의 논라 등

(3) 세계의 다양한 음식 문화: 스위스의 퐁뒤, 튀르키예의 케밥, 인도네시아의 나시고렝, 멕시코의 타코 등

(4) 세계의 다양한 주거 문화: 몽골의 게르, 그리스의 하얀 벽 집, 파푸아 뉴기니의 고상 가옥, 모로코의 흙집 등

09 기후의 영향을 받은 생활 모습이 <u>아닌</u> 것을 골라 기호를 쓰시오.

㉠

▲ 차도르

㉡

▲ 고상 가옥

㉢

▲ 아노락

㉣

▲ 하얀 벽 집

( )

10 다음 중 틀린 부분을 찾아 기호를 쓰시오.

> ㉠세계 여러 지역 사람들은 주어진 환경의 영향을 받아 다양한 형태의 집을 짓고 살아간다. ㉡사막 지역에서는 주변에 많이 자라는 나무로 집을 짓고, ㉢유목 생활을 주로 하는 지역에서는 이동식 천막 집을 짓는다. ㉣열대 기후 지역에서는 무더위와 해충의 피해를 막기 위해 집을 땅에서 떨어뜨려 짓기도 한다.

( )

개념 6 · 세계 여러 나라의 생활 모습 조사하기

(1) 조사하기: 세계 여러 나라 사람들의 생활 모습 중 조사하고 싶은 주제를 선택함. ➡ 지역이나 나라의 기후, 종교, 풍습, 의식주 생활 모습 등 조사 내용을 정하고, 조사 계획을 세움. ➡ 조사 계획에 따라 조사를 하면서 생활 모습에 영향을 준 요소를 찾음. ➡ 조사한 내용을 보고서나 소개 자료로 정리함.

(2) 세계의 다양한 생활 모습을 대하는 태도: 세계의 다양한 생활 모습을 이해하고 존중하는 태도가 필요함.

11 다음 인도의 생활 모습에 대하여 조사한 내용을 통해 알 수 있는 사실로 알맞은 것은 어느 것입니까? ( )

위치	아시아 대륙의 남쪽에 위치함.
생활 모습	• 주로 '힌두교'라는 종교를 믿음. • '힌두교'에서는 옷감을 자르고 바느질하는 것을 바람직하지 않게 여겨 한 장의 천으로 된 옷을 입음. • '힌두교'에서는 소를 신성한 동물로 여기기 때문에 소고기를 먹지 않음.

① 나라의 위치에 따라 집의 형태가 달라진다.
② 인도는 연평균 기온이 매우 낮게 나타난다.
③ 우리나라와 인도의 음식 문화는 매우 비슷하다.
④ 종교가 사람들의 생활 모습에 많은 영향을 주었다.
⑤ 인도의 기후는 사람들의 옷차림에 많은 영향을 주었다.

12 세계 여러 나라의 다양한 생활 모습을 조사한 후, 느낀 점을 바람직하게 말한 사람은 누구입니까? ( )

① 석훈: 다른 나라 옷차림은 다 이상하다고 생각해.
② 지원: 다른 나라의 생활 모습을 이해하고 존중해야 해.
③ 민서: 우리나라와 비슷한 생활 모습만 가치가 있다고 생각해.
④ 현우: 냉대 기후 지역은 우리보다 더 우수한 문화가 발달한 것 같아.
⑤ 연진: 세계의 많은 나라들이 거의 똑같은 생활 모습을 가지고 있어.

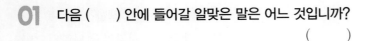
01 다음 (   ) 안에 들어갈 알맞은 말은 어느 것입니까?
(   )

> 세계 여러 지역은 (   )과/와 강수량의 특성에 따라 크게 열대 기후, 건조 기후, 온대 기후, 냉대 기후, 한대 기후로 나눌 수 있다.

① 산업   ② 대륙   ③ 해양
④ 기온   ⑤ 해발 고도

02 다음과 같은 기후가 나타나는 지역을 찾아 기호를 쓰고, 기후 이름을 쓰시오.

특징
온대 기후와 한대 기후의 중간 기후로, 온대 기후보다 겨울이 길고 춥다.

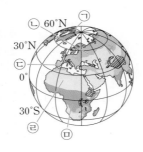

(1) 기호	(2) 기후 이름

03 다음과 같은 특징을 가진 지역은 어디입니까? (   )

> • 백야를 보기 위해 관광객이 찾아온다.
> • 지하자원 개발이 활발하게 이루어진다.
> • 기후 환경 연구를 위한 과학 기지가 설치되어 있다.

① 열대 기후 지역   ② 고산 기후 지역
③ 온대 기후 지역   ④ 냉대 기후 지역
⑤ 한대 기후 지역

⌐중요⌐
04 다음과 같은 기후 특징이 나타나는 지역에서 주로 볼 수 있는 모습으로 알맞은 것은 어느 것입니까? (   )

> 일 년 내내 기온이 높고 계절의 변화가 거의 나타나지 않으며, 비가 많이 내리는 곳도 있고 건기와 우기가 뚜렷하게 나타나는 곳도 있다.

①
▲ 침엽수림

②
▲ 고상 가옥

③
▲ 목축 및 낙농업

④
▲ 빙산

05 다음 관광 상품과 관련된 지역의 기후는 어느 것입니까? (   )

떠나 보세요~!
특별한 지중해 여행

| 포도 농장 관광 | 올리브 농장 체험 |

① 열대 기후   ② 건조 기후
③ 온대 기후   ④ 냉대 기후
⑤ 한대 기후

06 건조 기후의 특징으로 알맞은 것을 보기 에서 모두 고른 것은 어느 것입니까? ( )

보기

㉠ 빙하가 넓게 분포한다.
㉡ 열대 우림이 넓게 형성되어 있다.
㉢ 오아시스 주변에서 농사를 짓는다.
㉣ 일 년 동안 내린 비의 양이 매우 적은 편이다.

① ㉠, ㉡   ② ㉠, ㉢
③ ㉡, ㉢   ④ ㉡, ㉣
⑤ ㉢, ㉣

[07~08] 다음 자료를 보고, 물음에 답하시오.

▲ 콜롬비아 보고타   ▲ 콜롬비아 보고타의 월평균 기온

ᄃ중요ᄀ
07 위 자료의 내용을 가장 바르게 이해한 사람은 누구입니까? ( )

① 연서: 연평균 기온이 매우 낮은 편이야.
② 지원: 일 년 내내 비가 거의 내리지 않아.
③ 한준: 일 년 내내 매우 덥고 비가 많이 내려.
④ 준우: 해발 고도가 높아 일 년 내내 온화한 날씨가 이어져.
⑤ 현민: 기온이 낮아서 주로 잎이 뾰족한 나무들이 자라는 숲이 많아.

08 콜롬비아 보고타 지역에 나타나는 기후의 이름을 쓰시오.

( )

09 캐나다에서 ㉠과 같은 산업이 발달한 이유로 알맞은 것은 어느 것입니까? ( )

캐나다는 ㉠목재 가공 산업 및 종이의 원료에 해당하는 펄프를 생산하는 산업이 발달하였다.

① 기온이 높고 습하기 때문이다.
② 초원이 넓게 발달하였기 때문이다.
③ 대부분의 땅이 얼음으로 덮여 있다.
④ 추위에 강한 침엽수가 널리 분포하기 때문이다.
⑤ 열대 우림에 다양한 야생 동물이 살기 때문이다.

ᄃ중요ᄀ
10 다음 밑줄 친 곳에 들어갈 알맞은 내용은 어느 것입니까? ( )

▲ 나시고렝

인도네시아에서는 _____ 밥과 다양한 향신료를 넣어 볶은 나시고렝을 먹는다.

① 목축이 발달해서
② 이슬람교의 영향으로
③ 유목 생활에 편리하도록
④ 강한 추위에 견디기 위해
⑤ 더운 기후에 음식이 상하지 않도록

11 다음 생활 모습의 공통적인 특징으로 가장 알맞은 것은 어느 것입니까? (   )

이란의 차도르	인도의 사리
이슬람교를 믿는 여성들이 외출할 때 신체를 가리기 위해 입는 옷	옷감을 자르거나 꿰매지 않도록 하는 힌두교의 가르침에 따라 하나의 긴 천으로 둘러 입는 옷

① 열대 기후의 생활 모습이다.
② 지형의 영향을 받은 옷차림의 모습이다.
③ 종교의 영향을 받은 옷차림의 모습이다.
④ 한대 기후 지역에서 주로 나타나는 의생활 모습이다.
⑤ 주변에서 쉽게 구할 수 있는 재료로 옷을 만들어 입는다.

[12~13] 다음을 보고, 물음에 답하시오.

이 음식은 튀르키예 전통 음식인 케밥으로, 케밥은 (㉠)을/를 하며 고기 조각을 간단하게 구워 먹던 풍습에서 발달한 요리입니다. 우리나라는 ㉡ 돼지고기 먹는 것을 금하기 때문에 돼지고기 대신 주로 양고기나 닭고기로 케밥을 만듭니다.

이 음식의 특징에 대하여 설명해 주시겠어요?

기자   튀르키예인

12 ㉠에 들어갈 알맞은 말은 무엇입니까? (   )

① 낙농업   ② 벼농사
③ 유목 생활   ④ 화전 농업
⑤ 옥수수 농사

13 ㉡에 영향을 준 인문환경으로 가장 알맞은 것은 어느 것입니까? (   )

① 교통   ② 종교   ③ 언어
④ 통신   ⑤ 산업

14 다음 조사 계획서의 ㉠에 들어갈 내용으로 적절하지 않은 것은 어느 것입니까? (   )

주제	세계 여러 나라의 생활 모습: 그리스에 하얀 벽 집이 많은 이유
조사할 내용	㉠
자료 조사 방법	• 책 찾아보기 • 인터넷 자료 검색하기

① 그리스의 기후
② 그리스의 위치
③ 그리스 사람들의 옷차림
④ 자연환경과 하얀 벽 집과의 관련성
⑤ 그리스 하얀 벽 집의 재료, 구조 등 특징

15 세계 여러 나라의 생활 모습을 존중해야 하는 이유로 가장 알맞은 것은 어느 것입니까? (   )

① 세계의 기후가 모두 다르기 때문에
② 각 나라의 문화마다 고유한 가치를 가지고 있기 때문에
③ 우리나라의 문화보다 다른 나라의 문화가 더 훌륭하기 때문에
④ 대부분의 생활 모습이 우리나라의 생활 모습과 비슷하기 때문에
⑤ 우리나라의 문화보다 다른 나라의 문화가 더 오래되었기 때문에

서술형 평가 돋보기

연습 문제

정답과 해설 12쪽

문제 해결 전략

1 단계	세계 기후 분포도에 표시된 기후 구분하기

↓

2 단계	지도에 표시된 위도와 기후와의 관련성 파악하기

↓

3 단계	기후에 따라 달라지는 지역의 특징 찾기

핵심 키워드

• 세계의 기후 구분
　– 기온과 강수량, 해발 고도 등에 따라 열대 기후, 건조 기후, 온대 기후, 냉대 기후, 한대 기후, 고산 기후로 구분함.
　– 적도 지방에서 극지방으로 갈수록 기온이 낮아지며 열대 기후, 온대 기후, 냉대 기후, 한대 기후 순서로 나타남.

빈칸을 채우며
서술형 문제의 답안을
작성하는 연습을
해 보세요!

[1~3] 다음 세계 기후 분포도를 보고, 물음에 답하시오.

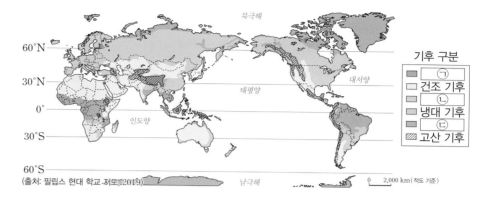

(출처: 필립스 현대 학교 지도, 2019)

1 다음을 보고, ㉠, ㉢ 지역의 기후를 각각 쓰시오.

지역	기후	특징
㉠	(1)	일 년 내내 기온이 높고 비가 많이 내려 열대 우림을 이루는 곳이 있고, 다양한 식물들이 자란다.
㉢	(2)	일 년 내내 기온이 매우 낮아 나무와 같은 식물이 자라기 어렵고 농사를 짓기 어렵다.

2 다음은 위도에 따라 달라지는 기후의 특징입니다. (　　) 안에 알맞은 말을 써넣으시오.

　지구의 기온은 저위도에서 고위도로 갈수록 점차 (　　　　)지기 때문에 적도를 중심으로 한 저위도에서는 (　　　　) 기후가 주로 나타나고, 극지방 근처에는 (　　　　) 기후가 주로 나타납니다.

3 위 세계 기후 분포도와 1, 2번의 내용을 참고하여 ㉢ 기후의 특징을 설명하시오.

_____

_____

실전 문제

[1~4] 다음을 보고, 물음에 답하시오.

(㉠) 기후는 주로 위도 20°~ 30° 지역에 나타나
며, 햇볕이 강하고 강수량이 적은 특징을 보인다. 매우
건조한 지역은 ㉡사막이 나타나며, 식물이 잘 자라기 어
렵다. 사막보다 비가 조금 더 내리는 곳에는 풀이 자라는
㉢초원이 나타나기도 한다.

1 위 ㉠에 들어갈 알맞은 말을 쓰시오.

(   )

2 다음 사진 중 ㉡에서 나타나는 생활 모습을 찾아 ○표
하시오.

(1)   (2)

(   )   (   )

3 다음은 위와 같은 기후가 나타나는 지역의 의복에 대
한 설명입니다. ( ) 안에 알맞은 말을 써넣으시오.

강한 (   )과/와 (   )을/를
막기 위해 온몸을 감싸는 긴 옷을 입
는다.

4 위 ㉢에서 생활하는 사람들이 주로 유목 생활을 하는
이유는 무엇인지 쓰시오.

_____

_____

[5~6] 다음을 보고, 물음에 답하시오.

저희 모둠은 핀란드의 집에 대하여 조사하였습니다.

저희 모둠은 파푸아 뉴기니의 집에 대하여 조사하였습니다.

▲ ⑺ 모둠의 조사 내용   ▲ ⑷ 모둠의 조사 내용

5 다음은 각 모둠에서 조사한 집의 특징을 정리한 것입니다. ( ) 안에 알맞은 말을 써넣으시오.

(1) ⑺ 모둠: 핀란드는 (   ) 기후 지역으로
국토의 70% 이상이 잎이 바늘 모양인
(   )(으)로 이루어져 있습니다. 따라서
주변에서 쉽게 구할 수 있는 (   )을/를
주로 이용하여 집을 많이 짓습니다.

(2) ⑷ 모둠: 파푸아 뉴기니의 집은 땅에서 높이 띄
워 만든 것으로 (   )(이)라고 부릅니다.
땅에서 떨어뜨려 집을 만들면 땅으로부터 올라
오는 (   )와/과 (   )을/를 막을
수 있고, 해충의 피해도 막을 수 있습니다.

6 위와 같이 세계 여러 나라마다 집의 모양 및 재료 등
이 다르게 나타나는 이유는 무엇인지 쓰시오.

_____

_____

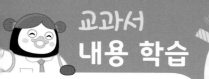

(3) 우리나라와 가까운 나라들

1 이웃 나라의 자연환경과 인문환경

(1) 우리나라와 이웃한 나라

① 우리나라와 이웃한 나라는 중국, 일본, 러시아입니다.

② 우리나라의 서쪽에는 중국, 동쪽에는 일본, 북쪽에는 러시아가 있습니다.

구분	중국	일본	러시아
위치	동북아시아	동북아시아	유럽의 동쪽, 아시아의 북쪽
면적	약 960만 km²	약 38만 km²	1,710만 km²
인구 (2023년 기준)	약 14억 2,570만 명	약 1억 2,330만 명	약 1억 4,440만 명
수도	베이징	도쿄	모스크바

▶ 중국의 기후 특징은?
중국은 영토가 넓어 다양한 기후가 나타납니다. 대체로 온대 기후가 나타나고, 건조 기후 지역도 넓게 분포하며, 열대 기후, 냉대 기후, 고산 기후 등이 나타나는 지역도 있습니다.

(2) 중국의 자연환경과 인문환경

① 중국은 영토 면적이 세계에서 네 번째로 넓은 나라로, 한반도 전체 크기의 약 44배 정도입니다.

② 영토가 넓기 때문에 지역에 따라 다양한 지형과 기후가 나타납니다.

고비 사막
동부 아시아에서 가장 큰 사막. 중국과 몽골에 걸쳐 있음.

베이징
중국의 수도

황허강
중국의 서쪽에서 동쪽으로 흐르는 큰 강

시짱고원
세계에서 가장 높은 고원

상하이
동부 해안 지역에 위치한 대표적인 경제 중심 도시

▲ 중국

▶ 중국의 대도시가 분포하는 지역은 어디인가?
중국은 동쪽으로 갈수록 지대가 낮고 넓은 평야가 분포하여 옛날부터 농업이 발달하였고 인구가 집중해 있습니다. 또한 동쪽의 해안 지역은 해상 교통이 편리하여 공업과 상업이 발달하였기 때문에 중국의 대도시는 주로 동쪽에 밀집해 있습니다.

③ 사막, **고원**, 평야 등 여러 지형이 나타나며, 동쪽보다 서쪽의 지형이 더 높습니다.

④ 중국은 인구가 많은 나라로 노동력이 풍부합니다. ➡ 풍부한 노동력과 지하자원을 바탕으로 다양한 산업이 발달하였습니다.

⑤ 동부 해안 지역에 주요 항구와 대도시가 밀집해 있습니다.

(3) 일본의 자연환경과 인문환경

① 일본은 네 개의 큰 섬과 수천 개의 작은 섬들로 이루어진 섬나라입니다.

② 국토의 대부분이 산지이며, 화산과 지진 활동이 활발하게 일어납니다.

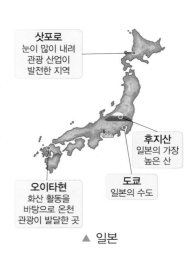

삿포로
눈이 많이 내려 관광 산업이 발전한 지역

후지산
일본의 가장 높은 산

오이타현
화산 활동을 바탕으로 온천 관광이 발달한 곳

도쿄
일본의 수도

▲ 일본

▶ 일본에 온천이 많은 까닭은?
온천은 땅의 열에 의하여 데워진 지하수가 지표로 나온 것으로, 화산 활동과 지진 활동이 활발하게 나타나는 지역에 주로 발달합니다. 일본에는 200개가 넘는 화산이 있으며, 그중 지금도 화산 활동이 일어나는 활화산의 수가 100개가 넘습니다. 일본에는 화산이 많아 온천이 발달하였고, 중요한 관광 자원이 되기도 합니다.

③ 바다의 영향으로 비와 눈이 많이 내리며, 남북으로 긴 영토 모양으로 인해 남북의 기후 차이가 큰 편입니다.

④ 관광 산업, 제조업, 첨단 산업 등이 발달하였으며, 태평양 **연안**을 따라 대도시와 공업 지역이 형성되어 있습니다.

낱말 사전

고원 높은 지대에 펼쳐진 평평한 땅.

온천 땅속의 열에 의하여 지하수가 데워져 솟아 나오는 샘.

연안 강이나 호수, 바다 등과 맞닿아 있는 육지.

▶ 대한민국, 중국, 일본의 젓가락 모양은?

• 우리나라는 국물 요리가 많은 특징 때문에 국물이 젓가락에 스며들지 않도록 주로 금속 젓가락을 사용하고 국물을 떠먹을 수 있도록 숟가락을 함께 사용합니다.
• 중국은 둥근 식탁의 중앙에 음식을 두고 가져다 먹기 때문에 긴 나무젓가락을 사용합니다.
• 생선을 많이 먹는 일본은 가시를 바르기 편하도록 끝이 뾰족한 나무젓가락을 주로 사용합니다.

▶ 각 나라의 전통 가옥은?

▲ 한옥 (대한민국)

▲ 사합원 (중국)

▲ 갓쇼즈쿠리 (일본)

▲ 이즈바 (러시아)

▶ 우리나라와 이웃 나라의 무역 현황은?

나라	수출액	수입액
중국	1위	1위
일본	5위	3위
러시아	12위	9위

(한국무역협회, 2022)
▲ 우리나라 무역 현황(2021년)

🐑 낱말 사전

횡단 대륙이나 대양 따위를 동서의 방향으로 가로 건넘.
정상 한 나라의 최고 대표자.
국방 외국의 침략에 대비 태세를 갖추고 국토를 지키는 일.
포럼 공개 토론회.
합작 어떠한 것을 만들기 위하여 힘을 합함.

(4) 러시아의 자연환경과 인문환경

① 러시아는 세계에서 영토가 가장 넓은 나라이며, 기후는 냉대 기후가 주로 나타납니다.

② 동부 지역에는 고원과 산지가 분포하고, 서부 지역에는 평야가 넓게 펼쳐져 있습니다.

③ 인구의 대부분은 평야가 있는 서남부 지역에 집중되어 있습니다.

④ 석유, 천연가스 등의 지하자원이 풍부하여 세계 여러 나라에 자원을 수출하며, 자원과 관련된 중화학 공업이 발달하였습니다.

러시아의 극지방에서는 한대 기후가 나타나기도 하고, 고원과 산지 지형에서는 건조 기후가 나타나기도 함.

▲ 러시아

2 우리나라와 이웃 나라 사람들의 생활 모습

(1) 우리나라와 이웃한 나라들은 지리적으로 가깝고 기후가 비슷하여 오래전부터 활발한 교류가 이루어졌으며 서로 영향을 주고받기도 하였습니다.

(2) 자연환경과 인문환경의 영향을 받아 서로 다른 문화가 나타나기도 합니다.

구분	대한민국	중국	일본	러시아
의생활 (전통 의상)	한복	치파오(여), 창파오(남)	기모노	사라판(여), 루바시카(남)
식생활 (전통 음식)	• 김치 등 • 금속 젓가락, 숟가락 사용	• 딤섬, 마파두부 등 • 길고 끝이 뭉툭한 나무젓가락 사용	• 초밥 등 • 끝이 뾰족한 나무젓가락 사용	• 흑빵, 보르시 등 • 포크, 칼, 숟가락 사용
주생활 (전통 가옥)	한옥, 온돌방	사합원, 침대방	갓쇼즈쿠리, 다다미방	이즈바
새해맞이	설날 (떡국 먹기)	춘절 (만두 먹기)	오쇼가츠 (오조니 먹기)	노비 고트 (홀로데츠 먹기)
문자	한글	한자	가나	키릴 문자 변형 문자

우리나라 문화와 이웃 나라 문화의 비슷한 점	우리나라 문화와 이웃 나라 문화의 다른 점
• 우리나라와 중국, 일본은 한자 문화권에 속하고, 유교와 불교를 믿음. • 우리나라, 중국, 일본은 젓가락을 사용함.	• 러시아는 유럽 문화의 영향을 많이 받음. • 우리나라, 중국, 일본은 젓가락을 사용하지만 러시아는 포크, 칼을 사용함.

옛날 중국 공자의 가르침을 배우는 학문으로, 삼국 시대부터 우리나라의 정치사상 및 문화로 자리 잡음.

3 우리나라와 이웃 나라의 교류 모습

나라의 행정 업무를 나누어 맡아 처리하는 행정 각 부의 대표

정치 교류	경제 교류	사회·문화 교류
국제 기구 설립, 한·중·일 환경 장관 회의 진행, 한·중·일 정상 회의 개최, 한·중·일 외교 장관 회담 개최, 한·러 외교 및 국방 협력 등	무역을 통한 교류(중국: 우리나라 최대 수출 및 수입 상대국), 한·중·일·러 에너지 협력 등	한·러 문화 교류 포럼 개최, 이웃 나라 문화 공연단의 내한 공연 개최, 문화 콘텐츠 교류(한·중·일 합작 영화 제작 등), 외국인 유학생 및 관광객 방문

4 우리나라와 관계 깊은 나라의 환경과 교류 모습

우리나라는 지리적으로 멀리 떨어져 있지만 미국, 베트남, 인도, 사우디아라비아 등의 나라와 밀접한 관계를 맺고 있으며, 자원, 생산품, 기술, 문화 등을 교류하고 있습니다.

미국
- 영토 면적이 세계에서 세 번째로 넓으며 다양한 지형과 기후가 나타남.
- 인구가 세계에서 세 번째로 많고, 다양한 인종 및 민족으로 이루어짐.
- 풍부한 자원과 높은 기술을 바탕으로 다양한 산업이 발달함.
- 넓은 땅을 이용해 대규모로 농사를 지음.
- 우리나라의 주요 무역 상대국이며, 우리나라 교포들이 많이 살고 있는 나라임.

베트남
- 남북으로 길게 뻗은 영토 모양이며, 대부분 산지로 이루어져 있고, 메콩강 하류에 넓은 평야가 있음.
- 열대 기후와 온대 기후가 나타남.
- 쌀 생산량이 많아 쌀을 많이 수출하며, 풍부한 노동력을 바탕으로 경공업이 발달함.
- 우리나라의 주요 무역 상대국이며, 우리나라와 활발하게 경제 및 문화 교류를 하는 국가임.
- 많은 기업이 베트남에 진출해 있음.

대한민국

사우디아라비아
- 영토의 대부분이 사막이고 비가 거의 내리지 않음.
- 세계적인 **원유** 생산국으로 지하자원이 풍부하며, 원유 수출을 통해 번 돈으로 빠른 공업화가 이루어지고 있음.
- 대부분 이슬람교를 믿음.
- 지하수 개발을 바탕으로 농업도 발전하고 있음.
- 우리나라와 다양한 인적 및 기술 교류가 이루어짐(건설 참여 및 기술 교육 등).

5 우리나라와 세계 여러 나라의 상호 의존 관계

G20에서 국제 문제의 해결과 협력을 위해 논의함.

오스트레일리아로부터 철광석을 수입함.

해외에서 공연을 하며 우리나라의 대중문화를 알림.

우리나라 기업이 싱가포르에 건물을 건설함.

▲ 우리나라와 세계 여러 나라의 교류 모습

(1) 세계 여러 나라는 나라마다 지형, 기후, 산업, 생산 기술, 문화 등이 다르기 때문에 필요한 물건이나 서비스 등을 주고받으며 다양한 교류가 이루어집니다.

(2) 오늘날에는 교통·통신의 발달로 이동이 편리해지면서 나라 간의 교류가 더욱 늘어나게 되었고 더욱 밀접한 관련을 맺으며 살아갑니다.

(3) 우리나라와 세계 여러 나라는 정치, 경제, 문화 등 여러 분야에서 상호 의존하고 있습니다.
　　　　　　　　　　상대가 되는 두 나라가 서로에게 의지하여 ┐
　　　　　　　　존재하며 도움과 이득을 주고받음.

▶ **우리나라와 미국의 교류 모습은?**
미국은 정치, 경제, 문화 등 거의 모든 면에서 우리나라와 밀접한 관계를 맺어 온 나라이며, 우리나라 주요 무역 상대국입니다. 우리나라는 미국으로부터 밀, 옥수수 등을 대량 수입하고, **반도체**, 자동차, 전자 제품 등을 수출하고 있습니다.

▶ **우리나라와 베트남의 교류 모습은?**
베트남은 우리나라와 무역을 많이 하는 나라이며, 우리나라 사람들이 관광을 많이 가기도 합니다. 베트남은 기온이 높고 강수량이 많으며 토양이 비옥하여 넓은 평야를 중심으로 벼농사가 크게 발달한 나라입니다.

▶ **우리나라와 사우디아라비아의 교류 모습은?**
사우디아라비아는 세계적인 원유 생산국으로 우리나라는 전체 원유 수입량의 1/4이 넘는 양을 사우디아라비아로부터 수입하고 있습니다. 오늘날 사우디아라비아는 풍부한 자본을 바탕으로 국가 발전에 집중하고 있으며, 뛰어난 기술력을 가진 우리나라의 기업들이 사우디아라비아에 진출하여 발전소를 건설하고, 기술을 전하는 등 다양한 교류가 이루어지고 있습니다.

▶ **나라 간 교류의 이점은?**
우리나라와 다른 나라가 교류를 하면 생산품, 자원, 생산 기술, 문화 등의 분야에서 서로 필요한 것을 얻을 수 있고, 서로 도움을 주고받으며 함께 발전할 수 있다는 장점이 있습니다.

낱말 사전

반도체 어떤 특별한 조건에서만 전기가 통하는 물질로 전자 제품의 부품으로 쓰임.
원유 땅속에서 뽑아낸 정제하지 않은 그대로의 석유.

개념 1) 이웃 나라의 자연환경과 인문환경

중국	• 영토가 넓어 다양한 지형과 기후가 나타남. • 인구가 많음. • 다양한 산업이 발달하였으며, 동부 해안 지역에 주요 항구와 대도시가 발달함.
일본	• 섬으로 이루어진 나라임. • 산지, 화산이 많고 비와 눈이 많이 내림. • 관광 산업 및 첨단 산업이 발달함.
러시아	• 세계에서 영토가 가장 넓은 나라임. • 동부는 고원과 산지가 분포하고 서부 지역에 평야가 분포함(인구는 주로 서남부 지역에 분포). • 지하자원이 풍부하며, 중화학 공업이 발달함.

01 우리나라와 이웃한 나라의 이름을 (1)~(3)에 써넣으시오.

02 밑줄 친 '이 나라'에 대한 설명으로 알맞은 것은 어느 것입니까? (   )

> 우리나라의 동쪽에 위치한 이 나라는 네 개의 큰 섬과 수많은 작은 섬들로 이루어져 있다. 국토의 대부분이 산지이며, 많은 화산이 분포하고 있고, 지진 활동이 자주 일어난다.

① 지하자원이 풍부하다.
② 세계에서 인구가 가장 많다.
③ 인구의 대부분은 남서쪽에 분포한다.
④ 온천을 바탕으로 관광 산업이 발달하였다.
⑤ 태평양 연안을 따라 농업 지역이 발달하였다.

개념 2) 우리나라와 이웃 나라의 생활 모습과 교류

(1) 우리나라와 이웃 나라의 생활 모습 비교
  • 우리나라, 중국, 일본은 한자 문화권에 속하고 유교와 불교를 믿으며, 식사를 할 때 젓가락을 사용함.
  • 러시아는 유럽 문화의 영향을 많이 받았으며, 포크와 칼을 사용하는 식사 문화가 나타남.
  • 각 나라마다 환경의 영향을 받아 의식주 생활 모습의 특징이 서로 다르게 나타남.
(2) 교류 모습: 우리나라는 중국, 일본, 러시아와 서로 긴밀하게 영향을 주고받으며 정치·경제·문화 분야에서 다양한 교류를 하고 있음.

03 (1)~(3) 나라의 생활 모습을 보기 에서 찾아 기호로 쓰시오.

(1) 중국	(2) 일본	(3) 러시아

04 다음 분야에 해당하는 우리나라와 이웃 나라의 교류 모습을 찾아 선으로 연결하시오.

개념 3 · 우리나라와 관계 깊은 나라의 환경과 교류 모습

미국	• 영토가 넓어 다양한 지형과 기후가 나타남. • 풍부한 자원을 바탕으로 다양한 산업이 발전함. • 우리나라의 주요 무역 상대국임.
베트남	• 벼농사가 발달하였고 쌀을 많이 수출함. • 우리나라가 수출을 많이 하며, 인적 자원 교류가 많이 이루어지는 나라임.
사우디 아라비아	• 대부분이 사막으로 이루어져 있고 덥고 건조함. • 우리나라가 원유를 수입하는 대표적인 나라임. • 우리나라 건설사 진출 등 다양한 인적 교류와 기술 교류가 이루어짐.

05 다음에서 설명하는 나라를 보기 에서 찾아 쓰시오.

> • 아시아에 위치하며, 연중 강수량이 많고 넓은 평야가 있어 벼농사에 유리하다.
> • 우리나라의 주요 무역 상대국이며, 우리나라와 활발하게 경제·문화 교류를 하고 있다.

보기

> 베트남, 미국, 사우디아라비아

(   )

06 다음 내용과 관련 있는 교류 분야는 어느 것입니까? (   )

> 북아메리카 지역은 밀, 옥수수 등의 곡물을 많이 재배하기 때문에 우리나라는 미국으로부터 이러한 곡물을 수입한다.

① 기술 교류   ② 정치 교류
③ 문화 교류   ④ 경제 교류
⑤ 에너지 공동 개발

개념 4 · 우리나라와 세계 여러 나라의 상호 의존 관계

(1) 우리나라와 세계 여러 나라는 정치, 경제, 문화 등에서 다양하게 교류하고 있음.
 • 정치 교류의 모습: 정상 회의 개최, 국제기구 설립, 외교 및 국방 관련 정책 협력 등
 • 경제 교류의 모습: 무역, 에너지 협력 등
 • 문화 교류의 모습: 문화 공연 및 콘텐츠 교류, 관광객 및 유학생 교류 등
(2) 우리나라는 세계 여러 나라와 협력하고 상호 의존하며 밀접한 관계를 맺고 있음.

07 우리나라와 다른 나라 사이에 이루어지는 경제 교류의 모습을 인터넷으로 검색하려고 할 때, 가장 알맞은 사례는 어느 것입니까? (   )

①   오스트레일리아산 소고기 수입량 증가

②   대한민국의 문화를 즐기는 칠레 팬들

③   대한민국과 미국의 외교 담당 장관 회의

④   독일·대한민국 역사 공동 연구 회의 개최

⑤   프랑스 파리에서 열린 대한민국 미술 전시회

08 우리나라와 다른 나라가 교류하는 사례들을 조사하며 알게 된 내용으로 알맞지 **않은** 것은 어느 것입니까?
(   )

① 세계 여러 나라는 상호 의존하며 협력한다.
② 중국과 미국은 우리나라의 주요 무역 상대국이다.
③ 자연환경이 서로 다른 나라는 교류가 활발하지 않다.
④ 각 나라는 교류를 통해 필요한 도움을 주고받을 수 있다.
⑤ 우리나라와 거리가 멀지만 깊은 관계를 맺는 나라들이 있다.

01 우리나라와 이웃한 나라의 위치와 특징에 대한 설명으로 알맞은 것은 어느 것입니까? (　　　)

① 중국은 우리나라의 서쪽에 위치한다.
② 일본과 우리나라는 육지로 연결되어 있다.
③ 중국은 세계에서 영토가 가장 넓은 나라이다.
④ 러시아는 우리나라의 동쪽에 위치한 나라이다.
⑤ 러시아는 세계에서 가장 인구가 많은 나라이다.

⊏중요⊐
02 이웃 나라의 자연환경과 인문환경에 대한 ○, × 퀴즈의 답으로 알맞지 <u>않은</u> 것은 어느 것입니까? (　　　)

	퀴즈	답
①	중국의 수도는 베이징이다.	○
②	러시아는 지하자원이 풍부하다.	○
③	일본은 주로 건조한 기후가 나타난다.	×
④	중국은 동쪽보다 서쪽의 지형이 더 높다.	×
⑤	러시아에는 유럽과 아시아의 경계가 되는 우랄산맥이 있다.	○

03 일본과 관련이 <u>없는</u> 것은 어느 것입니까? (　　　)

① 섬나라　　　　② 화산 활동
③ 온천 관광　　　④ 세계 인구 1위
⑤ 태평양 연안 공업 지역

04 다음에서 설명하는 나라 이름을 쓰시오.

> 내가 입은 옷은 우리나라의 전통 의상인 치파오야. 우리나라 사람들은 새해가 시작될 때 웃어른께 세배를 하고 만두를 먹어. 둥그런 테이블에 앉아 음식을 가운데 두고 덜어 먹기도 하지.

(　　　　　　　　　)

⊏중요⊐
05 다음을 보고 알 수 있는 사실로 알맞은 것은 어느 것입니까? (　　　)

> 글자 하나 하나가 뜻을 가진 한자를 사용해.

> 한자의 일부를 변형하여 만든 가나를 사용해.

> 그리스 문자의 영향을 받은 키릴 문자를 변형한 문자를 사용해.

▲ 중국　　　▲ 일본　　　▲ 러시아

① 러시아 문자는 중국의 영향을 많이 받았다.
② 우리나라와 러시아는 비슷한 문자를 사용한다.
③ 우리나라와 이웃 나라가 사용하는 문자가 같다.
④ 각 나라마다 의식주 생활 모습이 다르게 나타난다.
⑤ 중국과 일본은 우리나라와 비슷한 한자 문화권이다.

06 다음 그림에서 우리나라와 교류하고 있는 나라의 특징으로 알맞은 것을 모두 고른 것은 어느 것입니까? ( )

▲ 대한민국과 미국의 정상 회담

ㄱ 영토가 세계에서 세 번째로 넓은 나라이다.
ㄴ 우리나라가 주로 쌀, 커피, 차 등을 수출한다.
ㄷ 지하자원이 풍부하고 다양한 산업이 발달하였다.
ㄹ 우리나라와 지리적으로 가까워 비슷한 문화가 나타난다.

① ㄱ, ㄴ   ② ㄱ, ㄷ   ③ ㄴ, ㄷ
④ ㄴ, ㄹ   ⑤ ㄷ, ㄹ

07 다음 그래프를 보고, 우리나라와 다른 나라의 교류 모습을 바르게 말한 사람을 쓰시오.

일본 2.5 %
몽골 4 %
우즈베키스탄 5.4 %
기타 20.4 %
2021년 기준
중국 44.2 %
베트남 23.5 %
(출처: 교육부, 2021)

▲ 우리나라 외국인 유학생 비율

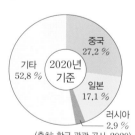

기타 52.8 %
2020년 기준
중국 27.2 %
일본 17.1 %
러시아 2.9 %
(출처: 한국 관광 공사, 2020)

▲ 우리나라 방문 관광객 비율

• 재연: 우리나라는 세계 여러 나라로부터 많은 물건을 수입하고 있어.
• 지현: 우리나라는 다른 나라와 기술 교류가 활발하게 이루어지고 있어.
• 준수: 다른 나라 사람들이 우리나라를 많이 방문하며 문화 교류가 이루어지고 있어.

( )

08 다음 ( ) 안에 들어갈 알맞은 나라는 어디입니까? ( )

( )은/는 우리나라가 원유를 수입하는 대표적인 나라입니다. 이 나라에 우리나라 기업이 많이 진출하여 새로운 산업 분야에서의 기술 및 경제 협력 강화를 약속했다는 소식입니다.

① 중국   ② 일본
③ 베트남   ④ 칠레
⑤ 사우디아라비아

09 다음 준서가 읽고 있는 책의 이름으로 알맞은 것은 어느 것입니까? ( )

준서

아시아 대륙에 있으며, 남북으로 길쭉한 모양입니다. 지역에 따라 다양한 기후가 나타나지만, 기온이 높고 강수량이 많아 벼농사가 발달하였습니다. 이 나라는 우리나라 주요 수출입국 중 하나이고, 많은 근로자들이 우리나라에 살고 있습니다.

① 넓고 넓은 러시아!
② 쌀국수의 나라, 베트남!
③ 혁신 기술의 국가, 독일!
④ 멀지만 가까운 나라, 미국!
⑤ 온천이 가득한 섬나라, 일본!

10 우리나라와 세계 여러 나라의 교류 모습에 대한 설명으로 알맞지 않은 것은 어느 것입니까? ( )

① 필요한 자원, 서비스 등을 서로 주고받는다.
② 경제 협력을 통해 수출과 수입을 줄이고 있다.
③ 협력을 통해 국제적 사회 문제를 함께 해결한다.
④ 교류가 늘면서 서로에게 주는 영향이 커지고 있다.
⑤ 우리나라의 문화를 다른 나라에 알리며 문화 교류를 한다.

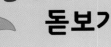

서술형 평가 돋보기

🔍 문제 해결 전략

1 단계	제시된 신문 기사 내용 파악하기
2 단계	우리나라와 이웃 나라의 교류 분야 및 특징 이해하기
3 단계	우리나라와 이웃 나라의 관계 이해하기

🔍 핵심 키워드

- 우리나라의 이웃 나라
  – 중국, 일본, 러시아
- 우리나라와 이웃 나라의 교류
  – 정치, 경제, 문화의 다양한 교류
  – 교류를 통한 상호 의존 및 협력

빈칸을 채우며 서술형 문제의 답안을 작성하는 연습을 해 보세요!

연습 문제

[1~3] 다음 우리나라와 이웃 나라의 교류 사례를 보고, 물음에 답하시오.

(가)

△△ 일보

한·중·일·러 에너지 협력

우리나라는 중국, 일본, 러시아와 국경을 넘어 전력망을 서로 잇는 에너지 사업을 추진하기로 결정하였다. 러시아와 고비 사막 지역의 풍부한 에너지원을 한국, 중국, 일본에 공급하기 위하여 4개 국가의 정부 연구 기관 및 기업들이 방법을 모색하기로 하였다.

(나)

△△ 신문

한·중·일·러 4개국, 해양 쓰레기 문제 해결 방안 모색

매년 증가하는 해양 플라스틱 문제를 함께 해결하고자 한국, 중국, 일본, 러시아 네 나라가 워크숍을 열어 쓰레기 현황 공유 및 정책 관리 방안을 모색하였다.

해양수산부는 "이번 공동 워크숍은 북서태평양 지역의 국가 간 해양 쓰레기 문제 해결을 위한 협력 강화의 계기가 되었다."라고 말했다.

1 위 (가), (나) 사례를 읽고, 우리나라와 교류가 이루어진 나라의 이름을 모두 쓰시오.

(   ), (   ), (   )

2 위 (가)에 나타난 교류의 특징은 무엇인지 (   ) 안에 알맞은 말을 써넣으시오.

> (가)는 우리나라가 이웃 나라인 중국, 일본, (   )과/와 함께 (   ) 개발을 위해 협력하는 (   ) 분야의 교류 모습입니다.

3 위 (나)와 같이 우리나라가 이웃 나라와 교류를 하는 이유는 무엇인지 쓰시오.

_____

_____

실전 문제

[1~2] 지윤이네 학급에서는 모둠별로 우리나라와 이웃한 나라를 선택하여 특징을 발표하였습니다. 물음에 답하시오.

| 1모둠 | 2모둠 | 3모둠 |

1 각 모둠에서 발표한 내용을 정리한 것입니다. 위 자료를 보고 ( ) 안에 알맞은 말을 써넣으시오.

모둠	나라 이름	특징
(1) 1모둠	( )	• 영토가 넓어 아시아에서 제일 큰 고비 사막, 시짱고원 등 다양한 지형이 나타남. • 나라의 ( ) 지역에는 많은 공장이 모여 있음.
(2) 2모둠	( )	• 세계에서 ( )이/가 가장 넓은 나라이고 주로 ( ) 기후가 나타남. • ( )쪽보다 ( )쪽의 지형이 평평함.
(3) 3모둠	( )	• ( )개의 큰 섬과 수많은 작은 섬으로 이루어져 있음. • ( )의 영향으로 비와 눈이 많이 내림.

2 다음은 3모둠에서 발표한 나라에서 주로 발생하는 자연재해 사진입니다. 이를 보고 이 나라의 자연환경적 특징을 쓰시오.

_____

_____

[3~5] 다음은 우리나라와 밀접한 관계를 맺는 나라 사이의 주요 무역 물품을 나타낸 그림입니다. 물음에 답하시오.

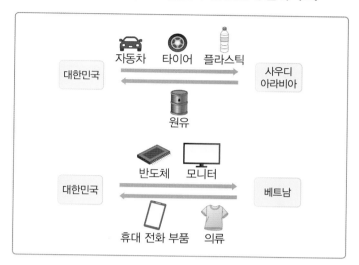

3 우리나라가 사우디아라비아에서 수입하는 주요 제품을 찾아 쓰고, 이러한 교류가 일어나는 까닭은 무엇인지 ( ) 안에 알맞은 말을 써넣으시오.

(1) 주요 수입품: ( )
(2) 까닭: 사우디아라비아는 세계적인 ( ) 생산국이며 우리나라는 ( )과/와 같은 자원이 부족하기 때문입니다.

4 우리나라가 베트남으로부터 의류를 많이 수입하는 이유는 무엇인지 베트남에 발달한 산업 특성과 관련하여 설명하시오.

_____

_____

5 위와 같은 교류를 통해 우리나라가 얻을 수 있는 이점은 무엇인지 쓰시오.

_____

_____

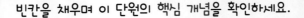
세계의 여러 나라들

지구, 대륙 그리고 국가들

① 지구본, 세계 지도, 디지털 영상 지도의 특징
  • (❶   ): 지구의 실제 모습을 작게 줄여 만든 모형
  • 세계 지도: 둥근 모양의 지구를 축소하여 평면으로 나타낸 것
  • 디지털 영상 지도: 위성 사진이나 항공 사진을 바탕으로 전자 기기에서 이용할 수 있도록 디지털 정보로 표현한 지도

② 세계의 대륙과 대양
  • (❷   ): 바다로 둘러싸인 큰 땅덩어리(아시아, 유럽, 아프리카, 오세아니아, 북아메리카, 남아메리카, 남극 대륙)
  • 대양: 바다 중에서 넓고 큰 바다(태평양, 대서양, 인도양, 북극해, 남극해)

③ 각 대륙의 여러 나라

아시아	대한민국, 중국, 일본 등	오세아니아	오스트레일리아, 뉴질랜드 등
유럽	프랑스, 독일 등	(❸)	미국, 캐나다 등
아프리카	이집트, 케냐 등	남아메리카	브라질, 칠레 등

④ 세계 여러 나라의 영토 면적과 모양은 서로 다름.

세계의 다양한 삶의 모습

① 세계의 기후와 기후에 따라 달라지는 생활 모습

열대 기후	• 일 년 내내 기온이 높음. • 열대 우림, 초원 • 열대 작물 재배, 화전 농업, 생태 관광 산업	냉대 기후	• 사계절이 있으나 겨울이 길게 나타남. • 대규모 침엽수림 분포 • 목재, 펄프 산업
온대 기후	• 사계절이 비교적 뚜렷하고 온화한 날씨가 나타남. • 다양한 산업 발달, 벼농사, 밀 등 재배	한대 기후	• 일 년 내내 기온이 매우 낮음. • 지하자원 개발 산업, 순록 유목 생활 • 극지방 환경 연구
건조 기후	• 강수량이 매우 적음. • 사막, 초원 • 오아시스나 하천 주변에서 농업, 초원 유목 생활	고산 기후	적도 주변의 고산 기후는 (❹)가 높아 일 년 내내 봄과 같은 날씨가 나타나며, 감자, 옥수수 등 재배함.

② 세계 여러 지역 사람들의 다양한 생활 모습
  • (❺   )환경과 인문환경의 영향을 받아 다양한 의식주 생활 모습이 나타남.
  • 서로 다른 생활 모습을 이해하고 존중하는 태도가 필요함.

우리나라와 가까운 나라들

① 우리나라의 이웃 나라 및 이웃 나라와의 교류
  • (❻   ), 일본, 러시아는 우리나라의 주변에 위치한 이웃 나라이며, 이웃 나라들은 각각의 환경의 영향을 받아 다양한 생활 모습이 나타남.
  • 우리나라와 이웃 나라는 다양한 교류가 이루어지고 있음.

② 우리나라와 관계 깊은 나라의 교류: 미국, 베트남, 사우디아라비아, 인도 등의 나라는 지리적으로 떨어져 있지만 우리나라와 가까운 관계를 맺고 다양한 교류를 하고 있음.

③ 우리나라와 세계 여러 나라의 교류: 우리나라는 세계 여러 나라와 정치·경제·문화 면에서 활발하게 교류하며 상호 의존함.

정답 ❶ 지구본 ❷ 대륙 ❸ 북아메리카 ❹ 해발 고도 ❺ 자연 ❻ 중국

사고력 문제 엿보기

내가 여행하고 싶은 나라에 대하여 조사하기

1 내가 여행하고 싶은 나라와 그 나라가 속한 대륙을 쓰고, 세계 지도에 그 나라의 위치를 표시하여 봅시다.

- 나라 이름:

- 나라가 속한 대륙:

예시 답안 페루 – 남아메리카

2 위 **1**에서 정한 나라의 기후 특징을 쓰고, 그 나라를 여행할 때 필요한 준비물이나 옷차림, 주의할 점 등을 조사하여 봅시다.

(1) 기후 특징	(2) 필요한 준비물이나 옷차림	(3) 주의할 점

예시 답안 (1) 고산 기후, 해발 고도가 높은 곳에 위치하고 있다. (2) 일교차가 크고 햇볕이 강하므로 긴팔 옷과 모자를 준비한다. (3) 해발 고도가 높아 고산증이 나타날 수 있으므로 약을 미리 준비해야 한다.

3 위 **1**에서 정한 나라의 생활 모습 중에서 체험해 보고 싶은 것과 그 나라의 유명한 장소를 한 가지씩 조사하여 써 봅시다.

(1) 체험해 보고 싶은 것: _____

(2) 유명한 장소: _____

예시 답안 (1) 챙이 둥근 모자와 망토를 입고 고산 지대의 마을 여행하기, 라마 직접 보기 (2) 마추픽추

대단원 마무리

1. 세계의 여러 나라들

01 지구본과 세계 지도에서 공통적으로 찾을 수 있는 것을 모두 고른 것은 어느 것입니까? (   )

> ㉠ 본초 자오선과 적도
> ㉡ 위도별 지역의 기후
> ㉢ 각 나라의 위도와 경도
> ㉣ 한 나라로부터 다른 나라까지의 이동 방법

① ㉠, ㉡   ② ㉠, ㉢
③ ㉡, ㉢   ④ ㉡, ㉣
⑤ ㉢, ㉣

02 디지털 영상 지도를 활용하여 다음과 같은 정보를 알아보고자 할 때 활용할 수 있는 기능으로 알맞은 것은 어느 것입니까? (   )

우리나라와 독일은 얼마나 멀리 떨어져 있을까?

① 확대와 축소
② 위성 사진 보기
③ 위도와 경도의 검색
④ 나라의 주요 장소 정보 보기
⑤ 나라와 나라 간의 거리 측정

03 지구의 대륙과 대양에 대한 설명으로 알맞은 것을 두 가지 고르시오. (,   )

① 바다로 둘러싸인 땅을 대양이라고 한다.
② 아프리카는 북반구와 남반구에 걸쳐 있다.
③ 남극 대륙과 오세아니아는 육지로 연결되어 있다.
④ 지구에서 바다가 차지하는 면적은 육지보다 더 넓다.
⑤ 아시아와 북아메리카 사이에는 대서양이 자리 잡고 있다.

04 우리나라가 속한 대륙에 대한 설명으로 알맞은 것을 두 가지 고르시오. (,   )

① 태평양과 맞닿아 있다.
② 주로 남반구에 위치한다.
③ 가장 면적이 큰 대륙이다.
④ 북쪽에 대서양이 위치한다.
⑤ 남아메리카와 육지로 연결되어 있다.

05 나라와 그 나라가 속한 대륙의 이름이 잘못 짝지어진 것은 어느 것입니까? (   )

① 프랑스 – 유럽   ② 필리핀 – 아시아
③ 이집트 – 아프리카   ④ 브라질 – 오세아니아
⑤ 캐나다 – 북아메리카

06 다음 지도에 색칠된 대륙에 속하는 나라는 어디입니까? (   )

① 미국   ② 에스파냐
③ 인도네시아   ④ 아르헨티나
⑤ 오스트레일리아

07 다음에서 설명하는 대양의 이름을 쓰시오.

> 세계에서 가장 큰 바다로, 아시아, 오세아니아, 북아메리카, 남아메리카 대륙 사이에 있으며, 지구 표면의 약 $\frac{1}{3}$에 해당한다.

(   )

08 다음과 같은 특징을 가진 나라로 알맞은 것은 어느 것입니까? (   )

> 영토가 바다로 둘러싸여 있는 나라

① 미국 (알래스카) 캐나다 태평양 미국 0 2,000 km

② 대한민국 동해 0 400 km

③ 태평양 뉴질랜드 0 500 km

④ 스위스 0 200 km

[09~10] 다음 기후 분포도를 보고, 물음에 답하시오.

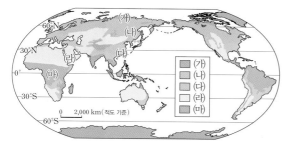

09 다음과 같은 기후의 특징이 나타나는 곳을 위 지도에서 찾아 기호를 쓰고, 기후 이름을 쓰시오.

> 일 년 동안의 강수량을 모두 합쳐도 500mm가 안 될 정도로 비가 적게 내리는 기후이다.

(1) 기호: (   )
(2) 기후 이름: (   )

⊏서술형⊐
10 위 지도를 보고 적도 지방에서 극지방으로 가면서 나타나는 기후의 분포에 대하여 설명하시오.

_____

_____

11 다음과 같은 산업과 관련된 기후로 알맞은 것은 어느 것입니까? (   )

▲ 사파리 관광 산업

▲ 대규모 커피 재배 농업

① 열대 기후　　　② 건조 기후
③ 온대 기후　　　④ 냉대 기후
⑤ 한대 기후

12 온대 기후 지역에 많은 사람이 모여 살고 다양한 산업이 발달한 까닭으로 알맞은 것은 어느 것입니까?

(   )

① 고위도 지역에 위치하기 때문에
② 일 년 내내 평균 기온이 낮기 때문에
③ 기온의 일교차가 거의 나지 않기 때문에
④ 나무가 많이 자라지 않는 지역이기 때문에
⑤ 기온이 온화하고 강수량이 적당하기 때문에

13 환경과 생활 모습의 관계를 조사한 후, 다음과 같은 방법으로 소개 자료를 만들려고 합니다. 소개 자료에 넣을 내용으로 알맞지 <u>않은</u> 것은 어느 것입니까?

(   )

한대 기후 지역 사람들의 생활 모습

① 두꺼운 가죽으로 만든 옷을 입는다.
② 춥고 눈이 많은 환경의 영향을 받는다.
③ 북극해 주변, 고위도 지역에서 살아간다.
④ 순록을 키우며 유목 생활을 하기도 한다.
⑤ 주로 감자와 옥수수를 재배하여 수확한다.

14 다음 생활 모습을 통해 알 수 있는 것을 <u>두 가지</u> 고르시오. (,   )

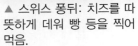

▲ 스위스 퐁뒤: 치즈를 따뜻하게 데워 빵 등을 찍어 먹음.   ▲ 멕시코 타코: 옥수숫가루를 반죽하여 만든 토르티야에 고기, 채소를 싸 먹음.

① 열대 기후 지역에서 발달한 음식 문화이다.
② 강수량이 적은 지역에서 발달한 산업의 모습이다.
③ 다른 기후지만 비슷한 음식 문화가 나타난다.
④ 환경의 영향을 받아 나타난 특색 있는 식생활 모습이다.
⑤ 그 지역에서 많이 생산되는 식재료를 바탕으로 음식이 발달했다.

15 다음 소개 자료를 통해 알 수 있는 내용으로 알맞은 것은 어느 것입니까? (   )

> **인도의 생활 모습**
> ■ 기후: 대부분 열대 기후가 나타남.
> ■ 생활 모습: 힌두교를 믿는 사람이 많음. 인도 사람들은 소를 신성하게 여기는 힌두교의 영향을 받아 소고기를 먹지 않음.

① 인도는 평균 기온이 낮게 나타난다.
② 우리나라와 인도의 음식 문화는 비슷하다.
③ 나라의 위치에 따라 옷의 형태가 달라진다.
④ 종교의 영향을 받아 음식 문화가 달라진다.
⑤ 인도의 기후는 사람들의 종교에 영향을 준다.

16 다음 ㉠, ㉡에 들어갈 알맞은 말을 쓰시오.

> 세계 여러 나라에 사는 사람들의 생활 모습은 지형, 기후와 같은 (㉠)과/와 종교, 풍습 등과 같은 (㉡)의 영향을 받아 다양하게 나타난다.

㉠: (   ), ㉡: (   )

17 다음 주제에 맞는 자료를 조사하려고 할 때, 조사 내용으로 알맞은 것은 어느 것입니까? (   )

> 주제: 환경에 따른 세계 여러 지역의 의생활 모습

① 콜롬비아의 망토   ② 튀르키예의 케밥
③ 알래스카의 송유관   ④ 그리스의 하얀 벽 집
⑤ 인도네시아의 나시고렝

18 다음 설명에 해당하는 지역의 생활 모습으로 알맞은 것은 어느 것입니까? (   )

> 초원 지역에 생활하며 유목 생활을 한다. 가축을 키워 고기를 얻고, 가축의 젖으로 만든 유제품을 먹으며, 유목 생활을 위해 천막과 기둥을 이용하여 이동식 집을 짓는다.

①    ②

③    ④

19 다음 두 나라의 생활 모습이 다르게 나타나는 까닭으로 가장 알맞은 것은 어느 것입니까? (   )

▲ 이집트: 오아시스 주변에서 이루어지는 대추야자 농사   ▲ 캐나다: 침엽수림 주변에서 이루어지는 목재 및 펄프 산업

① 두 나라의 역사가 다르기 때문에
② 두 나라의 기후가 다르기 때문에
③ 두 나라의 경도가 다르기 때문에
④ 두 나라 영토의 면적이 다르기 때문에
⑤ 두 나라 영토의 모양이 다르기 때문에

20 우리나라의 이웃 나라 중 다음과 같은 생활 모습을 가진 나라의 이름을 쓰시오.

> 식사를 할 때, 주로 포크와 칼을 사용하며 많은 사람들이 유럽에 가까운 서부 지역에 살기 때문에 유럽과 비슷한 생활 모습이 나타난다.

(   )

21 ⊏서술형⊐
다음 자료를 보고, 우리나라와 이웃 나라의 생활 모습을 비교하여 그 특징을 쓰시오.

▲ 우리나라의 표지판   ▲ 중국의 표지판
▲ 일본의 표지판   ▲ 러시아의 표지판

_____

_____

22 우리나라와 이웃 나라가 다음과 같은 교류를 하는 이유로 알맞은 것은 어느 것입니까? (   )

① 스포츠 교류를 확대하기 위해
② 관광 자원을 함께 개발하기 위해
③ 수출과 수입 품목을 확대하기 위해
④ 역사적 갈등의 문제를 해결하기 위해
⑤ 협력을 통해 공동의 환경 문제를 해결하기 위해

23 다음을 통해 알 수 있는 교류 모습으로 알맞은 것은 어느 것입니까? (   )

▲ 영국에서 열린 KPOP 월드 페스티벌

① 다른 나라의 유학생이 우리나라에 많이 온다.
② 에너지 개발을 위해 다른 나라와 서로 협력한다.
③ 다른 나라와 활발하게 수출과 수입이 이루어진다.
④ 이웃 나라와 건설 기술을 주고받으며 교류한다.
⑤ 우리나라의 문화를 알리며 문화 교류가 이루어진다.

24 다음 발표에 들어갈 내용으로 알맞지 <u>않은</u> 것은 어느 것입니까? (   )

> 저는 우리나라와 밀접한 관계를 맺고 있는 미국의 특징과 교류 사례에 대하여 소개하겠습니다.

① 우리나라의 주요 무역 상대국입니다.
② 영토가 넓어 다양한 지형과 기후가 나타납니다.
③ 풍부한 자원을 바탕으로 다양한 산업이 발전한 나라입니다.
④ 우리나라와 지리적으로 가까워 많은 관광객이 우리나라를 방문합니다.
⑤ 우리나라의 영화가 미국 영화제에서 상을 받는 등 많은 문화 교류가 이루어지고 있습니다.

25 ⊏서술형⊐
다음 내용을 보고, 우리나라와 세계 여러 나라 사이의 교류 특징에 대하여 설명하시오.

우리나라에서 열린 영국 미술 작품 전시회	↔	영국에서 열린 우리나라 가수 공연
우리나라에서 수입하는 케냐의 커피콩	↔	케냐로 수출하는 우리나라의 플라스틱 제품
우리나라에서 공부하는 싱가포르 유학생	↔	싱가포르에 지은 우리나라 기업의 건물

_____

우리나라와 이웃한 나라의 특징과 생활 모습의 비교

선생님의 출제 의도

이 단원에서는 지구본, 세계 지도, 디지털 영상 지도 등을 활용하여 세계의 대륙과 대양 및 세계 여러 나라들에 대하여 알아보았습니다. 또한 환경의 영향을 받아 다르게 나타나는 세계의 다양한 생활 모습을 살펴보았고, 우리나라와 밀접한 관계를 맺는 나라들에 대하여 학습하였습니다. 이번 수행 평가는 우리나라와 이웃한 나라들의 자연환경과 인문환경의 특성을 알고, 이를 바탕으로 우리나라와 이웃한 나라 간의 생활 모습을 비교할 수 있는지를 알아보고자 문제를 출제하였습니다. 이웃 나라의 환경적 특징을 이해하고, 우리나라와의 생활 모습과의 공통점 및 차이점을 생각하며 문제를 해결하여 봅시다.

수행 평가 문제

◑ 우리나라와 이웃한 나라의 특징을 알아보고, 우리나라의 생활 모습과 비교하여 봅시다.

(가)	(나)	(다)	(라)
한자를 변형한 '가나'라는 문자를 사용한다.	춘절을 맞이하여 웃어른께 세배를 하고 만두를 먹으며 축제를 즐긴다.	흑빵과 같은 빵을 주식으로 먹고, 포크와 칼을 주로 사용한다.	둥그런 테이블 가운데 음식을 두고 가져다 먹고 튀김, 볶음 음식을 주로 먹어 길고 끝이 뭉툭한 젓가락을 사용한다.

(마)	(바)	(사)	(아)
화산 활동과 지진 활동이 많고 온천이 많다.	영토가 넓어 고원, 사막, 평야와 같은 다양한 지형이 나타나며 인구가 많다.	생선 가시를 잘 발라먹을 수 있도록 끝이 뾰족한 나무젓가락을 사용한다.	세계에서 영토가 가장 넓으며, 사람들은 대부분 평야가 있는 서부 지역에 분포한다.

1 각 나라의 특징과 생활 모습을 나라에 맞게 분류하여 기호를 쓰시오.

	(1) 중국	(2) 일본	(3) 러시아
위치	우리나라의 (　　)쪽	우리나라의 (　　)쪽	우리나라의 (　　)쪽
특징 및 생활 모습			

2 중국, 일본, 러시아의 생활 모습을 비교하여 우리나라와 비슷한 점과 다른 점은 무엇인지 쓰시오.

(1) 비슷한 점	(2) 다른 점
• _____	• _____
• _____	• _____

3 중국, 일본, 러시아의 생활 모습이 각각 다양하게 나타나는 이유는 무엇인지 쓰시오.

_____

_____

평가 기준

잘함	보통	노력 요함
우리나라와 이웃한 나라의 자연환경과 인문환경의 특징을 알고 우리나라의 생활 모습과 비교하여 비슷한 점과 다른 점을 찾아 설명할 수 있다.	우리나라와 이웃한 나라의 자연환경이나 인문환경의 특징을 알고 우리나라의 생활 모습과 비슷한 점이나 다른 점을 찾을 수 있다.	우리나라와 이웃한 나라의 이름 및 위치를 이해하고, 우리나라의 생활 모습과 비슷한 점이나 다른 점이 있음을 안다.

수행 평가 예시 답안

1. (1) 서, (나), (라), (바) (2) 동, (가), (마), (사) (3) 북, (다), (아)
2. (1) 중국과 일본은 우리나라와 비슷한 한자 문화권이다. / 새해를 기념하며 명절 음식을 먹는다. / 중국과 일본은 우리나라처럼 젓가락을 사용하여 음식을 먹는다. 등
   (2) 러시아는 포크와 칼을 주로 사용한다. / 명절에 먹는 음식은 나라마다 종류가 다르다. / 중국, 일본은 한자 문화권이지만 러시아는 한자 문화권이 아니다. 등
3. 각 나라 사람들의 생활 모습은 자연환경과 인문환경의 영향을 받기 때문에 서로 다르게 나타난다. / 자연환경이 다르고 사람들의 생각, 풍습, 역사 등이 다르기 때문에 고유한 문화가 나타난다. 등

수행 평가 꿀팁

주어진 자료의 특징을 찾고 분류하고 찾는 방법

수행 평가에서 주어진 자료를 분류할 때에는 사진 및 그림 등의 정보를 이해하고, 우선 그 정보가 어떤 주제를 담고 있는지를 찾는 것이 좋습니다. 자연환경, 인문환경 등의 주제를 찾고 주제에 따라 기준을 정하여 자료를 분류하면 여러 개의 사진 자료 및 설명 글 등의 자료가 주어져도 분류하기가 쉽습니다. 또한, 주어진 자료를 빠짐없이 분류했는지 마지막에 자료의 개수와 내가 분류한 것의 개수가 맞는지 꼼꼼하게 검토해 보세요.

2단원

통일 한국의 미래와 지구촌의 평화

그림 속 초등학생들은 지구촌의 여러 갈등에 대해 떠올리며 해결하는 방법은 없는지 찾아보려고 하네요. 이번 단원에서는 한반도의 미래와 통일, 지구촌의 평화와 발전, 지속 가능한 지구촌에 대해 알아볼 거예요. 특히 지구촌의 문제들은 나라들이 모두 밀접하게 연결되어 있어 우리 모두의 문제가 되기도 한답니다. 그래서 지구촌에 나타나는 문제 상황들을 알아보고 문제 해결을 위해 일상생활 속에서 계획을 세워 적극적으로 실천해 볼 거예요.

단원 학습 목표

1. 독도의 지리적·역사적 특성과 독도를 지키려는 노력을 살펴보고, 남북통일을 위한 다양한 노력을 알아봅시다.
2. 지구촌의 평화와 발전을 위협하는 갈등 사례를 살펴보고, 이를 해결하기 위한 다양한 노력을 알아봅시다.
3. 지구촌의 환경 문제와 지속 가능한 미래를 만들기 위한 노력을 살펴보고, 세계 시민으로서의 자세를 알아봅시다.

단원 진도 체크

회차	학습 내용		진도 체크
1차	(1) 한반도의 미래와 통일	교과서 내용 학습 + 핵심 개념 문제	✓
2차		중단원 실전 문제 + 서술형 평가 돋보기	✓
3차	(2) 지구촌의 평화와 발전	교과서 내용 학습 + 핵심 개념 문제	✓
4차		중단원 실전 문제 + 서술형 평가 돋보기	✓
5차	(3) 지속 가능한 지구촌	교과서 내용 학습 + 핵심 개념 문제	✓
6차		중단원 실전 문제 + 서술형 평가 돋보기	✓
7차	대단원 정리 학습, 사고력 문제 엿보기, 대단원 마무리, 수행 평가 미리 보기		✓

해당 부분을 공부한 후 ✓표를 하세요.

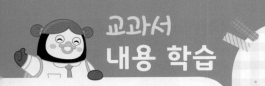

교과서 내용 학습

(1) 한반도의 미래와 통일

◀ 옛날에 불렸던 독도의 이름은?
독도는 옛날부터 여러 가지 이름으로 불렸습니다. 먼저 옛날에 울릉도에 있었던 우산국이라는 나라에서 비롯된 이름인 '우산도'가 있습니다. 그리고 울릉도에 살았던 사람들은 독도를 '돌섬'의 사투리인 '독섬'이라고 불렀습니다. 또한 물개와 비슷하게 생긴 강치(가지어)가 많이 산다고 해서 '가지도'라고도 불렸습니다.

◀ 독도를 천연기념물로 지정한 까닭은?
우리나라에서 가장 오래된 화산섬이기 때문입니다. 그리고 지형과 자연 경관이 독특하며 다양한 동식물이 서식하고 있기 때문입니다.

◀ 독도에는 어떤 바위가 있을까?
탕건봉, 코끼리 바위, 삼형제굴 바위, 촛대 바위, 천장굴, 한반도 바위 등이 있습니다.

◀ 독도에 있는 동식물에는?
사철나무, 땅채송화 등의 식물, 바다제비, 괭이갈매기, 살오징어, 도화새우 등의 동물이 다양하게 있습니다.

🐑 낱말 사전

항로 선박이나 항공기가 다니는 길.
경관 산이나 들, 강, 바다 따위의 자연이나 지역의 풍경.
보고 귀중한 물건을 보호하거나 보관해 두는 창고.

1 우리 땅 독도

(1) 독도의 위치

① 우리나라 영토의 동쪽 끝에 있습니다.

② 북위 37°, 동경 132° 가까이에 있습니다.

③ 동해의 중심에 있어 선박과 항공 교통의 **항로**뿐만 아니라 군사적으로도 중요한 위치에 있습니다.

▲ 독도

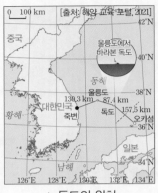
▲ 독도의 위치

(2) 독도의 자연환경

① 동도와 서도 두 개의 큰 섬과 그 주위에 크고 작은 바위섬 89개로 이루어졌습니다.

② 독도는 화산 활동으로 생긴 화산섬으로 독특한 지형과 **경관**을 지녔습니다.

③ 다양한 동식물이 서식하는 생태계의 **보고**입니다.

④ 독도는 우리나라의 천연기념물로 지정되어 보호받고 있습니다.

⑤ 독도 주변 바다에는 해양 심층수가 있고, 바다의 밑바닥에는 미래의 새로운 에너지원으로 주목받는 가스 하이드레이트가 묻혀 있습니다.
  └ 천연가스와 물이 결합한 고체 상태의 물질로, 불을 붙이면 타는 성질이 있어 '불타는 얼음'이라고도 부름.

▲ 괭이갈매기

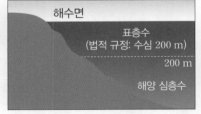
▲ 해양 심층수

2 역사 자료에 나타난 독도

(1) 독도 관련 우리나라의 옛 기록과 지도

① 『세종실록지리지』(1454년): 울릉도(무릉)와 독도(우산)가 강원도에 속한 섬이라고 기록하였습니다.

② 『신증동국여지승람』 「팔도총도」(1531년)

• 우리나라의 옛 지도 중 독도(우산도)가 표기된 가장 오래된 지도로, 동해에 울릉도와 독도(우산도) 두 섬이 함께 그려져 있습니다.

• 우산도(독도)가 실제와 달리 울릉도의 서쪽에 그려져 있습니다.

③ 대한 제국 칙령 제41호(1900년): 울릉군의 관할 구역으로 울릉전도와 죽도, 석도(지금의 독도)를 포함한다는 것을 정하여 독도가 울릉군에 속해 있음을 명확히 하였습니다.

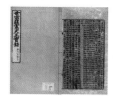

▲ 『세종실록지리지』

▲ 「팔도총도」

▲ 대한 제국 칙령 제41호

(2) 독도 관련 다른 나라의 옛 기록과 지도
① 「태정관 지령」(1877년): 일본이 독도를 일본 영토로 여기지 않았음을 알 수 있습니다.
② 「대일본전도」(1877년): 일본이 공식적으로 자국의 영토 전체를 표기해 만든 지도로, 주변 섬들을 포함해 일본 영토를 자세히 그렸지만 독도는 어디에도 없습니다.
③ 연합국 최고 사령관 각서 제677호(1946년): 독도를 일본의 관할 지역에서 제외한다는 내용을 발표하고, 부속 지도에서 독도를 우리나라 영토로 표시하였습니다.

▲ 「태정관 지령」

▲ 「대일본전도」

▲ 연합국 최고 사령관 각서 제677호

3 독도를 지키기 위한 노력

(1) 독도를 지키기 위한 노력
① 신라 장군 이사부는 우산국을 **정벌**하여 우산국이 신라의 영토가 됐습니다.
② 조선 시대 안용복은 일본으로 건너가 울릉도와 독도가 우리 영토임을 확인받았습니다.
③ 오늘날에도 독도를 지키기 위해 정부는 독도에 주민 숙소, 등대, 경비 시설 등을 설치하고 독도를 지속적으로 이용할 수 있도록 여러 법령을 **제정**해 시행하고 있습니다.
④ 정부뿐만 아니라 민간단체도 독도를 잘못 소개한 정보와 자료를 찾아 수정을 요구하거나, 독도가 우리나라의 영토임을 알리는 등 다양한 활동을 하고 있습니다. 예 반크

(2) 독도가 우리 영토임을 알리는 다양한 활동: 독도 홍보 포스터 그리기, 독도 사랑 운동 하기, 독도 홍보 영상 만들기, 독도 사랑 플래시 몹 참여하기 등

4 남북통일이 필요한 까닭

(1) 남북 분단으로 겪는 어려움
① **이산가족**의 아픔: 분단이 지속되면서 오랜 세월 만나지 못하고 있습니다.
② **국방비** 증가: 남북한이 **대치**하고 있어 막대한 국방비를 부담하고 있습니다.
③ 달라지는 남북한 언어: 분단이 지속되면서 남북한의 언어와 문화가 달라지고 있습니다.
④ 전쟁에 대한 두려움: 전쟁이 일어날까 봐 불안합니다.

(2) 통일을 하면 좋은 점
① 국방비가 줄어들면 남은 비용을 국민의 삶의 질을 높이는 곳에 사용할 수 있습니다.

▶ 반크란?
반크는 1999년 설립된 사이버 외교 사절단입니다. 반크는 인터넷에서 우리나라와 관련된 잘못된 사실을 바로잡는 데 노력하고 있습니다. 반크의 외교 사절단 단원들은 독도에 관한 사실을 전 세계 사람들에게 알리고, 일본의 억지 주장을 바로잡는 데 힘쓰고 있습니다.

▶ 울릉도 도해 금지령이란?
안용복은 1693년에 일본으로 가서 일본인이 조선의 영토인 울릉도 주변에서 고기잡이하는 것을 항의하였습니다. 이에 일본은 울릉도 도해 금지령(1696년)을 내려 일본인의 울릉도 주변 접근을 금지하였습니다.

▶ 같은 의미를 지닌 남북한의 언어는?

남한	북한
아직	상게
많이	수태
도와주다	방조하다
도시락	곽밥
여객선	려객배
팝콘	강냉이튀기
눈부시다	서물거리다
어묵	튀긴고기떡

낱말 사전

칙령 임금이 내린 명령.
지령 상급 관청이 하급 관청에 관련된 일에 관하여 내리는 명령.
정벌 적 또는 죄 있는 무리를 무력으로써 침.
제정 제도나 법률 따위를 만들어서 정함.
이산가족 남북 분단 따위의 사정으로 이리저리 흩어져서 서로 소식을 모르는 가족.
국방비 국토를 방위하는 데에 쓰는 비용. 넓게는 전쟁 경비와 전쟁에 대비하는 경비를 포함함.
대치 서로 맞서서 버팀.

▶ 7·4 남북 공동 성명이란?
남한과 북한이 교류를 시작하면서
신뢰의 분위기를 만들고자 자주, 평
화, 민족 대단결의 통일 3대 원칙을
세웠습니다.

▶ 남북 기본 합의서란?
남북 화해와 교류, 협력에 관한 내
용이 담긴 합의로서, 이를 통해 남
북한은 한반도에 핵무기를 두지 않
기로 약속하였습니다.

▶ 남북 정상 회담은?
2000년, 2007년, 2018년에는 남북
정상이 만나 한반도 평화를 위해 노
력하기로 뜻을 모았습니다.

▶ 비무장 지대(DMZ) 활용 계획은?
비무장 지대를 생태 공원으로 만들
어 생태계를 보호할 수 있습니다.
또한 비무장 지대에 평화 박물관을
세워 다시는 한반도에서 전쟁이 일
어나지 않도록 홍보하고 알릴 수 있
습니다.

② 남한의 높은 기술력과 북한의 풍부한 자원을 이용하여 경쟁력 높은 제품을 만들 수 있습니다.

③ 아시아와 유럽의 여러 나라까지 도로와 철도가 연결되어 외국과 더욱 활발하게 교류할 수 있습니다.

5 남북통일을 위한 다양한 노력

(1) 정치적 노력

① 1972년에 7·4 남북 공동 **성명**을 발표하였습니다.

② 1991년에 남북 기본 합의서를 **채택**하였습니다.

③ 2018년에 남북 정상 회담을 개최하였습니다.

(2) 경제적 노력

① 2005년부터 2016년까지 남한의 자본과 기술력에 북한의 노동력이 결합한 개성 공단이 운영되었습니다.

② 2018년 경의선·동해선을 연결하고 현대화 **착공**식을 하였습니다.

(3) 사회·문화적 노력

① 2018년 평창 동계 올림픽에 남북한 선수단이 함께 입장했습니다.

② 2018년에 남북한 예술단이 강릉과 서울, 평양에서 함께 공연했습니다.

▲ 남북 정상 회담 (2018년)   ▲ 개성 공단 운영   ▲ 경의선·동해선 철장·도로 연결 및 현대화 착공식   ▲ 평창 동계 올림픽 대회 남북한 선수단 공동 입장

6 지구촌 평화에 기여하는 통일 한국의 모습

(1) 통일 한국의 모습

① 이산가족 문제가 해결되며, 전쟁에 대한 불안이 사라집니다.

② 전 세계 많은 사람들에게 평화의 중요성을 알릴 수 있습니다.

③ 휴전선이 없어져 비무장 지대를 평화롭게 이용할 수 있습니다.

④ 우리의 전통문화를 체계적으로 관리하고, 세계의 문화 발전에 기여할 수 있습니다.

(2) 통일 한국의 모습을 표현하는 방법: 통일 한국 소개 책자 만들기, 통일 달력 만들기 등

낱말 사전

성명 어떤 일에 대한 자기 입
장이나 견해 또는 방침 따위를
공개적으로 발표함.
채택 작품, 의견, 제도 등을
골라서 다루거나 뽑아 씀.
착공 공사를 시작함.

더 알아보기   비무장 지대(DMZ)

비무장 지대(DMZ)는 남과 북의 무력 충돌을 막으려고 만든 지역으로, 군사 활동이 금지되어 있습니다. 비무장 지대의 폭은 휴전선으로부터 남북으로 각각 2km씩 총 4km입니다.

개념 1 ▶ 우리 땅 독도

(1) 독도의 위치
- 우리나라 영토의 동쪽 끝에 있음.
- 동해의 중심에 있어 선박과 항공 교통의 항로뿐만 아니라 군사적으로도 중요한 위치에 있음.

(2) 독도의 자연환경
- 화산섬으로 독특한 지형과 경관을 지님.
- 다양한 동식물이 서식하는 생태계의 보고임.
- 해양 심층수가 있고, 바다의 밑바닥에는 미래 에너지원으로 주목받는 가스 하이드레이트가 묻혀 있음.

(3) 역사 자료에 나타난 독도: 독도가 우리나라 영토임을 알 수 있는 자료

우리나라 자료	『세종실록지리지』, 「팔도총도」, 대한 제국 칙령 제41호
다른 나라 자료	「태정관 지령」, 「대일본전도」, 연합국 최고 사령관 각서 제677호

01 다음에서 설명하는 지역으로 알맞은 것은 어느 것입니까? (   )

> - 동해의 중심에 있어 선박과 항공 교통의 항로뿐만 아니라 군사적으로도 중요한 위치에 있다.
> - 해양 심층수가 있고, 바다의 밑바닥에는 미래 에너지원으로 주목받는 가스 하이드레이트가 묻혀 있다.

① 서울   ② 대전   ③ 독도
④ 목포   ⑤ 제주도

02 다음 중 독도가 우리나라 영토임을 알 수 있는 자료로 알맞지 <u>않은</u> 것은 어느 것입니까? (   )

① 팔도총도
② 팔만대장경
③ 대일본전도
④ 태정관 지령
⑤ 대한 제국 칙령 제41호

개념 2 ▶ 독도를 지키기 위한 노력

(1) 독도를 지키기 위한 노력
- 신라 시대: 이사부가 우산국 정벌함.
- 조선 시대: 안용복이 일본으로 건너가 울릉도와 독도가 우리 영토임을 확인받음.
- 오늘날
  - 정부는 독도를 지키기 위해 주민 숙소, 등대, 경비 시설 등을 설치하고 독도를 지속적으로 이용할 수 있도록 여러 법령을 제정해 시행함.
  - 민간단체 등이 독도를 잘못 소개한 정보와 자료를 찾아 수정 요구, 독도가 우리나라 영토임을 알리는 다양한 활동을 함. 예 반크

(2) 독도가 우리 영토임을 알리는 다양한 활동: 독도 홍보 포스터 그리기, 독도 사랑 운동 하기, 독도 홍보 영상 만들기, 독도 사랑 플래시 몹 참여하기 등

03 다음에서 설명하는 인물은 누구인지 쓰시오.

> 조선 후기, 독도를 지키기 위해 일본에 가서 울릉도와 독도가 우리 영토임을 확인받았다.

(   )

04 오늘날 독도를 지키기 위한 노력으로 알맞지 <u>않은</u> 것은 어느 것입니까? (   )

① 독도에 사람들을 강제로 가서 살게 한다.
② 독도가 우리나라 영토임을 알리는 활동을 한다.
③ 독도를 잘못 소개한 자료를 찾아 수정을 요구한다.
④ 독도에 주민 숙소, 등대, 경비 시설 등을 설치한다.
⑤ 독도를 지속적으로 이용할 수 있도록 여러 법령을 시행한다.

개념 3 · 남북통일이 필요한 까닭

(1) **남북 분단으로 겪는 어려움**: 이산가족의 아픔, 국방비 증가, 달라지는 남북한 언어, 전쟁에 대한 두려움 등
(2) **통일을 하면 좋은 점**
- 국방비가 줄어들면 남은 비용을 국민의 삶의 질을 높이는 곳에 사용할 수 있음.
- 남한의 높은 기술력과 북한의 풍부한 자원을 이용하여 경쟁력 높은 제품을 만들 수 있음.
- 아시아와 유럽의 여러 나라까지 도로와 철도가 연결되어 외국과 더욱 활발하게 교류할 수 있음.

05 남북 분단으로 겪는 어려움으로 알맞지 <u>않은</u> 것은 어느 것입니까? (   )

① 국방비 증가
② 저작권 침해
③ 이산가족의 아픔
④ 전쟁에 대한 두려움
⑤ 달라지는 남북한 언어

06 다음 (   ) 안에 공통으로 들어갈 알맞은 말은 무엇인지 쓰시오.

> 통일이 되면 (   )이/가 줄어들어, 통일 한국의 (   )(으)로 쓰고 남은 비용을 국민의 삶의 질을 높이는 곳에 사용할 수 있다.

(   )

개념 4 · 남북통일을 위한 다양한 노력과 통일 한국의 모습

(1) **남북통일을 위한 다양한 노력**

정치적 노력	7·4 남북 공동 성명 발표(1972년), 남북 기본 합의서 채택(1991년), 남북 정상 회담 개최(2018년)
경제적 노력	개성 공단 운영(2005년), 경의선·동해선 연결 및 현대화 착공식(2018년)
사회·문화적 노력	평창 동계 올림픽 남북한 선수단 공동 입장(2018년), 남북 예술단 합동 공연(2018년)

(2) **지구촌 평화에 기여하는 통일 한국의 모습**: 이산가족 문제가 해결됨, 전쟁에 대한 두려움이 사라짐, 전 세계 많은 사람들에게 평화의 중요성을 알릴 수 있음, 휴전선이 없어져 비무장 지대를 평화롭게 이용할 수 있음, 우리의 전통문화를 체계적으로 관리하고 세계의 문화 발전에 기여할 수 있음.
(3) **통일 한국의 모습을 표현하는 방법**: 통일 한국 소개 책자 만들기, 통일 달력 만들기 등

07 남북통일을 위한 정치적 노력으로 볼 수 있는 것을 <u>두 가지</u> 고르시오. (,   )

① 개성 공단 운영
② 남북 정상 회담 개최
③ 남북 기본 합의서 채택
④ 남북 예술단 합동 공연
⑤ 평창 동계 올림픽 남북한 선수단 공동 입장

08 평화 통일을 이룬 우리나라의 모습을 예상한 것으로 알맞은 것은 어느 것입니까? (   )

① 전쟁이 일어날까 봐 무서워한다.
② 비무장 지대는 이용할 수 없게 된다.
③ 이산가족이 오랜 세월 만나지 못하게 된다.
④ 우리의 전통문화를 체계적으로 관리할 수 있다.
⑤ 독도가 우리나라 영토임을 알리는 활동에 제한을 받는다.

ᄃ중요ᄀ
01 독도의 위치에 대한 설명으로 알맞은 것은 어느 것입니까? (   )

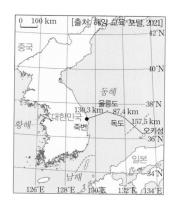

① 독도에서 울릉도보다 오키섬이 가깝다.
② 독도는 황해의 한가운데에 위치해 있다.
③ 독도는 대략 북위 37°, 동경 132°에 있다.
④ 독도는 우리나라 영토의 남쪽 끝에 있는 섬이다.
⑤ 독도는 남해의 중심에 있어 교통의 항로로서 중요하다.

02 다음 중 독도의 자연환경에 대해 바르게 말한 친구의 이름을 골라 쓰시오.

> 서영: 한 개의 큰 섬으로 이루어져 있어.
> 정훈: 독도는 자원이 없어 경제적 가치가 낮아.
> 영일: 화산섬이라 다양한 동식물을 보기 힘들어.
> 지효: 바다의 밑바닥에는 가스 하이드레이트가 묻혀 있어.

(   )

03 다음과 관련 있는 역사 자료는 무엇입니까? (   )

> 현존하는 우리나라 옛 지도 중 우산도(지금의 독도)가 표기된 가장 오래된 지도이다.

① 팔도총도
② 대일본전도
③ 세종실록지리지
④ 대한 제국 칙령 제41호
⑤ 연합국 최고 사령관 각서 제677호

ᄃ중요ᄀ
04 다음 설명을 뒷받침하는 역사 자료로 알맞지 않은 것은 어느 것입니까? (   )

우리나라와 다른 나라의 옛 기록과 지도에는 독도가 우리나라 영토라는 사실이 나타나 있습니다.

① 대일본전도
② 태정관 지령
③ 세종실록지리지
④ 무구정광대다라니경
⑤ 대한 제국 칙령 제41호

05 다음 연상 퀴즈의 정답은 무엇인지 쓰시오.

독도를 지키기 위한 노력
조선 시대
울릉도 도해 금지령
인물 퀴즈
이 사람은 누구일까요?

(   )

06 다음 (　　) 안에 들어갈 알맞은 말을 쓰시오.

> 해양 문화 대국 알리는 '한국 해양 지도'
>
> 사이버 외교 사절단 (　　　　)은/는 해양 문화 대국 대한민국의 해양 영토를 알리는 '한국 해양 지도'를 제작해 배포하였는데, '한국 해양 지도'는 전 세계에 대한민국의 해양 영토를 올바르게 알리고자 영문으로 제작되었다. 이 지도는 영토 주권 의식을 기르는 교육 자료로도 사용될 예정이다.

(　　　　　　　　　　　)

08 남북통일이 되었을 때의 좋은 점에 대해 바르게 말한 친구는 누구입니까? (　　　)

① 지인: 국방비가 점점 늘어나.
② 성빈: 독도 관련 축제를 열 수 있어.
③ 경연: 독도에도 사람이 가서 살 수 있어.
④ 현준: 외국과 해상으로만 교류할 수 있어.
⑤ 미정: 남북한의 자원과 기술을 효율적으로 사용할 수 있어.

09 남북통일을 위한 경제적 노력으로 알맞은 것은 어느 것입니까? (　　　)

① 개성 공단 운영
② 남북 정상 회담 개최
③ 남북 예술단 합동 공연
④ 남북 기본 합의서 채택
⑤ 7 · 4 남북 공동 성명 발표

07 ^{ᴄ중요ᴄ}
다음 ㉠에 들어갈 대답으로 알맞지 <u>않은</u> 것은 어느 것입니까? (　　　)

① 국방비가 너무 많이 지출됩니다.
② 전쟁에 대한 두려움을 안고 살아갑니다.
③ 이산가족이 만나지 못하는 아픔을 겪습니다.
④ 남북한의 언어와 문화가 달라지고 있습니다.
⑤ 일본이 독도를 일본 땅이라고 억지 주장을 합니다.

10 ^{ᴄ중요ᴄ}
다음 과제의 답변 내용으로 알맞지 <u>않은</u> 것은 어느 것입니까? (　　　)

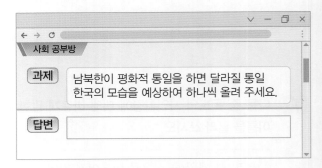

① 이산가족 문제가 해결된다.
② 전쟁에 대한 두려움이 사라진다.
③ 우리의 전통문화를 체계적으로 관리하게 된다.
④ 휴전선이 없어져 비무장 지대를 이용할 수 없다.
⑤ 전 세계 사람들에게 평화의 중요성을 알릴 수 있다.

서술형 평가 돋보기

학교에서 출제되는 서술형 평가를 미리 준비하세요.

연습 문제

정답과 해설 20쪽

문제 해결 전략

1 단계	제시된 자료가 무엇인지 파악하기
↓	
2 단계	사진에 나타난 독도의 특징 파악하기
↓	
3 단계	독도의 가치를 위치, 자연환경과 관련지어 서술하기

핵심 키워드

• 독도의 자연환경
  – 독도는 두 개의 큰 섬과 주위의 크고 작은 섬으로 이루어짐.
  – 독도는 생태계의 보고임.
• 독도의 가치
  – 동해의 중심에 있어 선박의 항로뿐만 아니라 군사적으로도 중요한 위치에 있음.
  – 생태적으로 소중한 곳임.
  – 독도 주변 바다에 자원이 풍부함.

빈칸을 채우며 서술형 문제의 답안을 작성하는 연습을 해 보세요!

[1~3] 다음 자료를 보고, 물음에 답하시오.

(가)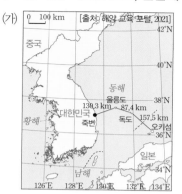

(나)

1 위 (가) 지도를 보고 ( ) 안에 들어갈 알맞은 말을 쓰시오.

> 독도에서 ( )까지의 거리가 독도에서 일본 오키섬까지의 거리보다 약 70km 더 가깝다.

( )

2 위 (나) 사진을 보며 독도의 자연환경을 정리한 것입니다. ( ) 안에 알맞은 말을 써넣으시오.

> 독도는 ( )와 ( ) 두 개의 큰 섬과 그 주위에 크고 작은 바위섬 89개로 이루어져 있습니다. 독도에는 코끼리가 물을 마시는 모습과 닮은 바위인 코끼리 바위, 봉우리의 모양이 옛날 관리가 갓 아래 받쳐 쓰던 탕건처럼 생긴 탕건 바위, 침식으로 생긴 천장굴이 있습니다.
> 또한 독도는 경사가 급하고 대부분이 암석이지만 다양한 동식물이 서식하는 ( )의 보고이기도 합니다.

3 독도의 가치에 대해 한 가지 이상 쓰시오.

_____

_____

실전 문제

[1~2] 다음 자료를 보고, 물음에 답하시오.

| ㉠ (1454년) |

"우산(지금의 독도)과 무릉(지금의 울릉도), 두 섬이 울진현의 정동쪽 바다에 있다. 두 섬은 거리가 멀지 않아 날씨가 맑으면 서로 바라볼 수 있다."

「대일본전도」(1877년)

일본이 공식적으로 자국의 영토 전체를 표기해 만든 지도이다. 주변 섬들을 포함해 일본 영토를 자세히 그려 놓았지만 독도는 어디에도 없다.

1 위 ㉠에 들어갈 알맞은 말은 무엇인지 보기 에서 골라 쓰시오.

보기
- 팔도총도
- 세종실록지리지
- 대한 제국 칙령 제41호
- 연합국 최고 사령관 각서 제677호

(   )

2 위 두 자료를 통해 알 수 있는 사실은 무엇인지 쓰시오.

_____

_____

[3~4] 다음을 보고, 물음에 답하시오.

오랜 시간 분단이 지속되면서 남한과 북한 사람들은 어떤 어려움을 겪고 있을까?

3 위 질문에 대한 답변으로 남북 분단으로 겪고 있는 어려움을 두 가지 이상 포함하여 쓰시오.

_____

_____

4 3의 답변을 통해 남북통일을 하면 어떤 점이 좋을지 쓰시오.

_____

_____

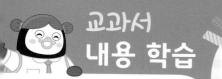

교과서 내용 학습

(2) 지구촌의 평화와 발전

▶ 지구촌 갈등의 모습은?

영역 갈등	땅, 하늘, 강, 바다 등을 서로 차지하려고 해 갈등이 발생합니다.
민족·문화 갈등	다른 민족과의 차이를 인정하지 않고 자기 민족의 생각만 주장하면서 갈등이 발생합니다.
자원 갈등	여러 나라가 자원을 서로 차지하려고 해 갈등이 발생합니다.
종교 갈등	자신이 믿는 종교 외에 다른 종교를 인정하지 않아 갈등이 발생합니다.

▶ 지구촌 갈등이 일어나는 지역이 많은 이유는?

지역마다 민족이나 종교, 인종, 생각과 믿음이 다른 경우가 많기 때문입니다. 서로 이해하고 살면 좋겠지만 다툼이 시작되면 쉽게 끝나지 않습니다.

낱말 사전

분쟁 말썽을 일으키어 시끄럽고 복잡하게 다툼.
내전 한 나라 안에서 일어나는 싸움.

1 지구촌 갈등의 모습과 원인

(1) 팔레스타인 분쟁(이스라엘−팔레스타인)

① 유대교를 믿는 이스라엘의 유대인과 이슬람교를 믿는 팔레스타인의 아랍인들이 팔레스타인 지역을 차지하려고 다투고 있습니다.

② 이스라엘과 팔레스타인뿐만 아니라 여러 나라가 얽혀 위험한 상황이 계속되고 있습니다.

(2) 시리아 내전

① 독재 정치와 종교 문제로 크고 작은 내전이 계속되고 있습니다.

② 미국과 러시아의 개입으로 상황은 더욱 복잡해졌습니다.

(3) 에티오피아 내전

① 80여 개의 민족으로 이루어진 에티오피아에서 내전이 발생하였습니다.

② 민족 간 종교와 언어 차이, 경제적·정치적 차별 등으로 끊이지 않는 갈등이 발생하였습니다.

(4) 남중국해 분쟁

① 남중국해는 중국, 베트남, 타이완, 필리핀, 말레이시아, 브루나이에 둘러싸인 바다입니다.

② 남중국해에 있는 스프래틀리 군도(난사 군도, 쯔엉사 군도, 칼라얀 군도)는 무역 항로로 중요한 가치를 지니며, 석유와 천연가스가 바다 밑에 묻혀 있어 주변 나라들 모두가 자국의 섬이라고 주장하며 갈등을 빚고 있습니다.

(5) 카슈미르 분쟁

① 1947년 주민 대부분이 이슬람교를 믿는 카슈미르 지역이 이슬람 국가인 파키스탄이 아닌, 힌두교를 믿는 사람이 많은 인도에 편입되면서 분쟁이 발생하였습니다.

② 카슈미르 지역을 둘러싸고 파키스탄과 인도의 종교 갈등이 영토 분쟁으로 확대되었습니다.

▲ 지구촌의 다양한 갈등

[출처: 한국 국방 연구원, 2021]

▶ 국제 연합 평화 유지군은?

국제 연합에 소속되어 분쟁 지역에 파견돼 평화 유지 활동을 하는 군대입니다.

▶ 한국 국제 협력단(KOICA)은?
외국과의 협력 사업을 맡아 실시하는 정부 기관입니다.

▶ 국제 연합(UN)의 상징물은?
평화를 상징하는 파란색을 사용하며, 상징물의 세계 지도는 세계인을, 올리브 가지는 평화를 의미합니다.

낱말 사전

종족 조상이 같고, 같은 계통의 언어·문화 따위를 가지고 있는 사회 집단.
빈곤 가난하여 살기 어려움.
외교 다른 나라와 정치적, 경제적, 문화적 관계를 맺는 일.

2 지구촌 갈등을 해결하기 위해 실천할 수 있는 방법

(1) 지구촌 평화와 발전을 위해 노력해야 하는 까닭
  ① 지구촌 갈등이 계속되면 그곳에 사는 사람들의 삶이 위험에 빠지고 불안정해집니다.
  ② 지구촌 갈등 문제는 갈등을 겪는 지역뿐만 아니라 지구촌 전체의 문제가 될 수 있습니다.
  ③ 어느 한 국가의 노력만으로는 해결하기 어려우므로, 지구촌 사람들이 함께 노력해야 합니다.

(2) 지구촌 갈등을 평화롭게 해결하는 방법
  ① 지구촌 갈등으로 피해 입은 친구들을 돕는 모금 활동을 합니다.
  ② 지구촌 갈등 해결을 위한 홍보 동영상을 만듭니다.
  ③ 지구촌 문제에 관심을 갖고 지구촌 문제에 대한 정보를 찾아봅니다.
  ④ 사람들이 지구촌 문제 해결에 관심을 갖도록 관련 글이나 영상을 인터넷, 누리 소통망 서비스(SNS) 등에 올립니다.

3 지구촌의 평화와 발전을 위한 개인과 국가의 노력

(1) 지구촌 평화와 발전을 위한 개인의 노력
  ① 넬슨 만델라: 남아프리카 공화국에서 일어난 흑인 차별과 **종족** 간의 갈등을 해결하기 위해 노력하였습니다.
  ② 이태석: 남수단에서 의료 봉사와 교육에 헌신하여 '남수단의 슈바이처'라고 불렸습니다.
  ③ 말랄라 유사프자이: 여성도 교육받을 권리가 있다고 주장하며 누리 소통망 서비스(SNS)를 이용해 탈레반 점령 지역의 생활과 여학생 교육의 문제점을 알리려고 노력하였습니다.
  ④ 조디 윌리엄스: 지뢰 금지 국제 운동 단체를 설립했습니다.

(2) 지구촌 평화를 위해 우리나라가 하는 일
  ① 분쟁 지역에 국제 연합 평화 유지군을 파견하여 국제 사회의 평화와 발전에 이바지합니다.
  ② 한국 국제 협력단(KOICA)을 운영하여 **빈곤**, 전쟁, 인권 문제 등을 겪는 나라에서 의료 활동, 교육 봉사 등을 합니다.
  ③ 지구촌 평화를 위한 **외교** 활동을 펼치고 있습니다.

4 지구촌의 평화와 발전을 위한 국제기구의 노력

(1) 국제 연합(UN)
  └─ 지구촌 갈등을 해결하기 위해 여러 나라들이 모여서 만든 조직
  ① 1945년에 설립되었으며 지구촌의 평화 유지, 전쟁 방지, 국제 협력 활동을 하는 단체입니다.
  ② 제1, 2차 세계 대전을 계기로 세계는 전쟁을 미리 막고, 실질적인 힘을 지녀 지구촌 갈등을 해결할 국제기구가 필요하다는 것을 깨닫고 국제 연합을 만들었습니다.
  ③ 190개가 넘는 국가가 국제 연합에 가입했습니다.

(2) 국제 연합(UN) **산하** 전문 기구

국제 연합 아동 기금(UNICEF)		질병 예방, 교육, 어린이 보호 등 어린이의 권리 향상을 위한 다양한 활동을 함.
국제 연합 교육 과학 문화 기구 (UNESCO)		교육, 과학, 문화 교류를 통해 세계 평화를 추구함.
국제 연합 난민 기구(UNHCR)		난민을 보호하고 안전한 피난처를 찾을 수 있도록 도우며, 난민의 인권이 보장될 수 있는 국제적 환경을 만드는 일을 함.
국제 연합 세계 식량 계획(WFP)	WFP	전 세계에서 전쟁, 내전, 자연재해 등 긴급한 상황으로 어려움에 처한 사람들에게 식량을 지원하는 일 등을 함.

5 **지구촌의 평화와 발전을 위한 비정부 기구의 노력**

(1) 비정부 기구(NGO)

└─ 비정부 기구는 정부가 아닌 개인이나 민간단체 중심으로 만들어진 기구임.

① 지구촌의 여러 문제를 해결하기 위해 뜻이 비슷한 개인들이 모여 활동하는 단체입니다.

② 인권, 환경, 빈곤 **퇴치**, 보건, 성 평등 등 **특정** 분야에 관심 있는 사람들이 스스로 모여서 문제를 해결하며, **국경**을 넘어 함께 활동하고 있습니다.

(2) 비정부 기구(NGO)의 활동

국경 없는 의사회	인종이나 종교, 성별 등과 관계없이 의료 지원이 필요한 사람들을 도움.
세이브 더 칠드런	모든 아동의 생존과 보호를 위해 교육, 의료 등의 분야에서 다양한 지원을 함.
그린피스	지구 환경과 평화를 지키고자 다양한 방법으로 핵 실험 반대, 자연 보호 운동을 함.
해비타트	가난, 전쟁, 자연재해 등으로 터전을 잃어버린 사람들에게 집을 지어 주고 있음.
국제 앰네스티	사형 폐지, 난민 보호 등 인권을 보장하고 존중하기 위한 활동을 함.

더 알아보기 **군대가 없는 나라**

코스타리카는 세계에서 처음으로 군대를 폐지한 나라입니다. 군대를 없애는 대신 외교적으로 노력해 이웃 국가들과 사이좋게 지내며 평화를 지키고자 노력하고 있습니다. 코스타리카 사람들은 평화가 군대에서 오는 것이 아니라 교육, 직업, 건강에서 온다고 생각합니다.

▶ 노벨 평화상은?
지구촌 평화를 위해 노력한 단체나 개인에게 주는 상입니다. 국제 연합 아동 기금(UNICEF), 국제 연합 난민 기구(UNHCR), 국제 연합 세계 식량 계획(WFP)도 노벨 평화상을 받았습니다.

▶ 비정부 기구 '세이브 더 칠드런'은?
종교, 국적, 인종을 초월해 모든 아동이 온전히 권리를 누리는 세상을 꿈꾸는 비정부 기구입니다. 이 단체는 신생아 모자 뜨기 캠페인을 벌여 아프리카의 많은 신생아를 살렸습니다.

▲ 세이브 더 칠드런

▶ 지구촌 평화와 발전을 위해 우리가 실천할 수 있는 일은?
• 어린이 비정부 기구를 만들어 활동을 할 수 있습니다.
• 비정부 기구에서 운영하는 활동에 참여할 수 있습니다.
• 전쟁 없는 평화로운 세상을 주제로 홍보 활동을 할 수 있습니다.

🐑 낱말 사전
산하 어떤 조직체나 세력의 관리 아래.
퇴치 물리쳐서 아주 없애 버림.
특정 특별히 지정함.
국경 나라와 나라의 영역을 가르는 경계.

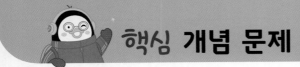

개념 1 · 지구촌 갈등의 모습과 원인

(1) **팔레스타인 분쟁(이스라엘–팔레스타인):** 유대교를 믿는 이스라엘의 유대인과 이슬람교를 믿는 팔레스타인의 아랍인들이 팔레스타인 지역을 차지하려고 다툼.

(2) **시리아 내전:** 독재 정치와 종교 문제로 크고 작은 내전이 계속됨.

(3) **에티오피아 내전:** 민족 간 종교와 언어 차이, 경제적·정치적 차별 등으로 끊이지 않는 갈등이 발생함.

(4) **남중국해 분쟁:** 남중국해에 있는 스프래틀리 군도(난사 군도, 쯔엉사 군도, 칼라얀 군도)는 석유와 천연가스가 바다 밑에 묻혀 있어 주변 나라들 모두가 자국의 섬이라고 주장하며 갈등을 빚음.

(5) **카슈미르 분쟁:** 카슈미르 지역을 둘러싸고 파키스탄과 인도의 심각한 갈등이 나타남.

01 팔레스타인 지역을 차지하려고 팔레스타인의 아랍인과 갈등을 겪고 있는 나라는 어디입니까? ( )

① 시리아　　② 미얀마　　③ 이스라엘
④ 나이지리아　⑤ 우크라이나

02 밑줄 친 '이곳'은 어디입니까? ( )

> 이곳에 있는 스프래틀리 군도(난사 군도, 쯔엉사 군도, 칼라얀 군도)는 무역 항로로 중요한 가치를 지니며, 석유와 천연가스가 바다 밑에 묻혀 있어 중국, 베트남, 타이완, 필리핀, 말레이시아, 브루나이 등이 자국의 섬이라고 주장하며 갈등을 빚고 있다.

① 메콩강　　② 남중국해　　③ 그린란드
④ 크림반도　　⑤ 카슈미르

개념 2 · 지구촌 평화와 발전을 위한 개인과 국가의 노력

(1) **지구촌 평화와 발전을 위한 개인의 노력**
• **넬슨 만델라:** 남아프리카 공화국에서 일어난 흑인 차별과 종족 간의 갈등을 해결하기 위해 노력함.
• **이태석:** 남수단에서 의료 봉사와 교육에 헌신하여 '남수단의 슈바이처'라고 불림.
• **말랄라 유사프자이:** 탈레반 점령 지역의 생활과 여학생 교육의 문제점을 알리려고 노력함.
• **조디 윌리엄스:** 지뢰 금지 국제 운동 단체를 설립함.

(2) **지구촌 평화를 위해 우리나라가 하는 일**
• 분쟁 지역에 국제 연합 평화 유지군을 파견함.
• 한국 국제 협력단(KOICA)을 운영하여 어려움을 겪는 나라에서 의료 활동, 교육 봉사 등을 함.
• 지구촌 평화를 위한 외교 활동을 펼침.

03 다음에서 설명하는 인물은 누구입니까? ( )

> 여성도 교육받을 권리가 있다고 주장하며 누리 소통망 서비스(SNS)를 이용해 탈레반 점령 지역의 생활과 여학생 교육의 문제점을 알리려고 노력하였다.

① 이사부　　　　② 안용복
③ 이태석　　　　④ 넬슨 만델라
⑤ 말랄라 유사프자이

04 지구촌 평화를 위해 우리나라 정부가 하는 일로 알맞지 않은 것은 어느 것입니까? ( )

① 한국 국제 협력단(KOICA)을 운영한다.
② 지구촌 평화를 위한 외교 활동을 펼친다.
③ 분쟁 지역에 국제 연합 평화 유지군을 파견한다.
④ 전쟁이나 환경 파괴를 막기 위한 조약에 가입한다.
⑤ 반크에서 독도를 잘못 소개한 자료를 찾아 수정을 요구한다.

개념 3 · 지구촌 평화와 발전을 위한 국제기구의 노력

(1) 국제 연합(UN): 제1, 2차 세계 대전 이후, 지구촌 갈등을 해결할 국제기구가 필요하다는 것을 깨닫고 국제 연합을 만듦. ➡ 지구촌의 평화 유지, 전쟁 방지, 국제 협력 활동을 함.

(2) 국제 연합(UN) 산하 전문 기구

국제 연합 아동 기금(UNICEF)	질병 예방, 교육, 어린이 보호 등 어린이의 권리 향상을 위한 다양한 활동을 함.
국제 연합 교육 과학 문화 기구 (UNESCO)	교육, 과학, 문화 교류를 통해 세계 평화를 추구함.
국제 연합 난민 기구(UNHCR)	난민을 보호하고 안전한 피난처를 찾을 수 있도록 도움.
국제 연합 세계 식량 계획(WFP)	어려움에 처한 사람들에게 식량을 지원하는 일 등을 함.

05 다음 ( ) 안에 들어갈 국제기구를 쓰시오.

제1, 2차 세계 대전 이후, 지구촌 갈등을 해결할 국제기구가 필요하다는 것을 깨닫고 (   ) 을/를 만들었다.

(   )

06 다음에서 설명하는 기구로 알맞은 것은 어느 것입니까? (   )

국제 연합(UN)의 산하 전문 기구로, 교육, 과학, 문화 교류를 통해 세계 평화를 추구한다.

① 국제 앰네스티
② 국제 연합 난민 기구(UNHCR)
③ 국제 연합 아동 기금(UNICEF)
④ 국제 연합 세계 식량 계획(WFP)
⑤ 국제 연합 교육 과학 문화 기구(UNESCO)

개념 4 · 지구촌 평화와 발전을 위한 비정부 기구의 노력

(1) 비정부 기구(NGO): 지구촌의 여러 문제를 해결하기 위해 뜻이 비슷한 개인들이 모여 활동하는 단체임.

(2) 비정부 기구(NGO)의 활동

국경 없는 의사회	인종이나 종교, 성별 등과 관계없이 의료 지원이 필요한 사람들을 도움.
세이브 더 칠드런	모든 아동의 생존과 보호를 위해 교육, 의료 등의 분야에서 다양한 지원을 함.
그린피스	지구 환경과 평화를 지키고자 다양한 방법으로 핵 실험 반대, 자연 보호 운동을 함.
해비타트	가난, 전쟁, 자연재해 등으로 터전을 잃어버린 사람들에게 집을 지어 주고 있음.
국제 앰네스티	사형 폐지, 난민 보호 등 인권을 보장하고 존중하기 위한 활동을 함.

07 다음에서 설명하는 것은 무엇인지 쓰시오.

• 지구촌의 여러 문제를 해결하기 위해 뜻이 비슷한 개인들이 모여 활동하는 단체이다.
• 인권, 환경, 빈곤 퇴치, 보건, 성 평등 등 특정 분야에 관심 있는 사람들이 스스로 모여서 문제를 해결하며, 국경을 넘어 함께 활동한다.

(   )

08 그린피스에서 하는 일로 알맞은 것은 어느 것입니까?
(   )

① 아동의 생존과 보호를 돕는다.
② 의료 지원이 필요한 사람들을 돕는다.
③ 사형 제도 폐지 등 인권 보장 활동을 한다.
④ 터전을 잃어버린 사람들에게 집을 지어 주고 있다.
⑤ 지구 환경과 평화를 다양한 방법으로 지키는 활동을 한다.

중단원 실전 문제

01 시리아 내전이 일어난 이유로 알맞은 것은 어느 것입니까? (   )

① 공장 가동 문제로 인해
② 독재 정치와 종교 문제로 인해
③ 석유를 차지하기 위한 갈등으로 인해
④ 메콩강의 이용을 둘러싼 갈등으로 인해
⑤ 크림반도를 차지하기 위한 갈등으로 인해

02 에티오피아 내전에 대한 설명으로 알맞은 것은 어느 것입니까? (   )

① 천연가스를 차지하기 위한 갈등
② 카슈미르 지역의 소속을 둘러싼 갈등
③ 남중국해 유역의 자원을 둘러싼 갈등
④ 서로 다른 언어와 민족 문제로 인한 갈등
⑤ 유대교와 이슬람교를 믿는 사람들 사이의 갈등

03 ⌐중요⌐
다음과 같이 많은 지역에서 지구촌 갈등이 일어나는 이유로 알맞은 것을 골라 기호를 쓰시오.

[출처: 한국 국방 연구원, 2021]

ㄱ 언어나 음식 문화 등 생활 모습이 비슷하기 때문에
ㄴ 세계 여러 나라가 정치·경제·문화적으로 활발하게 교류하기 때문에
ㄷ 지역마다 민족이나 종교, 인종, 생각과 믿음이 다른 경우가 많기 때문에

(   )

04 지수가 발표할 내용으로 알맞지 <u>않은</u> 것은 어느 것입니까? (   )

지구촌 갈등을 평화롭게 해결하는 방법에 대해 발표하겠습니다.

지수

① 지구촌 문제에 관심을 갖는다.
② 지구촌 갈등과 관련된 글을 인터넷에 올린다.
③ 지구촌 갈등 해결을 위한 홍보 동영상을 만든다.
④ 지구촌 갈등으로 피해 입은 친구들을 돕는 모금 활동을 한다.
⑤ 지구촌 사람들에게 고유한 문화 대신 서로 비슷한 문화를 가지도록 장려한다.

05 다음 (가)에 들어갈 인물은 누구인지 쓰시오.

[수행 평가 보고서]

○반 ○번 이름 ○○○

주제: 지구촌의 평화를 위해 노력한 인물
차별 없는 세상을 위한 평화의 수호자
(가)

주요 업적
– 남아프리카 공화국에서 인종 차별 정책에 반대하며 흑인의 인권을 위해 힘썼습니다.
– 정부의 탄압으로 교도소에 갇혔을 때에도 인권 운동을 멈추지 않았습니다.
– 1993년 전 세계에 자유와 인권, 평화의 가치를 전한 공로로 노벨 평화상을 받았습니다.

(   )

06 지구촌 평화를 위해 다음과 같은 활동을 하는 우리나라의 단체는 어디입니까? (   )

> 우리나라 외교부 산하 기관으로, 빈곤, 전쟁, 인권 문제 등을 겪는 나라에서 의료 활동, 교육 봉사 등을 한다.

① 반크
② 남북 예술단
③ 독도 경비대원
④ 한국 국제 협력단
⑤ 국제 연합 평화 유지군

07 다음 (가)에 들어갈 알맞은 말을 쓰시오.

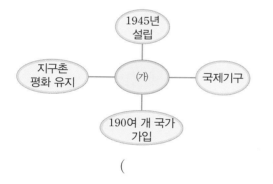

(   )

08 다음에서 설명하는 국제기구로 알맞은 것은 어느 것입니까? (   )

 굶주림과 병에 시달리는 어린이를 돕기 위해 만들어졌다.

 어린이의 권리 향상을 위한 다양한 활동을 한다.

 우리나라는 6·25 전쟁 때 이 국제기구의 도움을 받았다.

① 국제 연합 아동 기금(UNICEF)
② 핵무기 폐기 국제 운동(ICAN)
③ 국제 연합 난민 기구(UNHCR)
④ 국제 연합 세계 식량 계획(WFP)
⑤ 국제 연합 교육 과학 문화 기구(UNESCO)

09 다음과 같은 활동을 하는 비정부 기구는 어디입니까? (   )

> 인종이나 종교, 성별 등과 관계없이 의료 지원이 필요한 사람들을 돕는 단체이다.

① 그린피스
② 해비타트
③ 국제 앰네스티
④ 국경 없는 의사회
⑤ 세이브 더 칠드런

10 다음 질문에 대한 답으로 알맞은 것은 어느 것입니까? (   )

> 가난, 전쟁, 재해 등으로 터전을 잃어버린 사람들에게 집을 지어 주는 비정부 기구는 무엇일까요?

① 그린피스
② 해비타트
③ 국제 앰네스티
④ 국경 없는 의사회
⑤ 국제 연합 난민 기구

학교에서 출제되는 서술형 평가를 미리 준비하세요.

연습 문제

[1~3] 다음 신문 기사를 읽고 물음에 답하시오.

△△ 신문   20△△년 △△월 △△일

'세계의 화약고', 다시 한번 충돌!

이스라엘과 팔레스타인은 지구촌의 대표적인 갈등 지역이다. 유대교를 믿는 이스라엘과 이슬람교를 믿는 팔레스타인의 다툼은 1948년 이후 지금까지 계속되어 왔다. 계속된 갈등으로 많은 사람이 다치거나 죽었으며, 이 지역 사람들은 살 곳을 잃고 대피소에서 불안한 마음으로 하루하루를 보내고 있다.

문제 해결 전략

1 단계	제시된 자료가 무엇인지 파악하기

↓

2 단계	기사를 보며 팔레스타인 지역의 갈등 원인 알아보기

↓

3 단계	지구촌 갈등의 문제점과 관련지어 서술하기

핵심 키워드
- 팔레스타인 분쟁: 한 땅에 종교가 서로 다른 두 민족이 살게 되면서 갈등이 일어남.
- 지구촌 갈등의 문제점
  - 다른 여러 나라와도 연결되어 있어 짧은 시간에 해결하기 어려움.
  - 지구촌 전체의 평화와 발전을 위협함.

1 위 팔레스타인 분쟁과 관련하여 (   ) 안에 들어갈 알맞은 말을 보기 에서 찾아 쓰시오.

> 지효: 이스라엘과 팔레스타인은 팔레스타인 지역을 서로 자신의 땅이라고 주장하고 있구나.
> 성빈: 이스라엘과 팔레스타인은 서로 다른 (   ) 때문에 갈등을 겪고 있어.

보기
• 종교	• 자원	• 언어

(   )

2 위 지구촌 갈등의 문제점을 정리한 것입니다. (   ) 안에 들어갈 알맞은 말을 써넣으시오.

> 지구촌 갈등의 문제는 갈등을 겪는 지역뿐만 아니라 다른 여러 나라와 연결되어 있어 짧은 시간에 해결하기 어렵고, 지구촌 전체의 (   )과/와 발전을 위협합니다.

빈칸을 채우며 서술형 문제의 답안을 작성하는 연습을 해 보세요!

3 위와 같은 지구촌 갈등을 해결하기 위해 우리가 할 수 있는 일을 한 가지 쓰시오.

_____

_____

실전 문제

[1~3] 다음 자료를 보고, 물음에 답하시오.

▲ 국제 연합

(나) ▲ 국제 연합 아동 기금

(다) ▲ 국제 연합 교육 과학 문화 기구

(라) ▲ 국제 연합 난민 기구

(마) WFP ▲ 국제 연합 세계 식량 계획

1 위 자료를 다음과 같이 정리할 때, (   ) 안에 들어갈 알맞은 말을 쓰시오.

> 세계 여러 나라가 함께 해결해야 할 문제가 많아지고 상호 의존도가 높아지면서 (   )이/가 등장하였다.

(   )

2 (가) 기구가 하는 일은 무엇인지 쓰시오.

_____

_____

3 (나) 기구에서 하는 일은 무엇인지 쓰시오.

_____

_____

[4~5] 다음을 보고, 물음에 답하시오.

▲ 세이브 더 칠드런 아동의 생존과 보호를 돕고 이를 위한 시민들의 참여를 실현하고자 활동한다.

▲ 핵무기 폐기 국제 운동(ICAN) 유엔 핵무기 금지 협약을 끌어내 2017년 노벨 평화상 수상자로 선정되었다.

▲ 해비타트 가난, 전쟁, 자연재해 등으로 터전을 잃어버린 사람들에게 집을 지어 주고 있다.

▲ 지뢰 금지 국제 운동(ICBL) 전 세계에 지뢰의 위험성을 알려 지뢰를 제거하고 희생자들의 인권을 보호하려고 노력한다.

4 위와 같은 기구들을 무엇이라고 부르는지 쓰시오.

(   )

5 위와 같은 기구의 특징을 한 가지 이상 쓰시오.

_____

_____

(3) 지속 가능한 지구촌

1 지구촌의 환경 문제

(1) 여러 가지 환경 문제

① 지구 온난화로 지구촌 곳곳에서 이상 기후 현상이 나타납니다.

② 사막화로 식량 생산량이 줄어들고 황사가 심해지는 등의 문제가 나타납니다.

③ **열대 우림** 파괴로 많은 동물의 서식지가 사라졌으며, 지구 온난화의 속도가 빨라집니다.

④ 해양 생물들이 각종 플라스틱 쓰레기를 먹이로 착각하여 먹고, 먹이사슬을 통해 인간의 몸에 흡수되어 건강을 해치는 일이 되풀이되고 있습니다.

⑤ 중금속 발암 물질이 다량 함유된 초미세 먼지가 증가하고 있습니다.

▲ 사막화   ▲ 바다 위 쓰레기 섬   ▲ 초미세 먼지

(2) 환경 문제가 우리에게 끼치는 영향

① 공장이나 가정에서 나오는 폐수나 쓰레기 등이 강이나 바다로 흘러 들어가 생물들이 살기 어렵게 됩니다.

② 공장의 매연, 자동차의 배기가스 등이 공기 중에 퍼지며 사람과 동식물에게 해를 끼칩니다.

③ 생산 활동 과정에서 발생한 **폐기물**, 농약, 중금속 등이 쌓여 땅이 본래의 역할을 하지 못합니다.

2 지구촌의 환경 문제를 해결하기 위한 노력

(1) 개인의 노력

① 쓰레기를 분리배출하고 일회용품 사용을 줄입니다.

② 자원과 에너지를 절약하며, 환경 운동에 참여합니다.

(2) 기업의 노력

① 전기 자동차와 같은 친환경 제품을 생산하는 기술을 개발합니다.

② 제품의 생산·이동·폐기 과정에서 불필요한 자원이 낭비되지 않도록 노력합니다.

(3) 국가의 노력

① 신·재생 에너지 생산을 위한 시설을 운영합니다.

② 온실가스 감축을 실천하는 기업이나 가정이 많아지도록 환경 관련 법과 제도를 만들어 지원 정책을 펼칩니다.

③ 환경 문제 해결에 적극적으로 참여할 수 있도록 다양한 교육 활동을 벌입니다.

▶ 지구 온난화란?
대기 중에 이산화 탄소, 메탄 등 온실가스가 늘어나 태양열 일부를 지구에 가둬서 지구의 온도가 높아지는 현상을 말합니다.

▶ 이상 기후란?
기온이나 강수량 등이 정상적인 상태를 벗어난 기후로 폭설, 홍수 등이 있습니다.

▶ 사막화란?
이상 기후로 가뭄이 지속되고 지나친 삼림 훼손으로 기존에 사막이 아니던 곳이 점차 사막으로 변해 가는 현상을 말합니다.

▶ 열대 우림 파괴 현상이란?
열대 우림은 여러 동식물이 사는 보금자리이자 지구에 산소를 공급하는 중요한 곳입니다. 특히 '지구의 허파'라고 불리는 아마존 열대 우림이 경제 개발 과정에서 급속도로 파괴되고 있습니다.

▶ 태평양 위 거대한 쓰레기 섬이란?
바다에 버려진 쓰레기들이 파도와 바람에 밀려와 이룬 거대한 쓰레기 섬을 말합니다.

낱말 사전

열대 우림 적도 근처의 비가 많이 오는 지역에 속한 열대 식물이 무성한 숲.
폐기물 못 쓰게 되어 버리는 물건.

(4) 세계의 노력

① 온실가스 배출을 줄이기로 약속하는 '파리 협정'에 동의하였습니다.

② '지구촌 전등 끄기 캠페인'과 같은 세계인이 함께 참여하는 환경 운동에 참여합니다.

3 지속 가능한 미래

(1) 지속 가능한 미래

① 지구촌 사람들이 현재와 미래 세대의 환경을 보호하고 사회적·경제적으로 책임감 있게 행동해 지구촌의 지속 가능성을 높여 가는 것입니다.

② 지구촌의 문제를 우리의 문제로 인식하고, 이를 해결하기 위해 전 세계 사람들과 협력해 나갈 때 지속 가능한 미래를 만들 수 있습니다.

(2) 세계 시민: 지구촌의 문제에 관심을 갖고 이를 해결하려고 적극적으로 협력하는 사람입니다.

4 지속 가능한 미래를 만들기 위한 노력

(1) 빈곤과 기아 퇴치

① 식량이 부족한 지역에 식량을 지원하고, 식량 문제를 해결할 수 있도록 농업 기술을 알려 줍니다.

② 모금 활동을 하거나 필요한 약과 물품 등을 지원합니다.

③ 빈곤으로 교육받기 어려운 사람들을 위해 학교를 짓습니다.

④ 빈곤과 기아 문제에 관심을 갖도록 다양한 캠페인 활동을 합니다.

(2) 친환경적 생산과 소비 확산

① 친환경적 생산

• 농작물을 재배할 때 화학 비료나 농약 등의 사용을 최소화합니다.

• 생산 과정에서 에너지를 절약하는 기술을 개발하고 환경 오염 물질의 배출량을 줄이기 위해 노력합니다.

② 친환경적 소비: 재활용할 수 있고 친환경 방식으로 생산된 제품을 구입합니다.

(3) 문화적 편견과 차별 해소

① 편견과 차별로 인한 문제를 해결하기 위한 제도를 마련합니다.

② 서로 다른 문화를 이해할 수 있도록 교육을 실시합니다.

5 지속 가능한 미래를 위한 세계 시민으로서의 태도

(1) 세계 시민의 자세와 태도: 지구촌 문제에 관심을 기울이며, 문제 해결에 책임감을 갖고 노력하는 자세와 태도를 지녀야 합니다.

(2) 세계 시민으로서 우리가 실천할 수 있는 일: 물은 필요한 만큼만 사용하기, 가까운 거리 걸어가기, 음식 남기지 않기, 문화 존중 캠페인 참여하기 등이 있습니다.

더 알아보기   썩는 데 1000년이 걸리는 플라스틱을 대신할 친환경 물품 개발

플라스틱 쓰레기 문제를 줄이고자 생분해성 재료로 만든 일회용품을 개발하고 있습니다. 밀, 고구마, 옥수수, 감자 전분, 해조류 등의 생분해성 재료로 만든 일회용품은 햇빛, 박테리아, 곰팡이 등이 분해하여 시간이 지나면서 자연스럽게 썩어 없어져 퇴비로 사용할 수 있습니다. 예를 들어 해조류를 사용해 만든 물병은 물이 가득 차 있을 때는 물병으로 사용되다가 물을 다 마시면 서서히 말라 자연 분해가 됩니다.

▶ **파리 협정이란?**
2015년 유엔 기후 변화 회의에서 전 세계 195개 나라가 지구 온난화의 원인이 되는 온실가스 배출량을 줄이고 지구의 평균 기온 상승을 늦추는 것을 목표로 실천하는 데 동의하였습니다.

▶ **'지구촌 전등 끄기 캠페인'이란?**
세계 자연 기금이 주최하는 환경 운동으로, 2007년 제1회 행사가 오스트레일리아 시드니에서 시작된 이래 매년 3월 마지막 주 토요일에 실시되고 있습니다. 해당 일에 1시간 전등을 소등함으로써 기후 변화의 심각성을 생각해 보는 캠페인으로, 전 세계 랜드마크가 참여하는 것으로도 널리 알려져 있습니다.

▶ **친환경이란?**
환경 문제가 심해짐에 따라 이를 해결하기 위해 나온 대안 중 하나입니다. 자연환경을 오염시키지 않고 자연 그대로의 환경과 잘 어울리는 일을 말합니다.

▲ 지속 가능 발전 목표(국제 연합)

낱말 사전

기아 먹을 것이 없어 굶주리는 것.
확산 흩어져 널리 퍼짐.

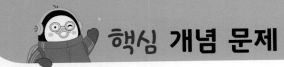
개념 1 ▸ 지구촌의 환경 문제

지구 온난화	지구의 온도가 높아져 지구촌 곳곳에서 이상 기후 현상이 나타남.
사막화	오랜 가뭄이나 과도한 개발로 식품 생산량이 줄어들고 황사가 심해지는 등의 문제가 나타남.
열대 우림 파괴	열대 우림의 무분별한 개발로 많은 동물의 서식지가 사라짐.
바다 위 쓰레기 섬	해양 생물들이 각종 플라스틱 쓰레기를 먹이로 착각하여 먹고, 먹이사슬을 통해 인간의 몸에 흡수되는 일이 되풀이됨.
초미세 먼지 증가	중금속 발암 물질이 함유된 초미세 먼지가 증가하고 있음.

01 다음에서 설명하는 환경 문제는 무엇인지 쓰시오.

> 대기 중에 이산화 탄소, 메탄 등 온실가스가 늘어나 태양열 일부를 지구에 가둬서 지구의 온도가 높아지는 현상이다.

(   )

02 다음 ( ) 안에 공통으로 들어갈 알맞은 말을 쓰시오.

> • (   )은/는 자연적 또는 인위적 요인에 의해 기존에 사막이 아니던 곳이 점차 사막으로 변해가는 현상이다.
> • (   )(으)로 식품 생산량이 줄어들고 황사가 심해지는 등의 문제가 나타난다.

(   )

개념 2 ▸ 지구촌의 환경 문제를 해결하기 위한 노력

개인	• 쓰레기 분리배출, 일회용품 사용 줄임. • 자원과 에너지 절약, 환경 운동에 참여함.
기업	• 친환경 제품 생산 기술을 개발함. • 제품의 생산·이동·폐기 과정에서 불필요한 자원 낭비를 줄임.
국가	• 신·재생 에너지 생산을 위한 시설을 운영함. • 온실가스 감축을 실천하는 기업이나 가정이 많아지도록 환경 관련 법과 제도를 만듦. • 환경 문제 해결에 참여할 수 있도록 교육 활동을 벌임.
세계	• 온실가스 배출을 줄이기로 약속하는 '파리 협정'에 동의함. • 세계인이 함께 하는 다양한 환경 운동에 참여함.

03 지구촌 환경 문제를 해결하기 위한 개인의 노력으로 가장 알맞은 것은 어느 것입니까? (   )

① 쓰레기를 분리배출한다.
② 친환경 제품을 생산한다.
③ 신·재생 에너지 생산 시설을 늘린다.
④ 온실가스를 줄이기 위한 정책을 만든다.
⑤ 이산화 탄소 배출량이 적은 제품을 개발한다.

04 지구촌 환경 문제를 해결하기 위한 국가의 노력으로 가장 알맞은 것을 보기 에서 골라 기호를 쓰시오.

보기
> ㉠ 플라스틱 용기 대신 친환경 제품을 생산한다.
> ㉡ 친환경 에너지를 사용하는 교통수단을 이용한다.
> ㉢ 온실가스 감축을 실천하는 가정이 많아지도록 지원 정책을 펼친다.

(   )

개념 3 · 지속 가능한 미래

(1) 지속 가능한 미래
- 지구촌 사람들이 현재와 미래 세대의 환경을 보호하고 지구촌의 지속 가능성을 높여 가는 것임.
- 지구촌의 문제를 우리의 문제로 인식하고, 이를 해결하기 위해 전 세계 사람들과 협력해 나갈 때 지속 가능한 미래를 만들 수 있음.

(2) 세계 시민: 지구촌의 문제에 관심을 갖고 이를 해결하려고 적극적으로 노력하는 사람임.

05 지속 가능한 미래에 대한 설명으로 알맞은 것을 보기 에서 골라 기호를 쓰시오.

보기
- ㉠ 열대 우림을 개발하는 노력을 해야 지속 가능한 미래를 만들 수 있다.
- ㉡ 지구촌의 문제를 인식하고 해결하기 위한 노력을 해야 지속 가능한 미래를 만들 수 있다.
- ㉢ 사람들이 편리하게 쓸 수 있는 일회용품 사용을 늘려야 지속 가능한 미래를 만들 수 있다.

(   )

06 다음 (   ) 안에 들어갈 알맞은 말을 쓰시오.

( )은/는 지구촌의 문제에 관심을 갖고 이를 해결하려고 적극적으로 협력하는 사람이다.

(   )

개념 4 · 지속 가능한 미래를 만들기 위한 노력

(1) 빈곤과 기아 퇴치
- 식량이 부족한 지역에 식량을 지원하고, 모금 활동을 하거나 약과 물품 등을 지원함.
- 빈곤으로 교육받기 어려운 사람들을 위해 학교를 지음.

(2) 친환경적 생산과 소비 확산
- 친환경적 생산: 물건을 생산하거나 농작물을 재배할 때 환경 오염을 최소화하고, 에너지를 절약함.
- 친환경적 소비: 친환경 방식으로 생산한 제품을 구입함.

(3) 문화적 편견과 차별 해소
- 편견과 차별로 인한 문제를 해결하기 위한 제도를 마련함.
- 서로 다른 문화를 이해할 수 있도록 교육을 실시함.

07 친환경적 생산과 관련 있는 것으로 가장 알맞은 것은 어느 것입니까? (   )

① 공정 무역 제품을 구입한다.
② 식량이 부족한 지역에 식량을 지원한다.
③ 농작물을 재배할 때 농약의 사용을 최소화한다.
④ 교육받기 어려운 사람들을 위해 학교를 짓는다.
⑤ 다양한 문화를 체험할 수 있는 행사를 개최한다.

08 문화적 편견과 차별 해소를 위한 노력으로 가장 알맞은 것은 어느 것입니까? (   )

① 개성 공단을 활발하게 운영한다.
② 국제 연합 평화 유지군을 파견한다.
③ 가뭄에 강한 작물을 키울 수 있도록 돕는다.
④ 독도를 잘못 소개한 정보를 찾아 수정을 요구한다.
⑤ 서로의 문화를 존중하고 공감하기 위한 캠페인을 한다.

01 다음 환경 문제로 알맞은 것은 어느 것입니까? (　　　)

① 쓰레기 섬
② 미세 플라스틱
③ 지속되는 사막화
④ 사라지는 산호초
⑤ 일회용 비닐봉지 사용

02 다음 신문 기사의 제목으로 알맞은 것은 어느 것입니까? (　　　)

제목: (　　　　　　　　　　)

　지도에서는 찾아볼 수 없어 세상에 알려지지 않았던 이 섬의 정체는 바다에 버려진 쓰레기들이 파도와 바람에 밀려와 이룬 거대한 쓰레기 섬이다. 섬의 90%가량이 썩지 않는 비닐과 플라스틱으로 이루어져 있다.
　해양 생물들은 각종 플라스틱 쓰레기를 먹이로 착각하여 먹고, 먹이사슬을 통해 인간의 몸에 흡수되는 일이 되풀이되고 있다.

① 파괴되는 열대 우림
② 사막화되고 있는 땅
③ 지구 온난화로 녹아 내리는 빙하
④ 태평양 한가운데 만들어진 쓰레기 섬
⑤ 초미세 먼지로 건강을 위협받는 사람들

03 다음에서 이야기하는 환경 문제는 무엇인지 쓰시오.

　이산화 탄소와 같은 온실가스가 지나치게 배출되어 지구의 평균 온도가 상승하는 현상으로, 이로 인해 빙하가 녹아 해수면이 높아져 일부 해안 지역이 물에 잠기고 있다.

(　　　　　　　　　　)

04 다음 환경 문제와 관련 있는 설명으로 알맞은 것은 어느 것입니까? (　　　)

① 쓰레기 섬이 만들어진다.
② 이산화 탄소 배출량이 적어진다.
③ 해양 쓰레기가 점점 더 많아진다.
④ 초미세 먼지로 건강을 위협받게 된다.
⑤ 해양 생물이 플라스틱을 먹이로 착각하고 먹는다.

05 다음 (　　　) 안에 들어갈 대답으로 알맞은 것은 어느 것입니까? (　　　)

기자: ○○ 기업에서는 지구촌 환경 문제를 해결하기 위하여 어떤 노력을 하고 계신가요?
○○ 기업: (　　　　　　　　　)을/를 합니다.

① 파리 협정 맺기
② 플라스틱 빨대 사용하기
③ 열대 우림을 개발하는 일
④ 화석 연료 사용량 늘리기
⑤ 친환경 제품을 개발하는 일

06 '지구촌 전등 끄기 캠페인'과 같은 행사를 진행하는 까닭으로 알맞은 것은 어느 것입니까? (   )

① 핵 실험을 반대하기 위해서
② 난민 문제를 알리기 위해서
③ 기후 변화 문제의 심각성을 알리기 위해서
④ 의료 지원이 필요한 사람들을 돕기 위해서
⑤ 지구촌 갈등으로 힘든 사람을 돕기 위해서

07 다음 ㉠에 들어갈 알맞은 말을 쓰시오.

㉠   한 미래를 위한 17가지 과제

(   )

08 다음과 같은 표시들의 공통점으로 알맞은 것은 어느 것입니까? (   )

① 남북통일을 하는 데 도움이 된다.
② 개발 도상국의 발전에 도움이 된다.
③ 난민 문제를 해결하는 데 도움이 된다.
④ 분쟁 지역의 평화와 발전에 도움이 된다.
⑤ 환경 오염을 줄이고 환경에 도움이 된다.

09 다음 ㈎에 들어갈 내용으로 알맞지 <u>않은</u> 것은 어느 것입니까? (   )

① 모금 활동
② 교육 지원
③ 식량 지원
④ 농업 기술 지원
⑤ 다문화 교육 활동

10 ㄷ중요ㄱ
단비가 발표할 내용으로 알맞지 <u>않은</u> 것은 어느 것입니까? (   )

① 다양한 문화 이해 교육을 한다.
② 친환경적 생산과 소비 방식을 확산한다.
③ 문화적 편견과 차별에 관한 상담을 지원한다.
④ 지구촌의 문화를 체험할 수 있는 행사를 연다.
⑤ 자신의 문화와 다른 문화를 존중하고 공감한다.

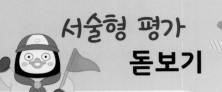
서술형 평가 돋보기

연습 문제

🔍 문제 해결 전략

1 단계	제시된 자료가 무엇인지 파악하기
2 단계	사진에 나타난 환경 문제 알아내기
3 단계	친환경적 생산과 소비 방식이 필요한 까닭과 관련지어 서술하기

[1~3] 다음 사진을 보고, 물음에 답하시오.

▲ 평소에 쉽게 살 수 있는 과자

▲ 과자 생산에 필요한 팜유

▲ 많은 양의 팜유를 생산하기 위해 열대 우림과 초원이 파괴됨.

▲ 열대 우림과 초원이 줄어들어 동식물이 살기 어려워짐.

🔍 핵심 키워드
• 친환경적 생산과 소비 방식
 – 농작물을 재배하거나 생활하는 데 필요한 제품을 생산할 때 환경 오염을 줄이도록 노력함.
 – 친환경 제품을 찾아 소비하고, 에너지 사용을 줄이려고 노력함.

1 위 내용과 관련된 지구촌 문제는 무엇인지 보기 에서 골라 쓰시오.

보기

• 인권 문제	• 환경 문제
• 성 평등 문제	• 빈곤 퇴치 문제

(   )

2 위의 사진을 보며 정리한 것입니다. (   ) 안에 알맞은 말을 써넣으시오.

　과자의 생산과 소비 과정에서 (   )이/가 사라지는 등의 문제가 일어날 수 있습니다. 우리가 깊게 생각하지 않고 (   ) 생산과 소비를 위한 노력에 힘쓰지 않는다면 지구의 환경이 크게 오염되어 다른 동식물이 살아가는 데 치명적인 영향을 미칠 수 있습니다.

빈칸을 채우며 서술형 문제의 답안을 작성하는 연습을 해 보세요!

3 위 **1**에서 답한 문제를 해결하기 위한 노력을 한 가지 쓰시오.

_____

_____

실전 문제

[1~2] 다음 자료를 보고, 물음에 답하시오.

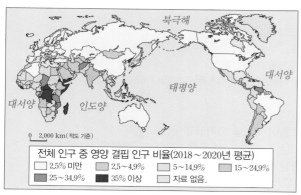

(출처: 세계 식량 계획, 2021)

1 위 지도를 보고 알 수 있는 지구촌의 문제점을 쓰시오.

_____

_____

[3~4] 다음을 보고, 물음에 답하시오.

우리가 즐겨 먹는 전통 음식인데, 이 음식을 잘 모르는 사람들이 함부로 평가할 때가 있어요.

주원

중금속 발암 물질이 다량 함유된 초미세 먼지 증가로 마스크를 써야 해서 불편해요.

하진

3 위의 사례 중 문화적 편견과 차별로 어려움을 겪는 친구의 이름을 쓰시오.

( )

4 주원이가 말한 문제를 해결하기 위한 노력을 한 가지 쓰시오.

_____

_____

5 지속 가능한 미래를 위해 세계 시민으로서 우리가 실천할 수 있는 일을 두 가지 쓰시오.

• _____

• _____

2 위의 문제를 해결하기 위한 노력을 한 가지 쓰시오.

_____

_____

통일 한국의 미래와 지구촌의 평화

한반도의 미래와 통일

① **독도**
- 위치: 우리나라 영토의 동쪽 끝에 있음.
- 자연환경: (❶   )와 서도, 주변의 크고 작은 바위섬 89개로 이루어져 있음. 독특한 지형들이 많으며, 다양한 동식물이 서식함.
- 역사 자료: 『세종실록지리지』, 「팔도총도」 등에 독도가 우리나라 땅이라는 사실이 기록되어 있음.
- 독도를 지키려는 노력
  - 옛날: 이사부, (❷   ) 등이 독도를 지키려고 노력하였음.
  - 오늘날: 정부는 주민 숙소, 등대, 경비 시설 등을 설치하고, 법률을 제정하였으며, 민간단체도 독도 홍보 활동 등을 하고 있음.

② **남북 분단으로 겪는 어려움**: 이산가족의 아픔, (❸   ) 증가, 달라지는 언어와 문화 차이, 전쟁에 대한 불안 등

③ **통일을 위한 노력**
- 정치적: 남북 정상 회담, 남북 기본 합의서 채택 등
- 경제적: 개성 공단 운영, 경의선 · 동해선 철도 연결 및 현대화 착공식 등
- 사회·문화적: 평창 동계 올림픽 남북한 선수단 공동 입장, 남북 예술단 합동 공연 등

지구촌의 평화와 발전

① 지구촌 갈등은 (❹   ), 영토, 민족, 인종, 종교, 언어, 역사 등의 요인들이 복잡하게 얽혀서 발생함.

② **지구촌의 평화와 발전을 위해 노력하는 개인이나 단체**
- 개인: 넬슨 만델라, 이태석, 말랄라 유사프자이, 조디 윌리엄스 등
- 국제기구: (❺   )(UN), 국제 연합 아동 기금(UNICEF), 국제 연합 교육 과학 문화 기구(UNESCO), 국제 연합 세계 식량 계획(WFP) 등
- (❻   )(NGO): 국경 없는 의사회, 세이브 더 칠드런, 그린피스, 해비타트, 국제 앰네스티 등

③ **지구촌 평화와 발전을 위한 우리나라의 노력**: 다양한 외교 활동, 국제 연합 평화 유지군 파견, 한국 국제 협력단(KOICA) 운영 등을 함.

지속 가능한 지구촌

① **지구촌의 환경 문제와 해결 노력**

종류	(❼), 사막화, 열대 우림 파괴, 해양 쓰레기 증가, 초미세 먼지 증가 등
해결 노력	• 개인: 일회용품 사용 줄이기, 자원과 에너지 절약하기 등 • 기업: 제품 생산 과정에서 자원 낭비 줄이기, 친환경 제품 생산 및 기술 개발 등 • 국가: 환경 관련 법과 제도 만들기 등 • 세계: 환경 문제 해결을 위한 국가 간의 협력 및 대응책 마련 등

② **지속 가능한 미래**
- 뜻: 지구촌 사람들이 환경을 보호하고 사회적 · 경제적으로 책임감 있게 행동해 지구촌의 지속 가능성을 높여 가는 것임.
- (❽   ): 지구촌의 문제에 관심을 갖고 해결하기 위해 적극적으로 협력하는 사람임.
- 지속 가능한 미래를 만들기 위한 노력: 빈곤과 기아 퇴치, 친환경적 생산과 소비 방식 확산, 문화적 편견과 차별 해소 등을 위해 노력해야 함.

정답 ❶ 동도 ❷ 안용복 ❸ 국방비 ❹ 자원 ❺ 국제 연합 ❻ 비정부 기구 ❼ 지구 온난화 ❽ 세계 시민

사고력 문제 엿보기

통일 한국의 모습을 친구들과 함께 이야기하기

1 다음과 같은 사회 현상이 발생하는 까닭을 생각해 봅시다.

○○ 신문   20△△년 △△월 △△일

올해 설도 임진각에서 합동 차례,
실향민들 북녘땅만 바라봐

□□ 신문   20△△년 △△월 △△일

낮과 밤을 가리지 않는 경계

예시 답안
- 남한과 북한으로 분단되어 있기 때문입니다.
- 남한과 북한 사람들은 분단으로 여러 가지 어려움을 겪고 있기 때문입니다.

2 남북통일이 된다면 무엇을 하고 싶은지 이야기해 봅시다.

예시 답안
- 평양에 가서 유명한 평양냉면을 먹고 싶습니다.
- 북한을 통하여 육로로 유럽까지 가는 기차를 타보고 싶습니다.
- 북한 친구들과 피구를 같이 해 보고 싶습니다.

3 사랑의 마음을 담아 통일 한국팀이 국제 대회에서 같이 입을 유니폼을 그려봅시다.

예시 답안   한반도기의 흰색 바탕은 밝음과 순수, 그리고 전통적으로 평화를 사랑하는 우리의 민족성을 나타내므로 유니폼
의 바탕은 흰색으로 하고 싶습니다. 그리고 한반도 무늬를 넣어서 디자인하고 싶습니다.

01 친구들이 공통으로 이야기하고 있는 섬의 이름은 무엇인지 쓰시오.

우리나라에서 가장 오래된 화산섬이야.

'우산도, 독섬, 가지도'라고 불리기도 했어.

우리나라 동쪽 끝에 있는 섬이야.

(   )

02 다음에서 설명하는 독도 주변 바다에 있는 자원으로 알맞은 것은 어느 것입니까? (   )

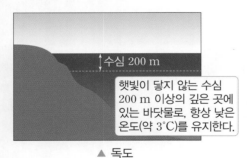

수심 200 m

햇빛이 닿지 않는 수심 200 m 이상의 깊은 곳에 있는 바닷물로, 항상 낮은 온도(약 3℃)를 유지한다.

▲ 독도

① 탕건봉
② 천장굴
③ 한반도 바위
④ 해양 심층수
⑤ 가스 하이드레이트

⊏서술형⊐
03 독도가 우리나라 땅이라는 근거를 역사적 자료를 바탕으로 설명하시오.

_____

_____

04 다음과 같은 문서를 받아 낸 인물은 누구입니까?

(   )

조선 숙종 때 일본으로 건너가 울릉도와 독도가 조선의 영토임을 주장했고, 일본으로부터 이를 확인하는 문서를 받아 냈다.

① 안용복   ② 이사부
③ 최종덕   ④ 홍순칠
⑤ 심흥택

05 다음과 같이 독도가 우리 영토임을 알리는 활동은 무엇입니까? (   )

독도는 대한민국의 땅입니다.

① 독도 캐릭터 만들기
② 독도 체험관 운영하기
③ 독도 관련 축제 개최하기
④ 독도 홍보 포스터 그리기
⑤ 독도 사랑 플래시 몹 참여하기

06 밑줄 친 '어려움'에 해당하는 것으로 알맞은 것은 어느 것입니까? (   )

남한과 북한 사람들은 분단으로 여러 가지 어려움을 겪고 있다.

① 기온 차이   ② 저출산과 고령화
③ 이산가족의 아픔   ④ 해양 쓰레기 문제
⑤ 다양한 지형과 기후

07 ⊏서술형⊐

다음과 관련하여 남북통일이 되었을 때의 좋은 점은 무엇인지 쓰시오.

_____

_____

08 통일을 위한 정치적 노력으로 볼 수 있는 것을 보기 에서 모두 골라 기호를 쓰시오.

보기

ㄱ 개성 공단 운영
ㄴ 남북 정상 회담 개최
ㄷ 남북 선수단 공동 입장
ㄹ 남북 기본 합의서 채택
ㅁ 남북 예술단 합동 공연
ㅂ 경의선·동해선 철도 연결 및 현대화 착공식

(   )

09 다음 지구촌 갈등의 모습과 관련 있는 것은 어느 것입니까? (   )

① 영토 갈등   ② 자원 갈등
③ 종교 갈등   ④ 정치 갈등
⑤ 민족·문화 갈등

10 다음 ㉠에 들어갈 알맞은 말은 어느 것입니까?

(   )

〈지구촌 갈등 사례 카드〉

㉠

• 80여 개의 민족으로 이루어진 나라에서 발생했다.
• 민족 간 종교와 언어 차이, 경제적·정치적 차별 등으로 끊이지 않는 내전이 일어나고 있다.

① 시리아 내전   ② 남중국해 분쟁
③ 카슈미르 분쟁   ④ 에티오피아 내전
⑤ 팔레스타인 분쟁

11 지구촌 평화와 발전을 위해 다른 나라들과 함께 노력해야 하는 까닭으로 가장 알맞은 것은 어느 것입니까? (   )

① 다른 나라와 쉽게 교류하기 위해서이다.
② 다른 나라의 기술을 받아들이기 위해서이다.
③ 다른 나라와의 경쟁에서 이기기 위해서이다.
④ 지구촌 문제 해결에 드는 비용이 많기 때문이다.
⑤ 지구촌은 서로 연결되어 있어서 다른 지역의 문제가 우리에게도 영향을 주기 때문이다.

12 남수단에서 의료 봉사와 교육에 헌신해 '남수단의 슈바이처'로 불린 인물은 누구인지 쓰시오.

(   )

13 다음 (   ) 안에 들어갈 알맞은 말은 어느 것입니까?

(   )

우리나라는 (   )을/를 파견하여 분쟁 지역의 평화에 기여하고 국제 사회의 발전에 이바지합니다.

① 반크   ② 독도 경비대원
③ 남북한 예술단   ④ 공적 개발 원조
⑤ 국제 연합 평화 유지군

14 다음 중 국제기구에 해당하는 것은 어느 것입니까?
( )

① 해비타트
② 국제 앰네스티
③ 국경 없는 의사회
④ 세이브 더 칠드런
⑤ 국제 연합 아동 기금

15 다음 과제에 대한 답변으로 알맞지 <u>않은</u> 것은 어느 것입니까? ( )

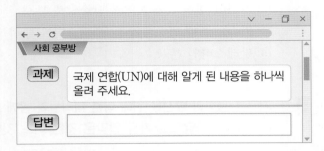

① 국제 평화를 위해 만들어졌다.
② 사이버 공간에서 외교 사절단 역할을 한다.
③ 190개가 넘는 국가가 국제 연합에 가입했다.
④ 두 차례 일어난 세계 대전을 계기로 설립되었다.
⑤ 전쟁 방지를 위해 노력하고 국제 협력 활동을 하는 단체이다.

ㄷ서술형ㄱ
16 국제기구와 비정부 기구의 가장 큰 차이점은 무엇인지 쓰시오.

_____

_____

17 다음에서 설명하는 비정부 기구는 무엇인지 쓰시오.

( )

18 다음에 이어서 말할 내용으로 알맞은 것은 어느 것입니까? ( )

① 이산가족 문제
② 지구촌 평화 문제
③ 지구 온난화 문제
④ 국방비 증가 문제
⑤ 독도 역사 왜곡 문제

19 환경 문제를 주제로 조사하려고 할 때, 주제를 잘못 정한 친구는 누구입니까? ( )

① 순임: 지속되는 사막화에 대해 조사할 거야.
② 지인: 파괴되는 열대 우림에 대해 조사할 거야.
③ 윤아: 바다 위 거대한 쓰레기 섬을 조사할 거야.
④ 동성: 많은 갈등이 있는 시리아 내전에 대해 조사할 거야.
⑤ 주현: 중금속 발암 물질이 다량 함유된 초미세 먼지에 대해 조사할 거야.

20 다음 ㉠에 들어갈 내용으로 알맞지 <u>않은</u> 것은 어느 것입니까? ( )

환경 운동가: 지구촌 환경 문제를 해결하기 위해 개인은 (㉠)를 해야 합니다.

① 재활용 실천하기
② 일회용품 사용 줄이기
③ 쓰레기 분리배출하기
④ 친환경 제품 사용하기
⑤ 빈곤 지역 어린이 돕기

21 밑줄 친 '이것'은 무엇인지 쓰시오.

> 지구촌 사람들은 이것을 위해 현재뿐만 아니라 미래 세대의 환경과 발전을 고려하여 책임감 있게 행동해야 합니다.

(   )

22 다음과 같은 노력의 목적으로 알맞은 것은 어느 것입니까? (   )

- 교육 환경 개선하기
- 돈·물건·식량 지원하기
- 경제 활동 자립 지원하기

① 에너지 절약
② 빈곤과 기아 퇴치
③ 문화적 편견과 차별 해소
④ 친환경적 생산과 소비 방식의 확산
⑤ 독도가 우리 영토임을 알리는 활동

23 다음과 관련 있는 것으로 알맞은 것은 어느 것입니까? (   )

> 저는 쓰레기 배출을 최소화하는 '제로 웨이스트 숍(Zero Waste Shop)'을 자주 이용합니다.

① 친환경적 소비
② 성 평등을 위한 노력
③ 남북통일을 위한 노력
④ 빈곤 지역 어린이 돕기
⑤ 독도를 지키기 위한 활동

24 다음과 같은 문제를 해결하기 위하여 노력할 점으로 알맞은 것은 어느 것입니까? (   )

> 우리는 종교적인 이유로 소고기를 먹지 않는데 사람들이 이를 가볍게 생각할 때가 있어요.

① 자원을 절약하고 환경 오염을 줄인다.
② 식량이 부족한 지역에 식량을 지원한다.
③ 아이들에게 필요한 약과 물품을 공급한다.
④ 가뭄에 강한 작물을 키울 수 있도록 돕는다.
⑤ 편견과 차별을 극복하고 다양성을 존중하는 교육을 한다.

25 다음과 같이 세계 시민으로서 노력하고 있는 까닭은 무엇입니까? (   )

보낸 메일 — ⬜ ✕

안녕하세요. 저는 ○○ 음료수를 즐겨 마시는 학생입니다.

학교 친구들과 조사를 해 보니 많은 친구들이 ○○ 음료수를 마실 때 플라스틱 빨대가 붙어 있음에도 이를 사용하지 않는 것을 알 수 있었습니다. 플라스틱 빨대는 작아서 재활용이 어렵고, 플라스틱이라 땅에 묻어도 잘 분해되지 않는다고 합니다. 바다에 버려진 플라스틱 빨대를 먹이인 줄 알고 먹어서 고통받는 동물들이 있다는 이야기도 들었습니다.

친구들과 플라스틱 빨대 사용을 줄여야겠다는 의견을 모았고, 이를 위해 할 수 있는 일을 생각해 보다가 이렇게 메일을 드립니다.

○○ 음료수 포장에 빨대를 붙이지 말아 주세요. 감사합니다.

① 분쟁 지역의 평화를 위하여
② 빈곤과 기아 퇴치를 위하여
③ 문화적 편견과 차별 해소를 위하여
④ 의료 지원이 필요한 사람을 돕기 위하여
⑤ 친환경적 생산과 소비 방식 확산을 위하여

지구촌 평화와 발전을 위해 비정부 기구를 만들어 실천하기

선생님의
출제 의도

　　이 단원에서는 지구촌의 평화와 발전을 위한 노력에 대해 공부하였습니다. 각 개인은 지구촌 평화를 위해 여러 분야에 관심을 갖고 다양한 활동에 참여할 수 있고, 해당 분야에 관심이 있는 친구들과 함께 비정부 기구를 만들 수도 있습니다. 이에 우리가 배운 교과 지식을 일상생활에 어떻게 적용할 수 있는지를 알아보고자 문제를 출제하였어요.

　　이처럼 수행 평가에서는 실제 사례를 통해 앞서 배운 핵심 개념을 잘 이해하고 있는지를 종합적으로 묻는 문제가 출제될 수 있으니, 늘 공부하면서 실생활에 적용하여 생각해 보는 연습을 해 봅시다.

수행 평가 문제

1 지구촌 문제에는 무엇이 있는지 두 가지 이상 써 봅시다.

- _____
- _____

2 1에서 답한 지구촌 문제 중 친구들과 함께 해결하고 싶은 지구촌 문제를 한 가지 골라 봅시다.

_____

_____

3 2에서 답한 지구촌 문제를 해결하기 위한 비정부 기구를 만들고 주요 활동을 정해 실천해 봅시다.

▲ 로고

- 기구 이름: _____
- 로고의 의미: _____
_____
- 주요 활동: _____
_____
_____

잘함	보통	노력 요함
지구촌 문제를 해결하기 위해 나의 관심 분야와 관련된 비정부 기구를 만들고, 주요 활동을 구체적으로 계획하고 실천할 수 있다.	지구촌 문제를 해결하기 위해 나의 관심 분야와 관련된 비정부 기구를 만들지만, 주요 활동을 계획하는 데 다소 어려움을 느낀다.	지구촌 문제를 해결하기 위해 나의 관심 분야와 관련된 비정부 기구를 만드는 능력이 미흡하며, 주요 활동을 계획하는 데 어려움을 느낀다.

수행 평가 예시 답안

1. 예 빈곤과 기아 문제, 난민 발생 문제, 환경 문제, 어린이 인권 보호 문제, 지구촌 갈등 발생 문제 등
2. 예 환경 문제
3. • 기구 이름: 예 지구촌 그린(GREEN)
   • 로고의 의미: 예 동그라미 안에 녹색으로 나타낸 알파벳 G는 깨끗한 환경을 의미한다.
   • 주요 활동: 예 아나바다(아껴쓰고 나눠쓰고 바꿔쓰고 다시쓰는) 운동, 아름다운 가게에 안 쓰는 물건 기증 캠페인 활동하기 등

수행 평가 꿀팁

비정부 기구의 역할

지구촌 평화와 발전을 위해서는 지구촌 구성원 모두의 관심과 노력이 필요합니다. 각 개인은 지구촌 평화를 위해 여러 분야에 관심을 갖고 다양한 활동에 참여할 수 있습니다. 친구들과 어린이 비정부 기구를 만들어 활동한다면 지구촌 문제를 해결하는 데 많은 도움이 될 수 있을 거예요. 우리의 작은 실천이 큰 변화를 이끌 수 있습니다.

사다리 타기 놀이를 통해 낱말의 뜻을 확인해 봅시다.

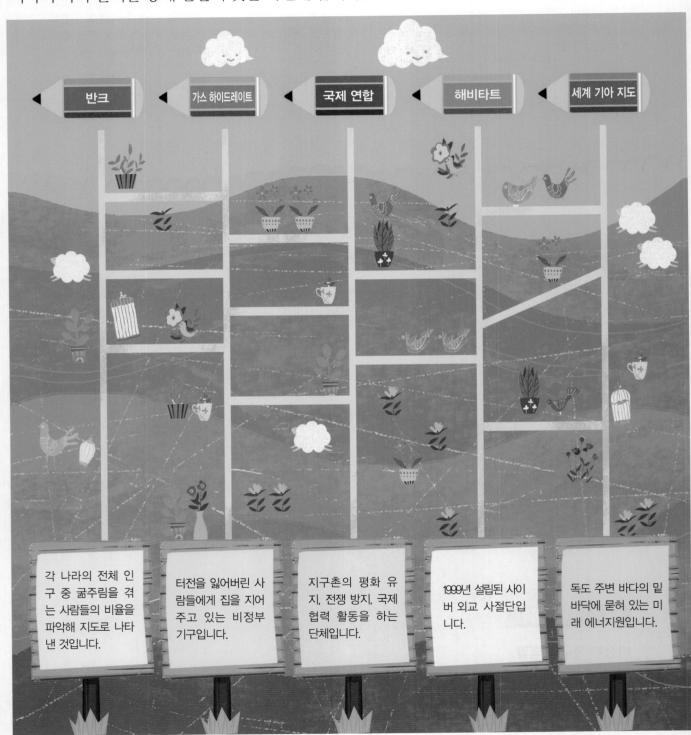

반크 / 가스 하이드레이트 / 국제 연합 / 해비타트 / 세계 기아 지도

각 나라의 전체 인구 중 굶주림을 겪는 사람들의 비율을 파악해 지도로 나타낸 것입니다.

터전을 잃어버린 사람들에게 집을 지어 주고 있는 비정부 기구입니다.

지구촌의 평화 유지, 전쟁 방지, 국제 협력 활동을 하는 단체입니다.

1999년 설립된 사이버 외교 사절단입니다.

독도 주변 바다의 밑바닥에 묻혀 있는 미래 에너지원입니다.

○✕ 문제를 풀어 미로를 탈출해 봅시다.

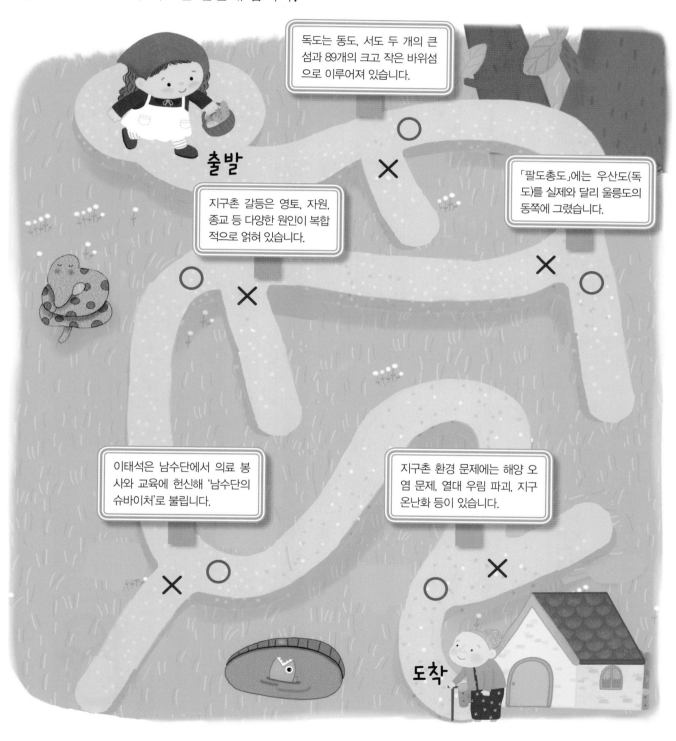

독도는 동도, 서도 두 개의 큰 섬과 89개의 크고 작은 바위섬으로 이루어져 있습니다.

지구촌 갈등은 영토, 자원, 종교 등 다양한 원인이 복합적으로 얽혀 있습니다.

「팔도총도」에는 우산도(독도)를 실제와 달리 울릉도의 동쪽에 그렸습니다.

출발

이태석은 남수단에서 의료 봉사와 교육에 헌신해 '남수단의 슈바이처'로 불립니다.

지구촌 환경 문제에는 해양 오염 문제, 열대 우림 파괴, 지구 온난화 등이 있습니다.

도착

BOOK 2
실전책

만점왕 사회
6-2

BOOK 2 실전책

시험 2주 전 공부

핵심을 복습하기

시험이 2주 남았네요. 이럴 땐 먼저 핵심을 복습해 보면 좋아요.

만점왕 북2 실전책을 펴 보면

각 단원별로 핵심 정리와 쪽지 시험이 있습니다.

정리된 핵심 복습을 읽고 쪽지 시험을 풀어 보세요.

문제가 어렵게 느껴지거나 자신 없는 부분이 있다면

북1 개념책을 찾아서 다시 읽어 보는 것도 도움이 돼요.

시험 1주 전 공부

시간을 정해 두고 연습하기

앗, 이제 시험이 일주일 밖에 남지 않았네요.

시험 직전에는 실제 시험처럼 시간을 정해 두고 문제를 푸는 연습을 하는 게 좋아요.

그러면 시험을 볼 때에 떨리는 마음이 줄어드니까요.

이때에는 **만점왕 북2의 중단원 확인 평가, 학교 시험 만점왕, 서술형 평가**를

풀어 보면 돼요.

시험 시간에 맞게 풀어 본 후 맞힌 개수를 세어 보면

자신의 실력을 알아볼 수 있답니다.

이 책의 차례

CONTENTS

BOOK
2
실전책

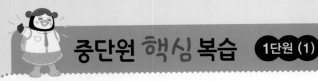

1 지구본, 세계 지도, 디지털 영상 지도의 특징

지구본	• 실제 지구의 모습을 아주 작게 줄인 모형임. • 세계 여러 나라의 위치와 영토 모양, 면적 등이 비교적 정확함. • 전 세계의 모습을 한눈에 보기 어려움. • 휴대하기 불편함.
세계 지도	• 둥근 지구를 축소하여 평면으로 나타낸 것임. • 세계 여러 나라의 위치를 한눈에 살펴볼 수 있음. • 둥근 지구를 평면으로 나타냈기 때문에 영토 모양, 면적 등이 실제와 다르게 표현되기도 함.
디지털 영상 지도	• 위성 사진이나 항공 사진을 디지털 정보로 표현한 지도임. • 세계 여러 나라나 장소와 관련된 다양한 정보를 편리하게 찾을 수 있음. • 전자 기기를 통해서만 이용할 수 있음.

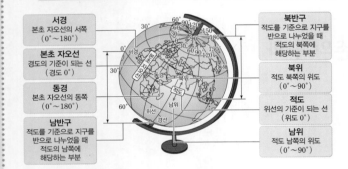

서경 본초 자오선의 서쪽 (0°~180°)

본초 자오선 경도의 기준이 되는 선 (경도 0°)

동경 본초 자오선의 동쪽 (0°~180°)

남반구 적도를 기준으로 지구를 반으로 나누었을 때 적도의 남쪽에 해당하는 부분

북반구 적도를 기준으로 지구를 반으로 나누었을 때 적도의 북쪽에 해당하는 부분

북위 적도 북쪽의 위도 (0°~90°)

적도 위선의 기준이 되는 선 (위도 0°)

남위 적도 남쪽의 위도 (0°~90°)

2 세계의 대륙과 대양

(1) 대륙

• 바다로 둘러싸인 큰 땅덩어리임.

• 대륙에는 아시아, 유럽, 아프리카, 오세아니아, 북아메리카, 남아메리카, 남극 대륙이 있음.

(2) 대양

• 바다 중에서 넓고 큰 바다임.

• 태평양, 대서양, 인도양, 북극해, 남극해가 있음.

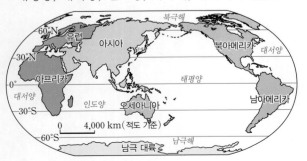

3 각 대륙의 여러 나라

(1) 아시아와 유럽

아시아	• 세계에서 가장 큰 대륙이며, 세계 인구의 절반 이상이 살고 있음. • 대부분 북반구에 있으며, 북쪽은 북극해, 동쪽은 태평양, 남쪽은 인도양에 접해 있음. • 대한민국, 러시아, 중국, 인도 등의 나라가 있음.
유럽	• 아시아 대륙의 서쪽에 위치하며 북쪽은 북극해, 서쪽은 대서양과 접해 있음. • 인구 밀도가 높고 나라가 많은 편임. • 프랑스, 이탈리아, 노르웨이, 독일 등의 나라가 있음.

(2) 아프리카와 오세아니아

아프리카	• 유럽의 남쪽에 위치해 있음. • 동쪽은 인도양, 서쪽은 대서양과 접해 있음. • 적도를 중심으로 북반구와 남반구에 걸쳐 있음. • 남아프리카 공화국, 이집트, 케냐, 리비아 등의 나라가 있음.
오세아니아	• 대륙 중에서 가장 작으며, 대부분 남반구에 분포하고 있음. • 인도양과 태평양과 맞닿아 있음. • 오스트레일리아, 뉴질랜드, 키리바시, 투발루 등의 나라가 있음.

(3) 북아메리카와 남아메리카

북아메리카	• 서쪽은 태평양, 동쪽은 대서양과 접해 있음. • 캐나다, 미국, 멕시코, 쿠바 등의 나라가 있음.
남아메리카	• 대륙의 대부분이 남반구에 있고, 서쪽은 태평양, 동쪽은 대서양과 접해 있음. • 브라질, 우루과이, 콜롬비아, 아르헨티나 등의 나라가 있음.

4 세계 여러 나라의 영토 면적과 모양

(1) 영토 면적이 가장 넓은 나라: 러시아

(2) 영토 면적이 가장 좁은 나라: 바티칸 시국

(3) 영토 모양은 해안선이나 주변 국가와 맞닿은 국경선에 따라 달라짐.

01 위성 사진이나 항공 사진 등을 바탕으로 전자 기기에서 이용할 수 있도록 디지털 정보로 표현한 지도를 무엇이라고 합니까?

( )

02 다음에서 설명하는 공간 자료는 무엇입니까?

- 둥근 지구를 축소하여 평면으로 나타낸 것이다.
- 땅과 바다의 모양이나 크기가 실제와 다르게 나타나기도 한다.
- 세계 여러 나라의 위치와 영역을 한눈에 살펴볼 수 있다.

( )

03 세계 지도와 지구본에 위치를 쉽게 나타내기 위하여 그려진 가로 선을 무엇이라고 합니까?

( )

04 지구는 육지와 바다로 이루어져 있는데, 바다로 둘러싸인 큰 땅덩어리를 (대륙 , 대양)이라고 하고, 바다 중에서도 넓고 큰 바다를 (대륙 , 대양)이라고 합니다.

05 (인도양 , 대서양)은 세계에서 두 번째로 큰 바다로, 남아메리카, 북아메리카, 유럽, 아프리카 대륙에 닿아 있습니다.

06 면적이 가장 좁은 대륙으로 대부분이 남반구에 위치하고 있는 대륙의 이름은 무엇입니까?

( )

07 세계에서 영토의 면적이 가장 넓은 나라의 이름은 무엇입니까?

( )

08 다른 대륙과 비교해 면적은 좁은 편이지만 많은 나라가 위치하고 있는 대륙의 이름은 무엇입니까?

( )

09 다음에서 설명하는 대륙의 이름은 무엇입니까?

- 대륙의 대부분이 남반구에 속해 있다.
- 브라질, 콜롬비아, 아르헨티나 등의 나라가 속해 있다.

( )

10 다음 지도에서 이집트의 국경선은 (복잡한 , 단조로운) 편이며 영토 모양은 사각형입니다.

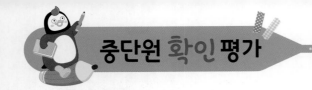
중단원 확인 평가

1 (1) 지구, 대륙 그리고 국가들

01 다음 세계 지도에 나타난 ㉠, ㉡ 선을 무엇이라고 하는지 쓰시오.

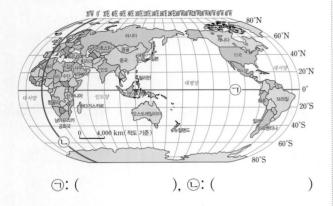

㉠: (   ), ㉡: (   )

03 세계 지도에 대한 설명으로 알맞은 것은 어느 것입니까? (   )

① 현재 나의 위치를 검색할 수 있다.
② 지구의 실제 모습을 작게 줄여 만든 모형이다.
③ 땅과 바다의 모양이 실제와 같게 표현되어 있다.
④ 세계 여러 나라의 위치와 영역을 한눈에 살펴볼 수 있다.
⑤ 지도를 확대하거나 축소하면서 세계 여러 나라를 살펴볼 수 있다.

04 다음에서 설명하는 대륙으로 알맞은 것은 어느 것입니까? (   )

> • 북극해, 인도양, 태평양과 닿아 있다.
> • 러시아, 중국, 인도 등의 나라가 있다.
> • 세계 육지 면적의 약 30%를 차지한다.

① 유럽   ② 아시아
③ 오세아니아   ④ 아프리카
⑤ 북아메리카

02 다음을 통해 알 수 있는 디지털 영상 지도의 특징을 쓰시오.

_____

_____

05 다음 설명에 해당하는 대양은 어디입니까? (   )

> 아시아, 아프리카, 오세아니아 대륙 사이에 있다.

① 남극해   ② 대서양
③ 북극해   ④ 인도양
⑤ 태평양

06 다음 설명에 해당하는 대륙을 찾아 선으로 연결하시오.

(1) 면적이 가장 작은 대륙으로, 대부분 남반구에 있음. · · ㉠ 유럽

(2) 다른 대륙과 비교해 작지만 많은 나라가 있음. · · ㉡ 오세아니아

(3) 두 번째로 큰 대륙이며, 북반구와 남반구에 걸쳐 있음. · · ㉢ 아프리카

07 다음 (   ) 안에 들어갈 알맞은 나라는 어디입니까?
(   )

세계에서 영토 면적이 가장 넓은 나라는 러시아이고, 두 번째로 넓은 나라는 캐나다이다. 세계에서 영토의 면적이 가장 작은 나라는 (   )이다.

① 중국　　　　　　② 이집트
③ 프랑스　　　　　④ 키리바시
⑤ 바티칸 시국

08 다음 중 대륙과 그에 속한 나라를 바르게 연결한 것은 어느 것입니까? (   )

	대륙	속한 나라
①	아프리카	이집트, 케냐
②	유럽	뉴질랜드, 키리바시
③	남아메리카	미국, 멕시코
④	아시아	우루과이, 콜롬비아
⑤	북아메리카	노르웨이, 이탈리아

09 다음에서 설명하는 나라를 지도에서 찾아 색칠하고, 나라의 이름을 쓰시오.

• 남아메리카 대륙의 남서부 끝에 있다.
• 안데스산맥의 서쪽에 있으며, 세계에서 영토가 남북으로 가장 긴 나라이다.

나라 이름: (   )

10 다음 빈칸에 들어갈 알맞은 나라는 어디입니까?
(   )

▪위치한 대륙: 오세아니아
▪주변 나라: 동쪽에 뉴질랜드가 있다.
▪위도, 경도: 남위 9°∼44°, 동경 113°∼151°
▪면적: 전 세계에서 6번째로 넓다.
▪특징: 오세아니아에서 가장 큰 나라로, 나라 자체가 하나의 대륙일 만큼 땅이 넓다.

① 멕시코　　　　　② 프랑스
③ 우루과이　　　　④ 콜롬비아
⑤ 오스트레일리아

1 세계의 기후

(1) 기후

기후	한 지역에서 여러 해에 걸쳐 나타나는 평균적인 날씨임.
기후 분포	• 적도 지방에서 극지방으로 가면서 열대 기후, 건조 기후, 온대 기후, 냉대 기후, 한대 기후가 나타남. • 해발 고도가 높은 지역에서는 고산 기후가 나타남.
기후 분포 원인	• 지구가 둥글기 때문에 위도에 따라 햇볕을 받는 양이 달라짐. • 위치와 지형에 따라 기온과 강수량이 달라져 다양한 기후가 나타남.

(2) 세계의 다양한 기후

• 세계의 기후는 해당 지역의 기온과 강수량을 기준으로 열대 기후, 건조 기후, 온대 기후, 냉대 기후, 한대 기후로 구분함.

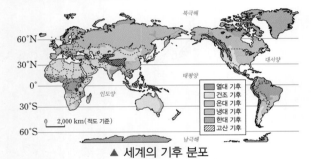

▲ 세계의 기후 분포

• 각 기후의 특징

열대 기후	• 일 년 내내 평균 기온이 높고 강수량이 많음. • 일 년 내내 기온이 높고 건기와 우기가 나타나기도 함.
건조 기후	연평균 강수량이 500mm보다 적음.
온대 기후	• 사계절이 비교적 뚜렷하고 날씨가 온화한 편임. • 계절에 따라 강수량이 다름.
냉대 기후	사계절이 나타나며 온대 기후보다 겨울이 깊.
한대 기후	• 일 년 내내 평균 기온이 매우 낮음. • 극지방에서 나타남.
고산 기후	해발 고도가 높아 비슷한 위도상의 고도가 낮은 지역보다 기온이 낮음.

2 기후에 따라 달라지는 사람들의 생활 모습

열대 기후	• 적도 주변의 저위도 지역에 나타남. • 화전 농업으로 카사바, 얌 등 농작물을 재배함. • 최근에는 커피, 바나나 등의 열대 작물을 대규모로 재배하며 생태 관광 산업도 발달함.
건조 기후	• 주로 20°∼30° 일대와 대륙의 내륙에 나타남. • 하천, 오아시스 주변에서 밀이나 대추야자 등을 재배함. • 초원 지역에서는 유목 생활을 함.
온대 기후	• 중위도 지역에 나타남. • 벼, 밀, 올리브 등 다양한 농작물을 재배함. • 인구가 많고 여러 산업이 발달함.
냉대 기후	• 북반구의 중위도와 고위도 지역에 나타남. • 여름에는 밀, 감자 등을 재배함. • 침엽수림이 발달하여 목재와 펄프 산업이 발달함.
한대 기후	• 극지방 주변의 고위도 지역에 나타남. • 순록을 기르며 유목 생활을 하거나 사냥을 함. • 지하자원 개발과 극지방 기후 환경 연구 등이 활발하게 이루어지고 있음.
고산 기후	• 해발 고도가 높은 지역에서 나타남. • 감자와 옥수수 등을 재배하고, 라마와 알파카와 같은 가축을 길러 고기와 털을 얻음.

3 세계 여러 나라 사람들의 생활 모습

(1) 세계 곳곳의 생활 모습은 지형, 기후 등의 자연환경과 종교, 전통, 풍습 등의 인문환경에 따라 다양하게 나타남.

의생활	한대 기후 지역의 아노락, 베트남의 논라, 인도의 사리, 이란의 차도르 등
식생활	스위스의 퐁뒤, 인도네시아의 나시고렝, 튀르키예의 케밥, 멕시코의 타코 등
주생활	파푸아 뉴기니의 고상 가옥, 그리스의 하얀 벽 집, 몽골의 게르, 모로코의 흙집 등

(2) 오늘날에는 교통과 통신의 발달로 교류가 활발해지면서 세계적으로 비슷한 생활 모습이 나타남.

(3) 사람들의 생활 모습은 각각 고유한 특징과 가치를 지님.
➡ 서로 다른 생활 모습을 이해하고 존중하는 태도가 필요함.

정답과 해설 27쪽

01 한 지역에서 여러 해에 걸쳐 나타나는 평균적인 날씨를 무엇이라고 합니까?

(　　　　　)

02 열대 기후 지역에서 밭을 만들기 위해 숲을 태우고 그 남은 재를 거름으로 이용해 농작물을 기르는 농업 방식을 무엇이라고 합니까?

(　　　　　)

03 일찍부터 다양한 농업이 발달했고, 기온이 온화해서 인구가 많고 여러 산업이 발달한 기후는 무엇입니까?

(　　　　　)

04 다음 ( ) 안에 들어갈 알맞은 말을 쓰시오.

> 냉대 기후 지역에서는 기후의 영향으로 잎이 뾰족한 (　　)이/가 넓게 분포하여 목재와 펄프 생산이 활발하다.

(　　　　　)

05 일 년 내내 기온이 매우 낮아 얼음과 눈으로 덮인 곳이 많고, 나무가 자라기 어려운 기후는 무엇입니까?

(　　　　　)

06 저위도의 해발 고도가 높은 지역에서는 일 년 내내 우리나라의 봄처럼 온화한 날씨가 나타나는데, 이 기후를 무엇이라고 합니까?

(　　　　　)

07 강한 햇빛과 모래바람을 피하기 위해 다음과 같이 온몸을 감싸는 얇고 긴 옷을 입는 기후 지역은 어디입니까?

(　　　　　) 기후 지역

08 세계 곳곳의 생활 모습은 지형, 기후 등과 같이 (자연환경 , 인문환경)과 종교, 전통, 풍습 등과 같이 (자연환경 , 인문환경)에 따라 다양하게 나타납니다.

09 다음과 같이 열대 기후 지역에서 땅의 열기와 습기, 해충을 피하려고 집의 바닥을 땅에서 띄워 짓는 집을 무엇이라고 합니까?

(　　　　　)

10 세계 여러 나라 사람들의 서로 다른 생활 모습을 대할 때는 이를 (차별 , 이해)하고 존중하려는 마음가짐이 필요합니다.

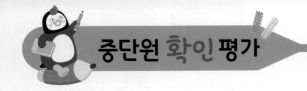
01 다음 (   ) 안에 공통으로 들어갈 알맞은 말을 쓰시오.

> • 영희: 지구는 둥글기 때문에 (   )에 따라 햇빛을 받는 양이 달라져.
> • 철수: 세계의 기후 분포는 (   )의 영향을 많이 받는다고 해.

(   )

02 온대 기후에 대한 설명으로 알맞지 <u>않은</u> 것은 어느 것입니까? (   )

① 사계절이 비교적 뚜렷하다.
② 온화한 기후를 바탕으로 다양한 농업이 발달하였다.
③ 목재와 펄프를 세계적으로 많이 생산하는 지역이다.
④ 지중해 주변 지역에서는 올리브, 포도 등을 주로 재배한다.
⑤ 사람이 살기에 적합해 인구가 많고 다양한 산업이 발달하였다.

03 열대 기후의 특징으로 알맞은 것은 어느 것입니까?
(   )

① 사계절이 비교적 뚜렷하다.
② 일교차가 크고 강수량이 적다.
③ 순록을 기르며 유목 생활을 한다.
④ 일 년 내내 봄 같은 날씨가 나타나 사람들이 살기 좋다.
⑤ 일 년 내내 비가 많이 내리는 곳에는 밀림이 발달하였다.

04 다음과 같이 북반구의 중위도와 고위도 사이에 널리 나타나는 기후는 무엇입니까? (   )

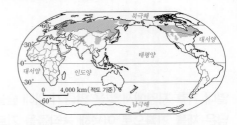

① 열대 기후   ② 건조 기후
③ 온대 기후   ④ 냉대 기후
⑤ 고산 기후

05 초원에 사는 사람들이 다음과 같은 집을 짓고 생활한 까닭은 무엇인지 쓰시오.

몽골의 게르

• 게르는 나무로 뼈대를 세우고 동물의 털로 짠 천이나 가죽을 덮어 만든 조립식 집이다.
• 텐트처럼 간단히 설치하고 해체할 수 있다.

_____

_____

06 고산 기후 지역에 관한 알맞은 설명을 보기 에서 모두 고른 것은 어느 것입니까? ( )

보기

ㄱ 주변의 고도가 낮은 지역보다 기온이 높다.
ㄴ 감자와 옥수수 같은 작물을 주로 재배한다.
ㄷ 저위도의 고산 기후 지역은 우리나라의 봄철과 같이 온화하다.
ㄹ 해발 고도가 높아 사람들이 살기 어려워 도시가 발달할 수 없다.

① ㄱ, ㄴ   ② ㄱ, ㄷ   ③ ㄱ, ㄹ
④ ㄴ, ㄷ   ⑤ ㄷ, ㄹ

07 다음 사진과 같이 세계 여러 나라의 옷의 모양이나 재료가 다른 까닭으로 가장 알맞지 <u>않은</u> 것은 어느 것입니까? ( )

▲ 얇고 긴 천으로 만든 옷 　▲ 동물의 털과 가죽으로 만든 옷 　▲ 넓고 긴 한 장의 천으로 만든 옷

① 지형이 달라서이다.   ② 기후가 달라서이다.
③ 풍습이 달라서이다.   ④ 종교가 달라서이다.
⑤ 언어가 달라서이다.

서술형 08 다음 두 나라에서 쓰는 모자의 재료와 특징이 다른 까닭을 쓰시오.

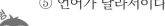

논라 　　　　　　　　 솜브레로

| 베트남의 '논라': 야자 나무 잎으로 만듦. 위가 뾰족한 원뿔 모양으로 비와 햇빛을 막아 줌. | 멕시코의 '솜브레로': 얼굴과 목, 어깨까지 햇빛을 차단할 만큼 챙이 넓은 것이 특징임. 밀짚이나 나무 껍질을 엮어서 만듦. |

_____

_____

서술형 09 다음과 관련 있는 기후와 그 기후의 특징을 쓰시오.

▲ 송유관 　　▲ 세종 과학 기지 　　▲ 순록 유목

(1) 기후: (　　　　　　　　)

(2) 기후의 특징: _____

_____

_____

10 세계 여러 나라의 다양한 생활 모습을 대하는 바람직한 태도로 알맞은 것은 어느 것입니까? ( )

① 세계 여러 나라의 생활 모습이 갖는 고유한 가치를 인정한다.
② 사람들의 생활 모습은 그들이 살고 있는 환경의 영향을 받지 않는다.
③ 나와 다른 종교를 가진 사람은 생각이 다르기 때문에 이해하고 존중하기 어렵다.
④ 세계 여러 나라의 다양한 생활 모습 중 어떤 것에 대하여 옳고 그름을 판단할 수 있다.
⑤ 우리나라 사람들의 생활 모습이 다른 나라의 생활 모습보다 무조건 우월하다고 생각한다.

1 이웃 나라의 자연환경과 인문환경

(1) 우리나라는 중국, 일본, 러시아와 국경을 마주하고 있으며 오래전부터 서로 영향을 주고받음.

(2) 중국, 일본, 러시아의 자연환경과 인문환경

중국	• 우리나라의 서쪽에 위치하며, 영토가 넓어 다양한 지형과 기후가 나타남. • 동쪽은 넓은 평야와 대도시가 발달했고 서쪽에는 고원, 산지, 사막 등이 분포함. • 지하자원과 노동력이 풍부하고 소비 시장이 넓어 다양한 산업이 발달함.
일본	• 우리나라의 동쪽에 위치하며, 네 개의 큰 섬과 수천 개의 작은 섬으로 이루어짐. • 영토의 대부분이 산지이며, 화산 활동과 지진 활동이 활발함. • 관광 자원이 많고, 수산업이 발달함. • 자동차, 전자 등 제조업과 첨단 산업이 발달함.
러시아	• 우리나라의 북쪽에 위치하며, 세계에서 영토가 가장 넓은 나라임. • 대부분 지역에서 냉대 기후가 나타남. • 동쪽과 중앙에는 고원과 산지, 서쪽에는 평원이 분포함. • 천연자원이 풍부하여 자원과 관련한 산업이 발달함.

2 우리나라와 이웃 나라의 생활 모습 비교

구분	대한민국	중국	일본	러시아
의생활 (전통 의상)	한복	치파오(여), 창파오(남)	기모노	사라판(여), 루바시카(남)
식생활 (전통 음식)	• 김치 등 • 금속 젓가락·숟가락 사용	• 딤섬, 마파두부 등 • 긴 나무젓가락 사용	• 초밥 등 • 끝이 뾰족한 나무젓가락 사용	• 흑빵, 보르시 등 • 포크, 칼, 숟가락 사용
주생활 (전통 가옥)	한옥, 온돌방	사합원, 침대방	갓쇼즈쿠리, 다다미방	이즈바
새해 맞이	설날 (떡국 먹기)	춘절 (만두 먹기)	오쇼가츠 (오조니 먹기)	노비 고트 (홀로데츠 먹기)
문자	한글	한자	가나	키릴 문자 변형 문자

3 우리나라와 이웃 나라의 교류 모습

(1) 정치적·경제적·문화적·인적 교류 등 다양한 분야의 교류가 일어남.

(2) 오늘날 교통·통신이 발달하면서 이웃 나라 간의 교류가 점점 증가하고 있음.

경제적 교류	물건·자원·기술 등의 수출과 수입, 에너지 협력 등
문화적 교류	합작 영화 제작, 문화 공연 교류, 유학생 등
정치적 교류	정상 회담 개최, 외교 문제, 환경 문제 공동 해결 방안 논의 등

(3) 우리나라와 이웃 나라가 협력을 하는 까닭: 국가 간 협력이 필요한 분야에서 이웃 나라와 협력하고 있음. ➡ 교류를 통해 각 나라의 발전과 이익을 도모함.

4 우리나라와 관계 깊은 나라의 환경과 교류 모습

미국	• 북아메리카에 위치하며, 영토가 넓어 다양한 지형과 기후가 나타남. • 풍부한 자원과 높은 기술 수준을 바탕으로 다양한 산업이 발달함. • 경제·정치·군사·외교·문화 등 다양한 분야에서 우리나라와 매우 밀접한 관계임.
사우디 아라비아	• 아라비아반도의 대부분을 차지함. • 세계적인 원유 생산지임. • 1970년대부터 우리나라와 인적·기술 교류를 함.
베트남	• 남북으로 길게 뻗은 영토의 대부분은 산지로 이루어져 있음. • 전자, 전기, 기계 등의 공업과 경공업이 발달함. • 넓은 평야와 풍부한 강수량을 바탕으로 벼농사가 발달함(세계적인 쌀 수출국).

5 우리나라와 세계 여러 나라의 상호 의존 관계

(1) 나라마다 지형, 기후, 인구, 산업 등의 환경이 달라서 서로 필요한 도움을 주고받음.

(2) 우리나라는 세계 여러 나라와 정치, 경제, 사회, 문화 등 다양한 분야에서 밀접한 관계를 맺음.

(3) 우리나라와 세계 여러 나라는 이해와 협력을 바탕으로 공동의 문제를 해결하고자 노력함.

정답과 해설 29쪽

01 다음과 같이 서쪽에는 평원이 분포하고 동쪽에는 산지가 많은 우리나라의 이웃 나라는 어디입니까?

(　　　　　　　　)

02 우리나라의 서쪽에 위치하고 수도가 베이징이며 영토가 넓고 자원이 풍부하며 여러 가지 산업이 발달한 나라는 어디입니까?

(　　　　　　　　)

03 우리나라의 이웃 나라로, 네 개의 큰 섬과 수많은 작은 섬들이 남북으로 길게 줄지어 있는 나라는 어디입니까?

(　　　　　　　　)

04 우리나라와 중국, 일본은 지리적으로 (가까워 , 멀어) 오랫동안 활발하게 교류하여 생활 모습에 비슷한 점이 많습니다.

05 우리나라와 이웃 나라가 공동의 문제를 해결하고자 할 때에는 서로 이해하고 (경쟁 , 협력)하는 자세가 필요합니다.

06 이웃 나라에서 우리나라의 연예인이 공연하는 것은 (경제 , 문화) 교류에 해당합니다.

07 다음에서 설명하는 나라는 어디입니까?

> • 북아메리카 대륙에 위치한 나라이다.
> • 영토의 면적이 세계에서 세 번째로 넓다.
> • 다양한 산업을 바탕으로 세계 경제를 이끌고 있다.
> • 우리나라와 정치·경제·사회·문화적으로 긴밀한 나라이다.

(　　　　　　　　)

08 아시아 서남부에 위치한 나라로, 세계적인 원유 생산국이면서 우리나라가 원유를 가장 많이 수입하는 나라는 (칠레 , 사우디아라비아)입니다.

09 우리나라와 경제적 교류가 늘어나고 있는 대표적인 나라로, 동남아시아에 위치하며 세계적인 쌀 수출국인 나라는 (미국 , 베트남)입니다.

10 우리나라는 세계 여러 나라와 정치·경제·문화 면에서 활발하게 교류하며 상호 (독립 , 의존) 관계를 맺고 있습니다.

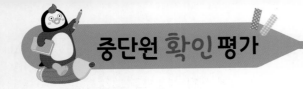

01 러시아에 대해 바르게 말한 사람은 누구인지 쓰시오.

> • 지영: 세계에서 두 번째로 넓은 나라야.
> • 미진: 우랄산맥을 경계로 동쪽은 유럽, 서쪽은 아시아에 속한 나라야.
> • 선호: 지하자원이 풍부하게 매장되어 있어 지하자원과 관련한 산업이 발달했어.

(   )

02 다음 지도를 보고 중국에 대한 설명이 맞으면 ○표, 틀리면 ✕표 하시오.

(1) 중국은 영토가 매우 넓어 다양한 지형이 나타난다. (   )

(2) 중국의 주요 도시와 인구는 주로 서쪽에 분포하고 있다. (   )

03 다음과 같은 특징이 나타나는 이웃 나라는 어디입니까? (   )

> • 우리나라의 동쪽에 위치한 나라로, 네 개의 큰 섬과 수많은 작은 섬들로 이루어져 있다.
> • 뛰어난 기술력을 바탕으로 전자 부품, 반도체, 자동차, 정보 서비스 산업 등이 발달했다.

① 독일   ② 미국   ③ 인도
④ 일본   ⑤ 중국

04 다음 자료를 통해 알 수 있는 내용으로 알맞은 것은 어느 것입니까? (   )

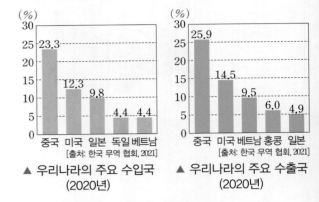

▲ 우리나라의 주요 수입국 (2020년)   ▲ 우리나라의 주요 수출국 (2020년)

① 독일은 우리나라의 무역 상대국이 아니다.
② 우리나라는 베트남에서 생산된 물건을 수입하지 않는다.
③ 우리나라는 지리적으로 가까운 나라들과만 교류를 한다.
④ 우리나라는 세계 여러 나라와 밀접한 관계를 맺고 있다.
⑤ 우리나라와 경제적 교역을 가장 많이 하는 나라는 독일이다.

05 다음 사진을 보고 알 수 있는 내용으로 맞으면 ○표, 틀리면 ✕표 하시오.

▲ 우리나라 표지판   ▲ 중국 표지판   ▲ 일본 표지판

(1) 우리나라, 중국, 일본은 같은 문자를 사용한다. (   )

(2) 우리나라, 중국, 일본은 한자의 영향을 받았다. (   )

06 다음을 통해 알 수 있는 우리나라와 이웃 나라들 간의 관계를 설명하시오.

△△ 일보　　　　　　　　　　　20○○년 ○○월 ○○일

한·중·일, 7년 만에 과학 기술 장관 회의 개최

　한·중·일 과학 기술 정책 장관이 모여 동북아 시아 지역의 미세 먼지, 해양 오염, 전염병 등의 공동 문제 해결과 과학 기술 분야의 교류 및 협력 방안을 모색하였다. 미세 먼지, 해양 오염, 전염병 등 3국의 공통 관심사에 대한 협력 방안에 대해 논의하고 해결 방안을 마련하기 위해 협력하기로 뜻을 모았다.

_____

_____

07 베트남에 대한 정보를 소개하는 홍보물에 들어갈 내용으로 알맞지 <u>않은</u> 것은 어느 것입니까? (　　)

🌐 아잉 – 베트남 하노이에서　　　⋮

♥ ♡ ◁　　　• • •　　　🔖

① 관광지: 지형이 독특한 할롱베이
② 생활 모습: 계단식 논을 만들어 벼농사를 지음.
③ 인문환경: 쌀, 커피 등을 많이 생산함.
④ 자연환경: 한대 기후와 냉대 기후가 나타남.
⑤ 우리나라와의 관계: 우리나라와 무역을 많이 하는 나라임.

08 사우디아라비아에 대한 설명으로 알맞지 <u>않은</u> 것은 어느 것입니까? (　　)

① 인구의 대부분이 이슬람교를 믿는다.
② 국토의 대부분이 사막으로 이루어져 있다.
③ 원유 생산과 수출로 많은 발전을 이루었다.
④ 우리나라와의 인적 및 기술 교류는 거의 없다.
⑤ 우리나라 기업들이 진출하여 건물이나 발전소를 건설하고 있다.

09 다음 지도에 표시된 나라의 특징으로 알맞은 것을 보기 에서 모두 골라 기호를 쓰시오.

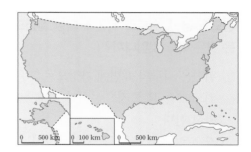

보기

　㉠ 우리나라와 매우 밀접한 관계를 맺고 있다.
　㉡ 국토가 넓어 다양한 지형과 기후가 나타난다.
　㉢ 자원이 풍부하지 않지만, 다양한 산업이 발달하였다.

(　　　　　　　　)

10 우리나라가 세계 여러 나라와 정치·경제·문화 분야에서 활발하게 교류하며 상호 의존 관계를 맺는 이유는 무엇인지 쓰시오.

_____

_____

01 지구본에 대한 설명으로 알맞은 것은 어느 것입니까?
( )

① 자유롭게 확대하거나 축소할 수 있다.
② 지구의 실제 모습을 작게 줄여서 만든 모형이다.
③ 컴퓨터, 스마트폰 등 다양한 기기에서 이용할 수 있다.
④ 위치와 영역을 한눈에 살펴볼 수 있고, 가지고 다니기 편리하다.
⑤ 위성 사진이나 항공 사진을 바탕으로 디지털 정보로 표현한 지도이다.

02 경도와 경선, 위도와 위선에 대한 설명으로 알맞지 않은 것은 어느 것입니까? ( )

① 위선은 지구의 표면에 가상으로 그은 가로선이다.
② 위도 0°를 본초 자오선이라 하고, 경도 0°를 적도라고 한다.
③ 경선은 북극과 남극을 연결하여 지구의 표면에 가상으로 그은 세로선이다.
④ 세계 지도에서 위도와 경도를 이용하면 여러 나라의 위치를 편리하게 찾을 수 있다.
⑤ 위도 0°를 기준으로 지구를 반으로 나누었을 때 북쪽을 북반구, 남쪽을 남반구라고 한다.

03 다음 지도에서 지역을 자세히 살펴보려고 할 때 이용하는 기능은 어느 것입니까? ( )

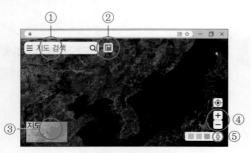

▲ 디지털 영상 지도

[04~05] 다음 지도를 보고, 물음에 답하시오.

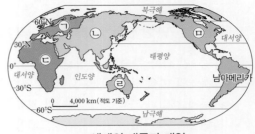

▲ 세계의 대륙과 대양

04 위 지도에서 ㉠~㉢ 대륙의 이름을 바르게 연결한 것은 어느 것입니까? ( )

① ㉠ – 아시아
② ㉡ – 유럽
③ ㉢ – 북아메리카
④ ㉣ – 오세아니아
⑤ ㉤ – 아프리카

05 위 지도를 보고 세계의 여러 대륙과 대양에 대한 설명으로 알맞은 것은 어느 것입니까? ( )

① 아시아는 대부분 북반구에 포함되어 있으며, 세계에서 가장 큰 대륙이다.
② 인도양은 아시아, 오세아니아, 남아메리카, 북아메리카 대륙 사이에 있다.
③ 북아메리카는 북반구와 남반구에 걸쳐 있으며, 북쪽은 북극해와 접해 있다.
④ 오세아니아는 북반구와 남반구에 걸쳐 있으며, 세계에서 두 번째로 큰 대륙이다.
⑤ 대서양은 북아메리카, 유럽, 아프리카 대륙 사이에 위치한 바다로 세계에서 가장 큰 바다이다.

06 각 대륙과 그에 속한 나라가 잘못 연결된 것은 어느 것입니까? (　　　)

	대륙	속한 나라
①	아시아	중국, 인도, 네팔
②	유럽	이탈리아, 프랑스, 영국
③	북아메리카	리비아, 알제리, 수단
④	남아메리카	브라질, 아르헨티나, 페루
⑤	오세아니아	뉴질랜드, 투발루, 피지

07 세계의 기후에 대한 설명으로 알맞지 않은 것은 어느 것입니까? (　　　)

① 기후에 따라 사람들의 생활 모습이 달라진다.

② 지역 간 기온 차에 가장 큰 영향을 주는 요인은 경도이다.

③ 각 나라의 위치나 지형에 따라 기후가 다르게 나타나기도 한다.

④ 기후는 기온, 강수량, 바람 등에 따라 지역마다 다르게 나타난다.

⑤ 세계의 기후는 크게 열대·건조·온대·냉대·한 대·고산 기후로 구분할 수 있다.

08 다음과 같은 생활 모습을 볼 수 있는 기후 지역은 어디입니까? (　　　)

> 이 기후가 나타나는 지역의 사람들은 강렬한 햇빛과 뜨거운 열기, 모래바람을 막기 위해 온몸을 감싸는 형태의 옷을 입는다. 하천이나 오아시스 부근에서는 밀, 대추야자 등을 재배하기도 한다.
> 이 기후 지역에서 집을 지을 때에는 주로 흙을 이용하며 낮의 뜨거운 열기와 밤의 차가운 기온에 대비하기 위해 벽을 두껍게 하고 창을 작게 만든다.

① 한대 기후 지역　　　② 냉대 기후 지역

③ 온대 기후 지역　　　④ 열대 기후 지역

⑤ 건조 기후 지역

09 다음 설명과 관련 있는 기후 지역에서 볼 수 있는 모습이 아닌 것은 어느 것입니까? (　　　)

> • 일 년 내내 기온이 높고 강수량이 많다.
> • 건기와 우기가 나타나는 곳에는 초원이 발달한다.

①
▲ 고상 가옥

②
▲ 화전 농업

③
▲ 생태 관광

④
▲ 침엽수림

10 다음 지도에 표시된 지역에서 나타나는 기후에 대한 설명으로 알맞은 것은 어느 것입니까? (　　　)

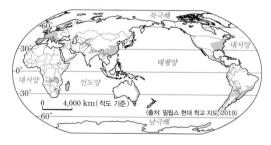

① 강수량이 매우 적어 나무가 자라기 어렵다.

② 주변의 고도가 낮은 지역보다 기온이 낮다.

③ 사계절의 변화가 비교적 뚜렷하고 온화하다.

④ 연중 기온이 높고, 계절의 변화가 거의 없다.

⑤ 기후의 영향으로 대규모의 침엽수림 지대를 볼 수 있다.

11 다음 그림과 관련 있는 기후 지역의 생활 모습으로 알맞지 <u>않은</u> 것은 어느 것입니까? (　　)

① 주변에서 나무를 구하기 쉬워 통나무집을 짓기도 한다.
② 대규모 침엽수림이 분포해 목재와 펄프를 많이 생산한다.
③ 기온이 매우 낮아 농사를 짓기 어려워 사람들은 사냥이나 어업에 종사한다.
④ 사계절이 나타나지만 겨울이 더 길고 추워 두꺼운 털옷과 털모자를 착용한다.
⑤ 지붕에 눈이 쌓여 지붕이 무너지는 것을 막기 위해 지붕을 뾰족한 형태로 집을 짓는다.

12 다음 사진 속 사람들의 전통 복장에 영향을 미친 요소는 무엇입니까? (　　)

▲ 콜롬비아

▲ 한대 기후 지역

① 사람들의 연간 소득
② 사람들이 사는 곳의 기후
③ 사람들이 주로 믿는 종교
④ 사람들이 사는 나라의 인구수
⑤ 사람들이 살고 있는 나라의 교육

13 다음 대화를 보고 우리가 가져야 할 태도로 알맞지 <u>않은</u> 것은 어느 것입니까? (　　)

푸푸는 우리나라에서 주로 먹는 음식인데 손으로 뜯어서 소스에 찍어 먹어.

우리나라는 이슬람교의 가르침에 따라 돼지고기를 먹지 않아.

우리나라 사람들은 소를 신성시하는 힌두교를 믿어. 그래서 소고기를 먹지 않아.

가나　인도네시아　인도

① 도준: 우리와 모습이 다르지만 고유한 가치가 있다고 생각해.
② 서희: 인도에 가면 소를 맛있게 먹을 수 있는 방법을 알려줘야지.
③ 민아: 나라마다 문화가 다르듯이 음식을 먹는 방법도 다를 수 있어.
④ 예성: 가나에 가면 그 나라 사람들처럼 손으로 음식을 먹어 보아야겠어.
⑤ 지후: 우리나라에 온 관광객들에게 예의에 어긋나는 행동을 하지 않도록 다른 나라의 문화를 잘 알아둬야겠어.

14 우리나라와 이웃한 나라들의 식사 도구와 문자에 대한 설명으로 알맞지 <u>않은</u> 것은 어느 것입니까? (　　)

① 우리나라와 중국, 일본의 식사 도구는 비슷하다.
② 젓가락과 숟가락의 특징은 나라마다 조금씩 다르다.
③ 우리나라, 중국, 일본의 문자는 한자의 영향을 많이 받았다.
④ 러시아의 문자는 중국, 식사 도구는 유럽의 영향을 많이 받았다.
⑤ 우리나라, 중국, 일본은 오래전부터 서로 교류하며 영향을 주고받았기 때문에 비슷한 점이 많다.

15 다음 설명에 해당하는 나라는 어디입니까? (   )

> • 인구가 많아 노동력이 풍부하다.
> • 국토가 넓어 다양한 기후와 지형이 나타난다.
> • 만리장성, 자금성 등 세계적인 문화유산이 있다.

① 독일   ② 일본   ③ 중국
④ 러시아   ⑤ 베트남

16 일본에 대한 설명으로 알맞지 <u>않은</u> 것은 어느 것입니까? (   )

① 공업 지역은 주로 태평양 연안에 위치한다.
② 영토가 남북으로 길지만 기후의 차이는 없다.
③ 전자 부품, 반도체, 자동차, 첨단 산업 등이 발달했다.
④ 영토의 대부분이 산지이며, 화산 및 지진 활동이 활발하다.
⑤ 네 개의 큰 섬과 수천 개가 넘는 작은 섬으로 이루어져 있다.

17 다음 자료의 내용은 우리나라와 이웃 나라의 교류 모습 중 어느 분야에 해당하는 것입니까? (   )

수출(한국 → 이웃 나라)	수입(이웃 나라 → 한국)
1위 중국 반도체, 합성수지	1위 중국 반도체, 화학 원료
4위 일본 반도체, 석유	3위 일본 반도체 제조 장비, 반도체
11위 러시아 자동차, 자동차 부품	8위 러시아 석유, 석탄, 천연가스

▲ 우리나라와 이웃 나라의 무역 현황(2019~2020년 기준)

[출처: 한국 전력 공사, 2018]
▲ 우리나라와 이웃 나라의 전력망 연결

① 경제적 교류   ② 문화적 교류
③ 정치적 교류   ④ 군사적 교류
⑤ 종교적 교류

18 미국의 자연환경과 인문환경에 대한 설명으로 알맞은 것을 두 가지 고르시오. (,   )

① 남아메리카 대륙 가운데에 위치해 있다.
② 옥수수, 밀 등 곡물을 대규모로 수입한다.
③ 세계적으로 영향력이 큰 나라 중 하나이다.
④ 우리나라와 정치·경제·문화적으로 교류가 적다.
⑤ 풍부한 지하자원과 높은 기술을 바탕으로 다양한 산업이 발달하였다.

19 다음은 베트남 어린이가 쓴 일기입니다. 베트남의 특징을 <u>잘못</u> 쓴 부분은 어느 것입니까? (   )

> 20○○년 ○월 ○일
>
> 오늘 어머니께서 시장에서 옷을 하나 사주셨다. 우리 동네는 ① 대체로 덥고 습한 편이라서 시원하게 옷을 입지 않으면 불편하다. 시장을 돌아다니다가 배가 고프다고 말씀드렸더니 어머니께서는 ② 점심으로 쌀국수를 사주셨다.
> 내일은 아버지와 함께 우리나라의 ③ 대표 관광지인 할롱베이로 여행을 가기로 하였다. 아버지께서는 ④ 대한민국의 회사가 우리나라에 건설한 스마트폰 제조 공장을 다니시는데 내일은 쉬는 날이다. 우리나라는 ⑤ 일할 수 있는 사람들이 부족하여 공장에서 일하는 사람들이 적은 편이다.

20 우리나라와 세계 여러 나라의 교류에 대한 설명으로 알맞지 <u>않은</u> 것은 어느 것입니까? (   )

① 활발하게 교류하면서 서로에게 미치는 영향이 더욱 커지고 있다.
② 우리나라는 세계 여러 나라와 깊은 상호 의존 관계를 맺고 있다.
③ 우리나라는 지리적으로 먼 나라들과는 활발하게 교류하지 않는다.
④ 나라마다 환경이 달라 교류를 통해 서로 필요한 도움을 주고받고 있다.
⑤ 우리나라 혼자 해결하기 어려운 문제를 이웃 나라와 함께 해결하는 등 상호 발전을 위해 협력하고 있다.

01 세계 지도, 지구본에 대한 설명으로 알맞지 않은 것은 어느 것입니까? ( )

① 지구본에는 위선과 경선이 표시되어 있다.
② 세계 지도에는 경도와 위도가 표시되어 있다.
③ 세계 지도는 세계의 모습을 한눈에 볼 수 있다.
④ 지구본은 세계 여러 나라의 모양을 알아볼 때 활용할 수 있다.
⑤ 지구본은 땅과 바다의 모습이 실제와 다르게 표현되지만 세계 지도는 실제와 똑같게 표현된다.

02 밑줄 친 '이 선'은 무엇입니까? ( )

> 이 선은 위도 0°를 지나는 선으로, 지구의 자전축에서 직각으로 지구의 중심을 지나도록 자른 평면과 지표면이 만나는 선을 말한다. 이 선을 기준으로 북쪽을 북반구, 남쪽을 남반구라고 한다.

① 위선   ② 경선   ③ 적도
④ 본초 자오선   ⑤ 날짜 변경선

03 디지털 영상 지도의 특징으로 알맞은 것을 보기 에서 모두 고른 것은 어느 것입니까? ( )

> 보기
> ㉠ 자료의 확대와 축소가 자유롭다.
> ㉡ 인터넷 사용이 불가능한 곳에서도 편리하게 사용할 수 있다.
> ㉢ 최신 정보가 느리게 반영되어 정확도가 낮고, 사용이 불편하다.
> ㉣ 위성 사진이나 항공 사진 등을 바탕으로 다양한 지리 정보를 디지털 정보로 나타낸 지도이다.

① ㉠, ㉡   ② ㉠, ㉢   ③ ㉠, ㉣
④ ㉡, ㉢   ⑤ ㉢, ㉣

04 다음 지도를 보고 세계의 대양에 대한 설명으로 알맞지 않은 것은 어느 것입니까? ( )

① 남극해는 남극 대륙을 둘러싸고 있는 바다이다.
② 대서양은 북아메리카, 오세아니아, 아프리카 대륙 사이에 위치한다.
③ 인도양은 세 번째로 큰 바다로, 아프리카, 아시아, 오세아니아 대륙의 사이에 있다.
④ 북극해는 북극 주변에 있는 바다로 아시아, 유럽, 북아메리카 대륙에 둘러싸여 있다.
⑤ 태평양은 세계에서 가장 넓은 바다로 아시아, 오세아니아, 북아메리카, 남아메리카 대륙 사이에 있다.

05 다음은 이탈리아의 특징을 정리한 카드입니다. 빈칸에 들어갈 대륙의 이름은 무엇입니까? ( )

> 이탈리아
> ▪위치한 대륙: [   ]
> ▪위도와 경도 범위: 북위 36°~47°, 동경 6°~18°
> ▪영토 크기: 약 30만 1,333 km²
> ▪주요 영토 모양: 남북으로 긴 장화 모양
> ▪주변에 있는 대양: 대서양
> ▪주변에 있는 나라: 북쪽에는 스위스와 오스트리아, 서쪽에는 프랑스가 위치함.
> ▪문화유산: 콜로세움, 피사의 사탑 등

① 유럽   ② 아시아   ③ 오세아니아
④ 남아메리카   ⑤ 북아메리카

06 다음에서 설명하는 대륙으로 알맞은 것은 어느 것입니까? (   )

> • 두 번째로 큰 대륙이다.
> • 알제리, 이집트 등이 속한 대륙이다.
> • 세계 최대 사막인 사하라 사막이 있다.

① 유럽　　　　② 아시아　　　③ 아프리카
④ 남아메리카　⑤ 북아메리카

07 세계의 다양한 기후에 대한 설명으로 알맞은 것은 어느 것입니까? (   )

① 냉대 기후 지역에서는 계절의 변화가 없다.
② 건조 기후는 연평균 강수량이 1000㎜ 이상이다.
③ 한대 기후는 일 년 내내 평균 기온이 매우 낮다.
④ 열대 기후는 일 년 내내 기온이 높고 강수량이 적은 편이다.
⑤ 온대 기후는 대체로 기온이 온화하고 강수량이 많아 사람이 비교적으로 적게 산다.

08 고산 기후에 대한 설명으로 알맞지 <u>않은</u> 것은 어느 것입니까? (   )

① 고산 기후 지역에도 도시가 발달할 수 있다.
② 해발 고도가 높은 곳에서 나타나는 기후이다.
③ 주변의 해발 고도가 낮은 지역보다 기온이 높다.
④ 적도 부근의 고산 기후 지역에서는 감자와 옥수수를 재배한다.
⑤ 적도 부근의 고산 기후 지역은 봄과 같이 온화하여 사람들이 많이 모여 산다.

09 다음 지도에 색칠된 지역 사람들의 생활 모습으로 알맞은 것은 어느 것입니까? (   )

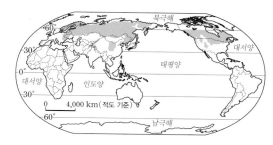

① 전통적으로 화전 농업을 하고 있다.
② 커피, 바나나 등의 열대 작물을 재배한다.
③ 사계절이 비교적 뚜렷하고, 기온이 온화하다.
④ 침엽수가 널리 분포하여 목재와 펄프 산업이 발달했다.
⑤ 사람들은 사냥을 통해 얻은 고기와 생선을 주로 먹는다.

10 다음과 같은 생활 모습을 볼 수 있는 기후 지역은 어디입니까? (   )

▲ 순록 유목

▲ 송유관

① 열대 기후　　　② 건조 기후
③ 온대 기후　　　④ 냉대 기후
⑤ 한대 기후

11 다음 집의 특징으로 알맞은 것을 <u>두 가지</u> 고르시오.
(,)

▲ 건조 기후 지역의 흙집

① 날씨가 무덥기 때문에 벽을 얇게 만든다.
② 주변에서 구하기 쉬운 흙으로 집을 짓는다.
③ 땅속 깊이 기둥을 박고, 그 위에 집을 짓는다.
④ 창을 작게 만들어 모래바람과 밤의 추위에 대비한다.
⑤ 무더위와 해충으로 인한 피해를 줄이기 위해 땅에서 띄워서 집을 짓는다.

12 다음 친구들의 대화를 통해 알 수 있는 사실로 알맞은 것은 어느 것입니까? ( )

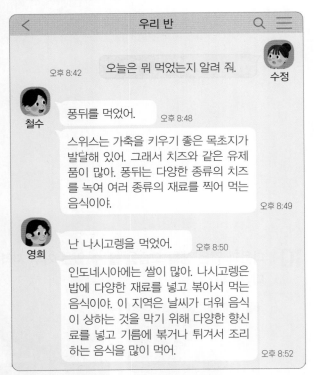

우리 반

수정
오후 8:42
오늘은 뭐 먹었는지 알려 줘.

철수
퐁뒤를 먹었어. 오후 8:48

스위스는 가축을 키우기 좋은 목초지가 발달해 있어. 그래서 치즈와 같은 유제품이 많아. 퐁뒤는 다양한 종류의 치즈를 녹여 여러 종류의 재료를 찍어 먹는 음식이야.
오후 8:49

영희
난 나시고렝을 먹었어. 오후 8:50

인도네시아에는 쌀이 많아. 나시고렝은 밥에 다양한 재료를 넣고 볶아서 먹는 음식이야. 이 지역은 날씨가 더워 음식이 상하는 것을 막기 위해 다양한 향신료를 넣고 기름에 볶거나 튀겨서 조리하는 음식을 많이 먹어.
오후 8:52

① 음식은 환경의 영향을 받는다.
② 나라마다 구할 수 있는 식재료가 같다.
③ 음식은 지역의 인구수에 영향을 받는다.
④ 나라마다 음식을 조리하는 방법이 같다.
⑤ 주변에서 구하기 어려운 재료로 음식을 만든다.

13 세계 여러 나라의 다양한 생활 모습을 대하는 태도로 알맞지 <u>않은</u> 것은 어느 것입니까? ( )

① 다른 나라의 생활 모습을 이해한다.
② 서로 다른 생활 모습을 존중하고 배려한다.
③ 우수한 우리나라의 생활 모습을 무조건 따르게 한다.
④ 다른 나라의 생활 모습을 보고 옳고 그름을 평가하지 않는다.
⑤ 다양한 생활 모습들이 모두 고유한 가치를 가지고 있음을 안다.

14 우리나라와 이웃 나라 사람들의 생활 모습에 대한 설명으로 알맞지 <u>않은</u> 것은 어느 것입니까? ( )

▲ 대한민국

▲ 중국

▲ 일본

▲ 러시아

① 러시아는 포크와 칼을 사용한다.
② 중국, 일본의 식사 도구는 우리나라와 비슷하다.
③ 우리나라, 중국, 일본은 젓가락을 사용하지만 그 모양은 조금씩 다르다.
④ 우리나라는 이웃 나라와 자연환경과 인문환경이 달라 음식에는 비슷한 모습을 발견할 수 없다.
⑤ 비슷한 생활 모습은 지리적으로 가까워 오래전부터 서로 영향을 주고받았기 때문에 나타난다.

15 다음 설명에 해당하는 나라는 어디입니까? ( )

> • 수도는 모스크바이다.
> • 우리나라의 북쪽에 위치하고 있다.
> • 영토가 동서로 길며, 세계에서 가장 넓다.
> • 고위도에 위치하여 냉대 기후가 널리 나타난다.

① 독일   ② 몽골   ③ 러시아
④ 베트남   ⑤ 사우디아라비아

16 오른쪽과 같이 우리나라가 이웃 나라와 함께 문제를 해결하는 까닭은 무엇입니까? ( )

▲ 우리나라에서 중국 사막에 나무를 심는 모습

① 정치적인 교류를 위해
② 각국의 우호 증진을 위해
③ 서로의 문화를 친숙하게 하기 위해
④ 활발한 교류를 통해 경제적으로 성장하기 위해
⑤ 한 나라만의 노력으로 해결할 수 없는 문제이기 때문에

17 다음 자료를 통해 알 수 있는 내용으로 알맞지 않은 것은 어느 것입니까? ( )

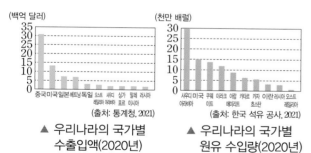

▲ 우리나라의 국가별 수출입액(2020년)   ▲ 우리나라의 국가별 원유 수입량(2020년)

① 우리나라는 여러 나라에서 원유를 수입한다.
② 우리나라와 경제적 교역이 가장 많은 나라는 미국이다.
③ 베트남은 우리나라와 경제적으로 교류가 비교적 많은 편이다.
④ 우리나라는 사우디아라비아에서 원유를 가장 많이 수입한다.
⑤ 우리나라는 지리적으로 멀리 떨어진 나라와도 활발히 교류를 한다.

18 다음과 같은 특징을 가진 나라는 어디입니까? ( )

면적	남한 넓이의 약 3배
인구	남한 인구의 약 2배
기후	대체로 덥고 습한 편임.
위치	아시아 동남쪽에 위치함.
특징	• 영토가 남북으로 길게 뻗음. • 세계적인 쌀 수출국임. • 우리나라 기업들이 많이 진출함. • 우리나라와 무역을 많이 하는 나라임.

① 독일   ② 중국   ③ 브라질
④ 베트남   ⑤ 사우디아라비아

19 미국에 대한 설명으로 알맞지 않은 것은 어느 것입니까? ( )

① 각종 지하자원과 에너지 자원이 풍부하다.
② 농업, 상업, 공업 등 다양한 산업이 발달하였다.
③ 우리나라와 경제 분야에만 밀접한 관계를 맺고 있다.
④ 북쪽으로는 캐나다, 남쪽으로는 멕시코와 국경을 접하고 있다.
⑤ 인구가 세계에서 세 번째로 많고, 여러 인종과 민족이 살고 있다.

20 우리나라와 세계 여러 나라의 상호 의존 관계에 대한 설명으로 알맞은 것은 어느 것입니까? ( )

① 오늘날 교통·통신 기술의 발달로 물자 이동이 편리해졌다.
② 나라마다 환경이 달라 서로 필요한 도움을 주고받을 수 없다.
③ 활발한 교류를 통해 세계적으로 우리나라의 영향력은 약화되고 있다.
④ 우리나라는 세계 여러 나라와 군사적 측면에만 활발하게 교류하고 있다.
⑤ 한류 상품의 수출 지역은 문화적으로 비슷한 점이 있는 아시아에 한정되어 있다.

서술형 평가 1단원

[01~02] 다음 자료를 보고, 물음에 답하시오.

▲ 지구본　　　　　　▲ 세계 지도

01 다음 ㉠, ㉡에 들어갈 알맞은 자료를 위에서 찾아 쓰시오.

> • 은수: (㉠)에 가고 싶은 나라를 표시하고 선으로 이어 보니 여행 경로를 한눈에 볼 수 있어서 좋았어.
> • 영진: 우리나라의 반대편에 있는 나라가 어느 나라인지 알아볼 때는 (㉡)을/를 사용하는 것이 편리했어.

㉠: (　　　　　　), ㉡: (　　　　　　)

02 위의 두 자료의 공통적인 장점을 쓰시오.

_____

03 다음 글에서 사루가 잃어버린 집을 찾기 위해 활용했을 공간 자료와 그렇게 생각한 까닭을 쓰시오.

> 어린 나이에 집을 잃어버린 사루는 25년 만에 집으로 가는 길을 찾기 시작한다. 그 당시의 기차 속력과 시간을 이용하여 수색 반경을 설정하였다. 어렴풋이 기억하고 있는 기차역의 모습, 단편적인 기억에 의존해서 그 역 주변을 하나하나 조사하기 시작했다. 사루는 작업을 시작한지 3년 만에 결국 집을 찾아냈고, 다시 가족들과 만나게 된다.
>
> −영화 「라이언」 −

(1) 활용한 공간 자료: (　　　　　　)

(2) 그 공간 자료를 활용했다고 생각하는 까닭:

_____

04 다음을 보고, 물음에 답하시오.

(1) 우리나라가 속해 있는 대륙의 이름을 쓰시오.

(　　　　　　)

(2) ㉠ 대양의 이름과 특징을 쓰시오.

• 이름: _____

• 특징: _____

05 다음을 보고, 물음에 답하시오.

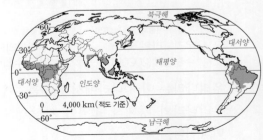

(1) 위 지도에 표시된 지역의 기후를 쓰시오.

(　　　　　　)

(2) 위 기후 지역의 특징을 두 가지 이상 쓰시오.

_____

[06~07] 다음 사진을 보고, 물음에 답하시오.

▲ 몽골

▲ 노르웨이

06 위 두 지역에서 나타나는 공통적인 생활 모습을 쓰시오.

_____

07 몽골 지역에서 오른쪽과 같은 집을 짓는 까닭을 **06**의 답과 관련 지어 쓰시오.

▲ 게르

_____

08 다음을 보고 세계 여러 나라의 생활 모습을 대하는 바람직한 태도를 보기 에서 고른 낱말을 이용하여 서술하시오.

아프리카의 가나에서는 장례를 치를 때 음악을 틀고 춤을 추기도 한다.

유럽의 에스파냐에서는 사람들이 점심을 먹고 한두 시간 동안 낮잠을 자거나 가게 문을 닫고 쉰다.

보기

문화, 환경, 가치, 고유, 이해, 존중

09 우리나라와 중국과 일본의 생활 모습에서 비슷한 부분이 많은 까닭은 무엇인지 아래 지도와 관련하여 쓰시오.

_____
_____

10 다음 자료를 살펴보고, 우리나라가 세계 여러 나라들과 활발하게 교류하는 까닭은 무엇인지 쓰시오.

오스트레일리아로부터 철광석을 수입함.

G20 정상 회의에서 국제 문제를 논의함.

우리나라 기업이 싱가포르에 건물을 지음.

_____

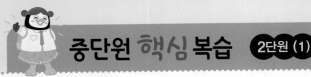
1 우리 땅 독도

(1) **독도의 위치**: 우리나라 영토의 동쪽 끝(북위 37°, 동경 132° 근처)에 위치하며, 동해의 중심에 있어 교통과 군사적으로 중요함.

(2) **독도의 자연환경**
- 화산 활동으로 만들어진 화산섬으로, 독특한 지형과 경관을 지녔음.
- 동도와 서도 두 개의 큰 섬과 그 주위의 크고 작은 89개의 바위섬으로 이루어짐.
- 다양한 동식물이 서식하는 생태계의 보고로 천연기념물로 지정됨.
- 차가운 바닷물과 따뜻한 바닷물이 만나는 곳으로, 먹이가 풍부하여 다양한 해양 생물이 살고 있음.
- 독도 주변 바다에는 경제적 가치가 높은 해양 심층수가 있고 바다 밑에는 가스 하이드레이트가 묻혀 있음.

(3) **독도 관련 우리나라의 옛 기록과 지도**

『세종실록지리지』 (1454년)	무릉(울릉도)과 우산(독도)이 동쪽 바다에 있으며 강원도에 속한 섬이라고 기록됨.
「팔도총도」 (1531년)	현재 남아 있는 우리나라 옛 지도 중 독도(우산도)가 표기된 가장 오래된 지도임.
대한 제국 칙령 제41호(1900년)	석도(독도)를 울도군(울릉도)의 관할 구역으로 둠.

(4) **독도 관련 다른 나라의 옛 기록과 지도**

「태정관 지령」 (1877년)	일본의 국가 문서에서 죽도(울릉도)와 일도(독도)가 일본과 관계없다는 내용이 기록됨.
「대일본전도」 (1877년)	일본이 공식적으로 일본 영토를 그린 지도로, 독도는 나타나 있지 않음.
연합국 최고 사령관 각서 제677호(1946년)	독도를 일본의 관할 지역에서 제외한다는 내용이 기록됨.

2 독도를 지키기 위한 노력

(1) **조상들의 노력**: 조선 시대에 안용복이 일본으로 건너가 독도가 우리나라 영토임을 확인하는 문서를 받아냄.

(2) **오늘날의 노력**
- 정부의 노력: 등대, 선박 접안 시설, 경비 시설 등을 설치하고 독도의 지속 가능한 이용을 위한 법률을 만들고 시행함.
- 민간단체의 노력: 독도를 잘못 소개한 정보나 자료를 찾아 수정을 요구하는 등 독도를 알리는 다양한 홍보 활동을 함. 예 반크
- 우리가 실천할 수 있는 일: 독도 홍보 포스터 그리기, 독도 사랑 운동 하기, 독도 홍보 영상 만들기, 독도 사랑 플래시 몹 참여하기 등

3 남북통일이 필요한 까닭

(1) **남북 분단으로 겪는 어려움**: 전쟁에 대한 공포·불안감, 이산가족의 슬픔, 국방비의 증가로 인한 경제적 손실, 자원의 비효율적 활용, 남북한의 언어와 문화 차이 등

(2) **통일을 하면 좋은 점**
- 전쟁에 대한 불안감을 해소할 수 있음.
- 이산가족이 서로 만날 수 있음.
- 국방비가 줄어들면 남은 비용을 국민의 삶의 질을 높이는 데 사용할 수 있음.
- 북한의 풍부한 자원과 남한의 우수한 기술력을 활용하여 경제적인 성장이 가능함.
- 한반도의 지리적 장점을 살릴 수 있음.
- 우리 민족의 전통문화를 발전시킬 수 있음.

(3) **남북통일을 위한 다양한 노력**

정치적 노력	7·4 남북 공동 성명 발표(1972년), 남북 기본 합의서 채택(1991년), 남북 정상 회담 개최(2000년, 2007년, 2018년) 등
경제적 노력	개성 공단 운영, 경의선 및 동해선 철도·도로 연결 사업 등
사회·문화적 노력	평창 동계 올림픽 남북한 선수단 공동 입장(2018년), 남북 예술단 합동 공연(2018년) 등

4 통일 한국의 모습
- 비무장 지대를 평화롭게 이용할 수 있음.
- 세계의 평화와 발전에 이바지할 수 있음.
- 전통문화를 체계적으로 관리할 수 있음.

정답과 해설 33쪽

01 우리나라 영토의 동쪽 끝에 있으며, 교통과 군사적으로 중요한 위치에 있는 섬은 어디입니까?

(   )

02 다음 (   ) 안에 알맞은 말을 쓰시오.

> 독도는 다양한 동식물이 서식하는 생태계의 보고로 (   )(으)로 지정해 보호하고 있다.

(   )

03 독도에 대한 설명으로 맞으면 ○표, 틀리면 ×표를 하시오.

(1) 독도는 한 개의 큰 섬과 주위의 크고 작은 바위섬으로 이루어져 있다. (   )

(2) 독도 주변 바다에는 먹이가 풍부하여 다양한 해양 생물이 살고 있다. (   )

04 (태정관 지령 , 세종실록지리지)에는 울릉도와 독도가 동쪽 바다에 있으며 강원도에 속한 섬이라고 표기되어 있습니다.

05 조선 시대에 일본으로 건너가 독도가 우리나라 영토임을 확인받고 돌아온 사람은 (안용복 , 이사부)입니다.

06 남북의 분단으로 헤어져 만나지 못하게 된 가족을 무엇이라고 합니까?

(   )

07 남북 분단으로 겪는 어려움에 대해 바르게 말한 친구는 누구입니까?

> • 재영: 남북한의 달라진 언어로 서로 말뜻을 이해하기 어려워.
> • 지우: 자원을 효율적으로 활용할 수 있어.

(   )

08 다음 자료를 통해 알 수 있는 남북통일이 필요한 까닭으로 알맞은 것에 ○표를 하시오.

(1) 국방비 감소 (   )

(2) 지리적 장점 활용 (   )

09 남북통일을 위한 사회 · 문화적 노력에는 (남북 정상 회담 개최 , 남북 예술단 합동 공연) 등이 있습니다.

10 통일 한국의 모습에 대한 설명으로 맞으면 ○표, 틀리면 ×표를 하시오.

(1) 전쟁에 대한 불안감이 해소된다. (   )

(2) 국방비 증가로 경제적 부담이 늘어난다. (   )

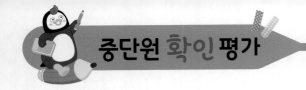

01 독도에 대한 설명으로 알맞지 <u>않은</u> 것은 어느 것입니까? (   )

① 우리나라 영토의 동쪽 끝에 있다.
② 화산 활동으로 이루어진 화산섬이다.
③ 교통과 군사적으로 중요한 위치에 있다.
④ 독도 주변은 차가운 바닷물만 흘러 해양 생물이 살기 힘들다.
⑤ 주변 바닷속에는 경제적 가치가 높은 지하 자원이 묻혀 있다.

02 다음에서 설명하는 자원은 무엇인지 쓰시오.

> 독도 주변 바다에 매장되어 있는 자원으로, 천연가스와 물이 결합하여 형성된 것이다. 미래의 새로운 자원으로 주목받고 있다.

(   )

03 다음 자료를 보고 알 수 있는 사실로 알맞은 것은 어느 것입니까? (   )

연합국 최고 사령관 각서 제677호(1946년)

"울릉도, 리앙쿠르암(독도)과 제주도는 일본 영역에서 제외된다."

① 독도를 울릉도의 관할 구역으로 두었다.
② 독도는 한 개의 큰 섬으로 이루어져 있다.
③ 독도에서 울릉도보다 오키섬이 더 가깝다.
④ 독도가 한국 땅이라고 국제적으로 인정받았다.
⑤ 울릉도와 독도는 날씨가 맑으면 서로를 볼 수 있었다.

04 다음 자료를 보고, 조선 시대에 안용복이 독도를 지키기 위해 한 일을 쓰시오.

▲ 죽도(울릉도) 도해 금지령

일본 정부가 일본 어민에게 울릉도와 독도 주변에서 고기잡이하는 것을 금지하는 명령을 내렸다.

_____

_____

05 독도를 지키기 위한 노력으로 알맞지 <u>않은</u> 것은 어느 것입니까? (   )

① 독도와 관련된 법률을 만들었다.
② 독도를 지키는 독도 경비대를 만들었다.
③ 독도에 등대나 선박 접안 시설을 설치했다.
④ 독도를 잘못 소개한 정보를 찾아 수정을 요구한다.
⑤ 남북 정상 회담 개최를 추진하여 독도를 분할하여 관리한다.

06 다음 ㉠에 들어갈 옛 지도는 무엇인지 쓰시오.

독도가 우리나라 영토임을 알 수 있는 옛 지도가 있습니까?

현존하는 우리나라 옛 지도 중 독도가 표기된 가장 오래된 지도로 (㉠)이/가 있습니다. 실제와 달리 독도를 울릉도의 서쪽에 그린 것을 찾아볼 수 있습니다.

( )

07 남북 분단으로 겪는 어려움을 바르게 말한 친구는 누구입니까? ( )

① 지영: 이산가족이 서로 만날 수 있어.
② 호민: 자유롭게 국토를 이용할 수 있어.
③ 예나: 전쟁에 대한 불안감에서 벗어날 수 있어.
④ 동진: 국방비의 비율이 높아 경제적으로 손실이야.
⑤ 상아: 남북한의 자원을 효율적으로 활용할 수 있어.

08 남북통일을 위한 사회·문화적 노력과 관련 있는 것은 어느 것입니까? ( )

① 개성 공단 운영
② 남북 정상 회담 개최
③ 남북 예술단 합동 공연
④ 경의선 철도 연결 사업
⑤ 남북 기본 합의서 채택

09 다음 선생님의 질문에 대한 학생의 대답으로 알맞지 않은 것은 어느 것입니까? ( )

- 선생님: 남한과 북한의 바람직한 통일 방법은 무엇일까요?
- 학생:

① 상대를 존중하고 신뢰해야 합니다.
② 많은 대화를 통해 통일해야 합니다.
③ 전쟁을 통해 무력으로 통일을 해야 합니다.
④ 통일 이전부터 남북 교류를 늘려야 합니다.
⑤ 협력을 통해 평화적으로 통일해야 합니다.

10 통일 한국은 어떤 모습일지 예측하여 쓰시오.

_____

_____

❶ 지구촌 갈등의 모습과 원인

(1) **지구촌 갈등의 원인**: 영역, 민족, 자원, 종교, 정치, 문화, 인종 차이 등 다양한 원인이 복합적으로 얽혀 있음.

(2) **지구촌의 다양한 갈등 사례**

팔레스타인 분쟁	• 이스라엘과 팔레스타인이 하나의 지역을 서로 자신의 땅이라고 주장하고 있음. • 종교(유대교–이슬람교)가 달라 서로를 받아들이기 힘듦. • 오랜 분쟁으로 감정이 악화됨.
시리아 내전	독재 정치와 종교 문제로 크고 작은 내전이 계속되고 있음.
에티오피아 내전	종교와 언어 등 문화가 서로 다른 민족들이 하나의 나라로 묶여 있어 갈등이 나타남.
남중국해 분쟁	• 남중국해는 중국, 베트남, 타이완, 필리핀, 말레이시아, 브루나이에 둘러싸인 바다임. • 이곳에 있는 스프래틀리 군도는 무역 항로로 중요한 가치를 지니며 석유와 천연가스가 바다 밑에 묻혀 있어 서로 자기 섬이라고 주장하고 있음.
카슈미르 분쟁	인도와 파키스탄이 영국으로부터 독립할 때, 이슬람교도가 대부분인 카슈미르 지역이 힌두교도 중심의 인도에 속하면서 갈등이 나타남.

❷ 지구촌 갈등 해결을 위해 실천할 수 있는 방법

(1) **지구촌 평화와 발전을 위해 노력해야 하는 까닭**: 지구촌 갈등은 여러 국가가 연결되어 있어 해결하기 어려우므로 여러 나라가 함께 노력해야 함.

(2) **우리 생활에서 실천할 수 있는 방법**
• 지구촌 갈등 문제에 관심을 갖고 정보 찾아보기
• 누리 소통망 서비스(SNS)에 지구촌 갈등에 관련된 글이나 영상 올리기
• 지구촌 갈등 문제를 알리고 해결하려는 활동에 참여하기 예 서명 운동, 모금 활동, 캠페인 활동 등

❸ 지구촌 갈등 해결을 위한 노력

(1) **개인의 노력**
• 지구촌 갈등 문제에 관심을 가지고 문제 해결에 참여해야 함.

• 지구촌 평화를 위해 노력한 인물: 이태석, 넬슨 만델라, 말랄라 유사프자이, 조디 윌리엄스 등이 있음.

(2) **국가의 노력**
• 갈등 해결을 위하여 국제기구 활동에 참여함.
• 다양한 외교 활동을 통하여 국가 간 갈등 해결에 협력함.
• 우리나라의 노력: 국제 연합 평화 유지군 파견, 한국 국제 협력단(KOICA) 운영, 지구촌 평화를 위한 외교 활동, 국제기구 활동 참여, 공적 개발 원조 등의 노력을 하고 있음.

(3) **국제기구의 노력**
• 국제 연합(UN): 지구촌의 평화 유지와 전쟁 방지, 국제 협력 증진 등을 위해 만들어진 국제기구임.
• 국제 연합(UN) 산하 전문 기구

국제 연합 아동 기금 (UNICEF)	질병 예방, 교육, 어린이 보호 등 어린이의 권리 향상을 위한 활동을 함.
국제 연합 교육 과학 문화 기구(UNESCO)	교육, 과학, 문화 교류를 통해 세계 평화를 추구함.
국제 연합 난민 기구 (UNHCR)	난민의 안전, 인권 등 난민 문제를 해결하기 위해 힘씀.
국제 연합 세계 식량 계획(WFP)	재난이 발생한 곳에 식량을 지원하는 일을 함.

• 국제기구의 필요성: 지구촌 갈등은 한 나라나 개인의 힘만으로는 해결하기 어렵기 때문임.

(4) **비정부 기구의 노력**: 비정부 기구는 지구촌의 여러 문제를 해결하기 위해 뜻이 비슷한 개인들이 모여 활동하는 단체임.

국경 없는 의사회	인종, 종교, 민족 등과 관계없이 치료가 필요한 사람들에게 의료 지원을 함.
세이브 더 칠드런	모든 아동의 생존과 보호를 위해 교육, 의료 등의 분야에서 다양한 지원을 함.
그린피스	지구 환경을 보호하고 평화를 지키기 위한 여러 가지 캠페인을 함.
해비타트	가난, 전쟁, 재해 등으로 고통받는 사람들의 주거 환경을 개선하는 활동을 함.
국제 앰네스티	사형 폐지, 난민 보호 등 인권을 보장하고 존중하기 위한 활동을 함.

정답과 해설 34쪽

01 팔레스타인과 한 지역을 서로 자신의 땅이라고 주장하며 오랫동안 갈등이 있는 나라는 어디입니까?

(   )

02 다음 내용이 맞으면 ○표, 틀리면 ×표를 하시오.

(1) 지구촌 곳곳에서는 영역, 민족, 자원, 종교 등의 이유로 갈등이 일어나고 있다.   (   )

(2) 지구촌 갈등이 일어나는 원인은 하나만 존재한다.   (   )

03 다음에서 설명하는 국제기구는 무엇입니까?

> 지구촌의 평화 유지와 전쟁 방지, 인권 보장 등을 위해 1945년에 만들어진 국제기구이다.

(   )

04 다음 (   ) 안에 들어갈 알맞은 말을 쓰시오.

> (   )은/는 난민의 안전, 인권 등 난민 문제를 해결하기 위해 노력하는 국제기구이다.

(   )

05 지구촌의 여러 문제를 해결하기 위해 뜻이 비슷한 개인들이 모여 활동하는 단체를 (비정부 기구 , 국제기구)라고 합니다.

06 다음에서 설명하는 비정부 기구의 이름을 쓰시오.

> 우리는 지구 환경을 보호하고 평화를 지키기 위해 해양 보호, 고래잡이 방지 등의 활동을 하고 있어요.

(   )

07 사형 폐지, 난민 보호 등 모든 사람의 인권이 보장되고 존중받는 사회를 만들기 위해 노력하는 비정부 기구의 이름은 무엇입니까?

(   )

08 다음 (   ) 안에 들어갈 알맞은 말을 쓰시오.

> 우리나라는 국제 연합(UN)의 요청으로 (   )을/를 파견하여 분쟁 지역의 평화를 위해 힘쓰고 있다.

(   )

09 남수단에서 의료와 교육 활동을 펼쳐 지구촌의 평화에 이바지한 사람은 (이태석 , 넬슨 만델라)입니다.

10 다음 내용이 맞으면 ○표, 틀리면 ×표를 하시오.

(1) 지구촌 갈등을 해결하는 데 개인의 관심과 참여는 큰 의미가 없다.   (   )

(2) 많은 국가가 다양한 국제기구에 참여하여 국제 협력과 평화를 위해 노력하고 있다.   (   )

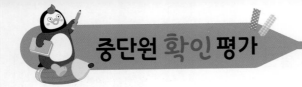

01 다음 자료를 통해 알 수 있는 이스라엘과 팔레스타인의 갈등 원인으로 관련이 깊은 것을 두 가지 고르시오. (,   )

> 20○○년 ○○월 ○○일
>
> ―――――――――――
>
> "이스라엘 vs 팔레스타인" 끝나지 않는 분쟁
>
> 1948년에 시작된 이스라엘과 팔레스타인의 갈등은 지금까지 계속되고 있다. 유대교를 믿는 이스라엘과 이슬람교를 믿는 팔레스타인은 서로 한 지역을 자신의 땅이라고 주장하고 있다. 현재도 이러한 갈등으로 많은 사람이 다치고 고통을 겪고 있다.

① 영토 갈등
② 자원 갈등
③ 종교 갈등
④ 언어 갈등
⑤ 무역 갈등

02 다음과 같은 지구촌 갈등을 겪고 있는 지역으로 알맞은 곳은 어디입니까? (   )

> 이 지역은 주민 대부분이 이슬람교를 믿고 있지만, 힌두교도 중심의 인도에 속하게 되면서 갈등이 나타났다.

① 미얀마
② 카슈미르
③ 남중국해
④ 이스라엘
⑤ 팔레스타인

03 지구촌 갈등에 대해 바르게 설명한 친구는 누구입니까? (   )

① 하윤: 한 가지 원인으로만 나타나.
② 민기: 짧은 시간 안에 해결할 수 있어.
③ 지은: 오늘날 사람들은 지구촌 갈등에 관심이 없어.
④ 재영: 국제기구만이 갈등 해결을 위해 노력하고 있어.
⑤ 은아: 여러 국가와 연결되어 있어 한 나라의 힘만으로는 문제를 해결하기 어려워.

04 다음을 보고, 지구촌 갈등 해결을 위해 우리가 실천할 수 있는 방법을 한 가지 쓰시오.

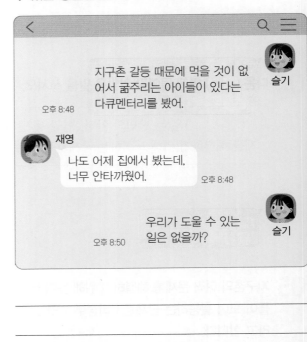

_____

_____

_____

05 다음에서 설명하는 인물은 누구인지 쓰시오.

> 남아프리카 공화국에서 인종 차별 정책에 반대하며 흑인의 인권을 위해 힘썼다. 1993년 자유와 인권, 평화의 가치를 높인 공로를 인정받아 노벨 평화상을 수상했다.

(   )

06 다음 밑줄 친 곳에 들어갈 알맞은 내용을 쓰시오.

> 말랄라 유사프자이는 "여성도 _____" 라고 주장하며 누리 소통망 서비스(SNS)를 이용해 탈레반 점령 지역의 생활과 여학생 교육의 문제점을 알렸다.

_____

_____

_____

07 국제 연합(UN)에 대한 설명으로 알맞지 <u>않은</u> 것은 어느 것입니까? (   )

① 전쟁 방지를 위해 힘쓴다.
② 국제 협력 증진을 위해 노력한다.
③ 지구촌 문제 해결을 위한 단체이다.
④ 한 국가만 중심이 되어 만든 단체이다.
⑤ 지구촌의 평화 유지를 위한 활동을 한다.

08 다음 소개 카드를 보고, ㉠에 들어갈 알맞은 말을 쓰시오.

명칭	㉠
활동 분야	교육, 과학, 문화 등
주요 활동	• 국제 연합 산하 기구이다. • 교육, 과학, 문화 교류 활동을 한다. • 문맹이 없도록 사람들을 교육하거나 인권을 보호하는 활동을 한다. • 가치 있는 세계 유산을 보존하는 일을 한다.

(   )

09 다음 단체들의 공통점으로 알맞은 것은 어느 것입니까? (   )

> 그린피스   국경 없는 의사회   해비타트

① 여러 국가가 모여서 만든 단체이다.
② 특정 국적의 사람들만 가입할 수 있다.
③ 개인의 이익을 위해 활동하는 단체이다.
④ 다른 나라와 외교 활동을 하려고 만든 조직이다.
⑤ 뜻이 같은 개인들이 모여 지구촌 문제를 해결하려고 만든 단체이다.

10 지구촌 갈등 해결을 위한 우리나라의 노력으로 알맞은 것을 모두 고른 것은 어느 것입니까? (   )

> ㉠ 국제 연합 설립
> ㉡ 국제 연합 평화 유지군 파견
> ㉢ 한국 국제 협력단의 교육 봉사 활동

① ㉠   ② ㉠, ㉡
③ ㉠, ㉢   ④ ㉡, ㉢
⑤ ㉠, ㉡, ㉢

1 지구촌의 다양한 환경 문제

(1) **지구 온난화**: 지표면의 평균 기온이 올라가는 지구 온난화가 발생하여 이상 기후 현상이 나타남.

(2) **사막화**: 사막화로 식품 생산량이 줄어들고 황사가 심해지는 문제가 나타남.

(3) **열대 우림 파괴**: 무분별한 개발로 인하여 열대 우림이 파괴되어 많은 동식물의 서식지가 사라지고 있으며, 지구 온난화의 속도가 빨라짐.

(4) **해양 쓰레기**: 해양 생물들이 각종 플라스틱 쓰레기를 먹이로 착각하여 먹고, 먹이사슬을 통해 인간의 몸에 흡수되는 일이 되풀이됨.

(5) **초미세 먼지**
- 화석 연료를 사용하는 공장과 자동차 등에서 발생하는 미세 먼지로 대기가 오염되고 있음.
- 중금속 발암 물질이 다량 함유된 초미세 먼지가 증가하고 있음.

▲ 사막화　　　　▲ 바다 위 쓰레기 섬

2 지구촌 환경 문제를 해결하기 위한 노력

개인	일회용품 사용 줄이기, 에너지 절약하기, 쓰레기 분리배출하기, 대중교통 이용하기, 친환경 제품 사용하기 등
기업	친환경 제품 생산하기, 친환경 소재 개발하기, 포장재 최소화하기, 생산 과정에서 오염 물질 배출 줄이기 등
국가	신·재생 에너지 생산 시설 늘리기, 친환경 정책 및 법령 마련하기, 환경에 좋지 않은 생산이나 소비 규제하기 등
세계	환경 보호 관련 국제 규약이나 협약 체결하기(예 파리 협정 등), 지구촌 환경 캠페인 활동하기(예 전등 끄기, 차 없는 날) 등

3 지속 가능한 미래를 만들기 위한 노력

(1) **지속 가능한 미래와 세계 시민**
- 지속 가능한 미래: 지구촌 사람들이 현재와 미래 세대의 환경을 보호하기 위해 책임감 있게 행동하여 지구촌의 지속 가능성을 높여 가는 것임.
- 세계 시민: 지속 가능한 미래를 만들기 위해 지구촌의 문제에 관심을 갖고 적극적으로 해결하려는 사람을 말함.

(2) **빈곤과 기아 퇴치**
- 식량이나 필요한 약, 물품 등을 공급함.
- 교육받기 어려운 사람들을 위해 학교를 짓거나 교육 환경을 개선함.
- 농업 기술을 전수하는 등 스스로 경제 활동을 할 수 있도록 다양한 노력을 함.
- 빈곤과 기아 퇴치를 위한 모금 활동, 캠페인 활동, 구호 활동 등을 지원함.

(3) **친환경적 생산과 소비의 확산**

친환경 생산	• 농사를 지을 때 화학 비료, 농약 등의 사용을 최소화함. • 신·재생 에너지를 사용하여 제품을 생산함. • 버려진 자원을 활용하여 물품을 생산함.
친환경 소비	• 친환경 방식으로 생산한 제품을 구입함. • 사용하지 않는 물건을 기부함.

(4) **문화적 편견과 차별 해소**
- 편견과 차별로 인한 문제를 해결하기 위한 제도를 마련함. 예 상담 지원 등
- 다양한 문화를 배우고 체험할 수 있는 교육을 실시함.
- 다양성을 존중하는 사회를 만들기 위한 캠페인, 홍보 활동을 함.

4 지속 가능한 미래를 위한 세계 시민으로서의 태도

(1) **세계 시민의 자세와 태도**: 지구촌 문제에 관심을 기울이고, 문제 해결에 책임감을 갖고 노력하는 자세와 태도를 지님.

(2) **세계 시민으로서 우리가 실천할 수 있는 일**: 물은 필요한 만큼만 사용하기, 가까운 거리 걸어가기, 음식 남기지 않기, 모금 활동 참여하기, 문화 존중 캠페인 참여하기 등

정답과 해설 35쪽

01 산업 발달로 화석 연료의 사용량이 늘면서 지구의 온도가 높아지는 현상을 (지구 온난화 , 사막화)라고 합니다.

02 다음 내용이 맞으면 ○표, 틀리면 ×표를 하시오.

(1) 무분별한 자원 개발과 산업 발달로 환경 문제가 일어나고 있다.   (   )

(2) 아마존 열대 우림은 친환경적인 방법으로 개발되어 잘 보존되고 있다.   (   )

03 화석 연료를 사용하는 공장과 자동차 등에서 발생하는 (초미세 먼지 , 플라스틱) 문제는 사람들의 건강을 해치고 다른 나라에도 피해를 주고 있습니다.

04 지구촌 환경 문제를 해결하기 위한 노력으로 관련된 것끼리 선을 이으시오.

(1) [개인] ·   · ㉠ 제품 포장재 줄이기

(2) [기업] ·   · ㉡ 쓰레기 분리배출하기

05 지속 가능한 미래는 지구촌 사람들이 현재와 미래 세대의 환경을 보호하기 위해 행동하며 지구촌의 지속 (가능성 , 발전성)을 높여 가는 것을 말합니다.

06 지속 가능한 미래를 만들기 위해 지구촌의 문제에 관심을 갖고 적극적으로 해결하려는 사람을 (민주 시민 , 세계 시민)이라고 합니다.

07 화학 비료나 농약 등의 사용을 최소화하여 농사를 짓는 것은 (친환경 생산 , 친환경 소비)입니다.

08 정아가 설명하는 지구촌 문제를 [보기]에서 골라 기호를 쓰시오.

정아

지구촌에는 가난으로 생활이 어렵고 먹을 것이 없어 굶주리는 사람들이 많아요.

[보기]

㉠ 기아	㉡ 사막화
㉢ 지구 온난화	㉣ 열대 우림 파괴

(   )

09 다음 내용이 맞으면 ○표, 틀리면 ×표를 하시오.

(1) 문화적 편견으로 인해 고통받는 사람이 있다.
(   )

(2) 다양한 문화를 존중하기보다 하나의 문화를 발전시켜야 한다.   (   )

10 세계 시민으로서의 태도를 바르게 실천한 사람은 누구입니까?

• 호민: 양치할 때 양치 컵을 사용했어.
• 지영: 마트에 가서 물건을 살 때 비닐봉지에 담아 왔어.

(   )

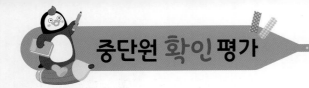
01 다음과 관련 있는 지구촌 환경 문제는 어느 것입니까? (   )

① 해양 오염
② 사막화 현상
③ 물 부족 사태
④ 미세 먼지 문제
⑤ 열대 우림 파괴

[02~03] 다음 자료를 보고, 물음에 답하시오.

2000년 ○○월 ○○일

편리한 이것, 환경을 위협하다!

우리가 일상생활에서 편리하게 쓰는 이것으로 인한 환경 오염이 심각하다. 이것은 잘 썩지 않고 땅과 강, 바다를 오염시키고 생태계를 파괴시킨다.

02 밑줄 친 '이것'은 무엇인지 쓰시오.

(   )

서술형
03 위 지구촌 환경 문제를 해결하기 위해 개인이 할 수 있는 노력에는 어떤 것이 있는지 쓰시오.

_____

_____

04 지구촌 환경 문제 해결을 위한 기업의 노력으로 알맞은 것을 보기 에서 모두 고른 것은 어느 것입니까?

(   )

보기
㉠ 비닐 라벨이 없는 음료 제품 만들기
㉡ 비닐 대신 종이로 만든 포장재 사용하기
㉢ 매장 내에서 일회용품 사용 금지하는 법 만들기

① ㉠
② ㉠, ㉡
③ ㉠, ㉢
④ ㉡, ㉢
⑤ ㉠, ㉡, ㉢

05 지속 가능한 미래를 이루기 위한 노력으로 알맞은 것은 어느 것입니까? (   )

① 미래 세대를 위해 환경을 보존해야 한다.
② 미래를 위해 오늘날의 개발을 금지해야 한다.
③ 오늘날의 편리함을 위해 최대한 개발해야 한다.
④ 이미 훼손된 환경이므로 경제 개발에 최선을 다한다.
⑤ 미래 세대는 오늘날 환경을 지켜야 하는 책임이 있다.

06 빈곤과 기아에 대한 설명으로 알맞지 <u>않은</u> 것은 어느 것입니까? (   )

① 전쟁으로 인해 기아 인구가 늘어난다.
② 아프리카에서만 빈곤과 기아가 나타난다.
③ 가뭄으로 인해 빈곤과 기아를 겪기도 한다.
④ 영양 결핍으로 발육 부진을 겪는 아이들이 있다.
⑤ 가난으로 학교에 가지 못하고 일을 하는 아이들이 있다.

08 문화적 편견과 차별을 없애기 위한 노력으로 알맞지 <u>않은</u> 것은 어느 것입니까? (   )

① 자신의 문화를 기준으로 다른 문화를 평가한다.
② 다양한 문화를 이해하고 존중하는 태도를 지닌다.
③ 다양한 문화를 배우고 체험하는 행사에 참여한다.
④ 서로 다른 문화를 존중하는 사회를 위한 캠페인에 참여한다.
⑤ 편견과 차별로 고통받는 사람들을 위한 상담 서비스를 지원한다.

09 세계 시민으로서 바람직하지 <u>않은</u> 태도를 보여 준 친구는 누구입니까? (   )

① 연아: 가까운 거리는 걸어 다녀.
② 흥민: 환경 보호를 위해 분리배출을 해.
③ 자영: 물건을 살 때 친환경 인증 마크를 확인해.
④ 규성: 먹을 만큼만 배식 받아 급식을 남기지 않아.
⑤ 하율: 종교적인 이유로 소고기를 먹지 않는 친구는 이상하다고 생각해.

07 다음 자료를 보고 (   ) 안에 공통으로 들어갈 알맞은 말을 쓰시오.

제가 믿는 종교를 이야기하면 무섭다고 저를 피해요.

나와 익숙하지 않은 것에 대해 한쪽으로 치우친 생각을 (   )(이)라고 하며, (   )을/를 가지면 다른 사람을 차별하게 된다.

(   )

10 다음 친구에게 세계 시민으로서 해 줄 수 있는 말을 쓰시오.

왜 더럽게 맨손으로 밥을 먹지?

_____

_____

_____

01 다음 지도를 통해 알 수 있는 독도의 위치에 대한 설명으로 알맞지 <u>않은</u> 것은 어느 것입니까? (   )

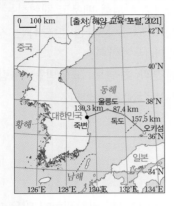

① 독도는 동해 중심 쪽에 있다.
② 독도는 우리나라의 동쪽 끝에 있다.
③ 독도는 우리나라보다 일본에 더 가깝다.
④ 독도와 울릉도 사이의 거리는 87.4㎞이다.
⑤ 독도는 북위 37°, 동경 132°에 가까이 위치한다.

02 다음 자료를 통해 알 수 있는 사실로 알맞은 것은 어느 것입니까? (   )

> 대한 제국 칙령 제41호 제2조(1900년)
>
> "(울릉) 군청의 위치는 태하동으로 정하고 구역은 울릉전도(鬱陵全島)와 죽도(지금의 댓섬), 석도(지금의 독도)를 관할할 것."

① 독도가 강원도에 속한 섬이라는 기록이 있다.
② 국제적으로 독도를 우리나라 땅이라고 인정받았다.
③ 울릉도에 울릉군청을 두고 독도까지 맡도록 하였다.
④ 일본이 독도를 우리나라 땅이라고 공식적으로 인정했다.
⑤ 우리나라 사람들은 독도를 우리나라 땅이라고 생각하지 않았다.

03 독도의 자연환경에 대한 설명으로 알맞지 <u>않은</u> 것은 어느 것입니까? (   )

① 독도 봉우리의 경사는 완만한 것이 특징이다.
② 독도는 독특한 지형과 경관이 특징인 화산섬이다.
③ 독도에는 한반도 모양을 닮은 한반도 바위가 있다.
④ 독도 주변 바다는 먹이가 풍부해서 여러 해양 생물들이 살기 좋다.
⑤ 독도 주변 바다의 밑바닥에는 미래 에너지원인 가스 하이드레이트가 묻혀 있다.

04 독도의 가치에 대한 설명으로 알맞지 <u>않은</u> 것은 어느 것입니까? (   )

① 군사적으로 중요한 위치에 있다.
② 우리나라 영역을 설정할 때 중요한 위치이다.
③ 눈이 많이 내려 스키장을 찾는 관광객이 많다.
④ 다양한 동식물이 서식하여 생태적 가치가 크다.
⑤ 독도 주변에는 자원이 많아 경제적 가치가 높다.

05 다음 자료와 관련하여 남북통일이 필요한 까닭을 가장 바르게 설명한 친구는 누구입니까? (   )

① 은철: 이산가족이 서로 만날 수 있어.
② 재영: 전쟁에 대한 불안감에서 해소될 수 있어.
③ 수지: 육로를 통해 다른 나라와 교류할 수 있어.
④ 호민: 우리 민족의 전통문화를 발전시킬 수 있어.
⑤ 지웅: 국방비가 줄게 되어 남는 비용으로 국민의 복지에 힘쓸 수 있어.

06 다음 보기 를 보고, 남북통일을 위한 정부의 노력을 기준에 따라 바르게 짝지은 것은 어느 것입니까?
( )

보기

	㉠	㉡	㉢
	평창 동계 올림 픽 남북한 선수 단 공동 입장	남북 정상 회담	경의선·동해 선 연결 및 현 대화

	정치적 노력	경제적 노력	사회·문화적 노력
①	㉠	㉡	㉢
②	㉠	㉢	㉡
③	㉡	㉠	㉢
④	㉡	㉢	㉠
⑤	㉢	㉡	㉠

07 통일 이후 우리 생활의 변화에 대한 설명으로 알맞지 않은 것은 어느 것입니까? ( )

① 기차를 타고 유럽 여행을 떠날 수 있다.
② 백두산은 중국을 통해서만 방문할 수 있다.
③ 고구려와 발해의 유적지를 직접 견학할 수 있다.
④ 관광객이 증가하여 여행 관련 일자리가 늘어날 것이다.
⑤ 남한의 기술과 북한의 지하자원을 활용한 사업 이 늘어날 것이다.

08 다음 자료를 통해 알 수 있는 지구촌 갈등의 원인으로 가장 알맞은 것은 어느 것입니까? ( )

> 인도가 영국으로부터 독립할 때, 힌두교 중심 의 인도와 이슬람교 중심의 파키스탄으로 분리가 되었다. 이때 카슈미르 지역은 대부분이 이슬람 교도임에도 불구하고 인도에 속하게 되면서 갈등 이 시작되었다.

① 독재 정치　　　　② 종교 차이
③ 인종 차별　　　　④ 언어 차이
⑤ 자원 확보

09 지구촌 갈등에 대한 설명으로 알맞지 않은 것은 어느 것입니까? ( )

① 지구촌 갈등은 다양한 원인이 복합적으로 얽혀 있다.
② 지구촌 갈등은 강력한 국제법으로 해결할 수 있다.
③ 갈등을 해결하기 위해서는 여러 국가가 노력해 야 한다.
④ 일부 지역의 갈등은 주변 국가에 영향을 미치 기도 한다.
⑤ 자기 국가의 이익을 우선시하는 과정에서 나타 나기도 한다.

10 다음과 관련 있는 국제기구에 대한 설명으로 가장 알 맞은 것은 어느 것입니까? ( )

▲ 국제 연합 아동 기금(UNICEF)

① 난민의 안전과 인권을 위해 활동한다.
② 지구 환경을 보호하기 위해 설립되었다.
③ 어린이의 권리 향상을 위한 활동을 한다.
④ 교육, 문화 교류를 통해 국제 평화를 추구한다.
⑤ 재난이 발생한 곳에 식량을 지원하는 일을 한다.

11 국제 연합(UN)이 설립된 까닭으로 가장 알맞은 것은 어느 것입니까? (   )

① 사형 제도를 폐지하기 위해서
② 난민들의 인권 보호를 위해서
③ 지구촌의 평화를 지키기 위해서
④ 모든 사람이 의료 지원을 받게 하려고
⑤ 특정 국가가 세계에 영향력을 드러내기 위해서

12 ㉠~㉢에 대한 설명으로 알맞지 <u>않은</u> 어느 것입니까?
(   )

▲ 그린피스　　▲ 해비타트　　▲ 세이브 더 칠드런

① ㉠은 지구 환경을 보호하기 위한 캠페인 활동을 한다.
② ㉡은 재해로 인해 피해를 겪은 사람들의 집을 짓는 활동을 한다.
③ ㉢은 아동의 생존과 보호를 위해 다양한 지원을 한다.
④ ㉠~㉢은 국제기구이다.
⑤ ㉠~㉢은 지구촌 문제를 해결하기 위해 만들어졌다.

13 지구촌 평화를 위해 노력했다고 보기 <u>어려운</u> 인물은 누구입니까? (   )

① 안용복
② 이태석
③ 넬슨 만델라
④ 조디 윌리엄스
⑤ 말랄라 유사프자이

14 한국 국제 협력단(KOICA)에 대한 설명으로 알맞지 <u>않</u>은 것은 어느 것입니까? (   )

① 지구촌 갈등 지역에서 봉사 활동을 한다.
② 개인이 뜻을 모아 설립한 비정부 기구이다.
③ 전쟁으로 어려움에 처한 국가들을 도와준다.
④ 개발 도상국에 우리나라 선진 기술을 전해준다.
⑤ 학교에 다니지 않은 아이들이 교육받을 수 있는 환경을 마련한다.

15 다음 사진을 지구촌 환경 문제에 관한 자료로 쓰려고 할 때, 주제로 가장 어울리는 것은 어느 것입니까?
(   )

① 초미세 먼지의 피해
② 태평양 위 쓰레기 섬
③ 지속되는 사막화 현상
④ 플라스틱이 환경에 미치는 영향
⑤ 지구 온난화의 원인과 해결 방안

[16~17] 다음을 보고, 물음에 답하시오.

> ㉠ 상품 과대 포장 줄이기
> ㉡ 친환경 숟가락 생산하기
> ㉢ 물건을 살 때 장바구니 이용하기
> ㉣ 신·재생 에너지 생산 시설 더 세우기
> ㉤ 지속 가능한 미래를 위한 법 제정하기

16 지구촌 환경 문제를 해결하기 위해 개인이 노력하는 모습으로 알맞은 것은 어느 것입니까? (　　)

① ㉠
② ㉡
③ ㉢
④ ㉣
⑤ ㉤

17 기업이 환경을 보호하고자 노력하는 모습을 위에서 모두 고른 것은 어느 것입니까? (　　)

① ㉠, ㉡
② ㉠, ㉢
③ ㉡, ㉢
④ ㉠, ㉡, ㉤
⑤ ㉡, ㉢, ㉣

18 다음 사람들이 겪고 있는 문제로 알맞은 것은 어느 것입니까? (　　)

> 카심: 친구들에게 제가 믿는 종교를 이야기했더니 무섭다고 해요.
> 라흐마: 우리는 종교적인 이유로 돼지고기를 안 먹는데 사람들이 이상하게 봐요.

① 빈곤
② 기아
③ 대기 오염
④ 문화적 편견
⑤ 물 부족 문제

19 다음 지도를 보고 알 수 있는 것으로 알맞은 것은 어느 것입니까? (　　)

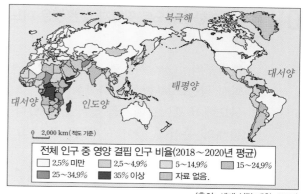

(출처: 세계 식량 계획, 2021)

▲ 세계 기아 지도

① 북아메리카의 인구가 가장 적다.
② 유럽의 영양 결핍 인구 비율이 가장 높다.
③ 아프리카에는 기아 문제를 겪는 지역이 없다.
④ 지구촌 곳곳에서 기아 문제가 나타나고 있다.
⑤ 전체 인구의 35% 이상이 영양 결핍을 겪는 지역은 없다.

20 지속 가능한 미래를 위한 세계 시민으로서의 태도를 지녔다고 볼 수 없는 친구는 누구입니까? (　　)

① 민영: 가까운 거리라도 차를 타고 가.
② 도윤: 사용하지 않는 장난감은 기증했어.
③ 세라: 다양성을 존중하는 캠페인 활동에 참여했어.
④ 재원: 사용하지 않는 가전제품의 플러그는 뽑아둬.
⑤ 연서: 영양 결핍으로 고통받는 아이들을 위해 모금 활동에 참여했어.

01 독도에 대한 설명으로 알맞지 <u>않은</u> 것은 어느 것입니까? (　　　)

① 행정구역상 경상북도에 속한다.
② 화산 활동으로 형성된 화산섬이다.
③ 독도에서 괭이갈매기를 찾아볼 수 있다.
④ 동해의 중심에 있어 군사적으로 중요한 위치이다.
⑤ 북도, 남도 두 개의 큰 섬과 크고 작은 바위섬들로 이루어져 있다.

02 다음 인터넷 누리집에 게시된 질문에 대한 답변으로 알맞지 <u>않은</u> 것은 어느 것입니까? (　　　)

똑똑In   물어보기

Q 질문자

　독도가 일본 영토라고 믿는 사람들에게 어떤 역사적 증거를 알려 주면 좋을까요?

① 세종실록지리지에 독도에 대한 기록이 있다.
② 팔도총도에 우리나라 영토로 울릉도와 독도가 그려져 있다.
③ 태정관 지령에 독도는 일본과 관계없다는 내용이 기록되어 있다.
④ 연합국 최고 사령관 각서에 독도를 일본 관할 지역으로 표기하였다.
⑤ 일본이 공식적으로 일본 영토를 그린 대일본전도에서 독도는 나타나 있지 않다.

03 다음 인물 카드에서 소개하는 인물은 누구입니까? (　　　)

이름	
시대	조선 시대
업적	• 울릉도 주변에서 불법으로 고기잡이를 하던 일본 어민들을 쫓아냄. • 두 차례 일본에 건너가 울릉도와 독도가 우리 영토임을 확인받음.

① 김구　　　　　② 안용복
③ 이사부　　　　④ 이태석
⑤ 최종덕

04 독도를 지키기 위하여 개인이 실천할 수 있는 활동이 아닌 것은 어느 것입니까? (　　　)

① 독도 캐릭터 만들기
② 독도 홍보 포스터 그리기
③ 독도에 경비 시설 설치하기
④ 독도를 홍보하는 동영상 만들기
⑤ 독도를 지키려고 노력하는 단체 소개하기

05 다음 자료와 관련된 남북 분단의 어려움으로 알맞은 것은 어느 것입니까? (　　　)

북에 계신 어머니를 뵙고 싶어.

① 이산가족의 슬픔
② 전쟁에 대한 공포
③ 달라진 언어와 문화
④ 국토의 비효율적 활용
⑤ 국방비 증가로 인한 경제적 손실

06 다음 자료와 관련하여 남북통일의 필요성으로 알맞은 것은 어느 것입니까? (   )

북한의   남한의   값싸고 질 좋은
철광석   기술력   철강 제품

① 이산가족이 서로 만날 수 있다.
② 남북의 자원을 효율적으로 이용할 수 있다.
③ 우리 민족의 전통문화를 발전시킬 수 있다.
④ 육로를 통해 다른 나라와 교류가 활발해진다.
⑤ 전쟁에서 벗어나 세계 평화에 이바지할 수 있다.

07 남북통일을 위한 정부의 경제적 노력으로 알맞은 것은 어느 것입니까? (   )

① 남북 예술단이 합동 공연을 했다.
② 남북 정상이 만나 한반도 평화를 위해 노력했다.
③ 평창 동계 올림픽에서 남북한 선수단이 함께 입장하였다.
④ 남북 화해, 협력 등의 내용이 담긴 남북 기본 합의서가 채택되었다.
⑤ 남한의 자본과 기술력에 북한의 노동력이 결합한 개성 공단이 운영되었다.

08 남북통일의 바람직한 방향으로 알맞은 것은 어느 것입니까? (   )

① 군대를 앞세워 무력으로 통일한다.
② 경제적으로 잘사는 나라를 중심으로 통일한다.
③ 전쟁을 통해 이기는 나라를 중심으로 통일한다.
④ 이산가족을 위해 준비 없이 무조건 빨리 통일한다.
⑤ 상대를 존중하고 대화를 통해 평화적으로 통일한다.

09 다음 지구촌 갈등이 일어난 원인으로 가장 알맞은 것은 어느 것입니까? (   )

> 시리아에서 권위주의 정부에 반대하는 시민들이 시위를 벌였다. 그러자 시리아 정부는 시위를 무력으로 진압하였고, 시민들은 반정부군을 만들어 정부에 맞섰다. 이 과정에서 많은 사람들이 죽거나 다치고, 시리아를 떠나 주변국을 떠도는 난민으로 살고 있다.

① 자원 다툼
② 영토 문제
③ 독재 정치
④ 언어 차이
⑤ 인종 차별

10 소라가 지구촌 갈등을 평화롭게 해결하기 위해 실천하고 있는 방법으로 가장 알맞은 것은 어느 것입니까? (   )

① 지구촌 문제 해결을 위한 행사 참여하기
② 지구촌 문제에 관심을 갖고 정보 찾아보기
③ 지구촌 갈등 해결을 위한 홍보 동영상 만들기
④ 누리 소통망 서비스(SNS)로 지구촌 문제에 대해 알리기
⑤ 지구촌 갈등으로 어려움을 겪는 사람들을 돕는 모금 활동하기

11 다음과 관련 있는 국제기구로 알맞은 것은 어느 것입니까? (   )

이 국제기구는 지구촌의 평화 유지, 전쟁 방지를 위해 1945년에 설립되었다. 이 기구를 통해 여러 국가가 모여 지구촌 문제를 함께 해결하고 있다.

① 그린피스
② 국제 연합
③ 세이브 더 칠드런
④ 한국 국제 협력단
⑤ 국제 연합 세계 식량 계획

12 ㉠~㉢에 대한 설명으로 알맞지 <u>않은</u> 어느 것입니까?
(   )

㉠	㉡	㉢
▲ 국제 연합 아동 기금	▲ 국제 연합 교육 과학 문화 기구	▲ 국제 연합 난민 기구

① ㉠은 어린이 인권을 보호하기 위한 활동을 한다.
② ㉡은 교육, 과학, 문화 분야에서 국제적 교류를 한다.
③ ㉢은 난민의 인권, 안전 등 난민 문제 해결을 위한 활동을 한다.
④ ㉠~㉢은 비정부 기구이다.
⑤ ㉠~㉢은 지구촌 문제를 해결하기 위해 만들어졌다.

13 다음에서 설명하는 비정부 기구로 알맞은 것은 어느 것입니까? (   )

모든 사람들의 인권을 보장하고 존중하기 위해 설립되었다. 사형 폐지, 난민 보호 등 인권 침해를 고발하고 구제하는 활동을 한다.

① 그린피스   ② 해비타트
③ 국제 앰네스티   ④ 국경 없는 의사회
⑤ 세이브 더 칠드런

14 다음에서 설명하는 인물은 누구입니까? (   )

미국의 사회 운동가로, 지뢰 금지 국제 운동(ICBL) 단체 설립에 참여했고, 이 단체의 노력으로 123개 나라가 사람에게 지뢰를 사용하지 않겠다고 약속했다.

① 이태석   ② 테레사
③ 넬슨 만델라   ④ 조디 윌리엄스
⑤ 말랄라 유사프자이

15 다음과 관련 있는 지구촌 환경 문제는 어느 것입니까? (   )

① 이상 기후   ② 지구 온난화
③ 초미세 먼지 문제   ④ 열대 우림 파괴
⑤ 플라스틱 쓰레기 문제

16 다음 신문 기사의 제목으로 알맞은 것은 어느 것입니까? (   )

△△ 신문　　　　　　　2○○○년 ○○월 ○○일

> 지구의 평균 기온은 지난 100년 동안 꾸준히 상승하고 있다. 이 현상은 가속화되어 20년 이내에 지구의 평균 온도가 산업화 이전 시기보다 1.5℃ 이상 상승할 것이란 예측이 나왔다. 가파른 온도 상승은 지구촌 곳곳에 영향을 미치고 있다. 빙하가 녹아 해수면이 높아지고 폭염, 홍수, 폭설 등 이상 기후 현상이 발생하고 있다.

① 심각해지는 지구 온난화
② 사람이 만든 인공 쓰레기 섬
③ 아마존 열대 우림 파괴 증가
④ 편리한 일회용품, 환경에도 편리할까?
⑤ 중금속 발암 물질이 포함된 초미세 먼지

17 지구촌 환경 문제를 해결하기 위한 국가의 노력으로 알맞은 것은 어느 것입니까? (   )

① 비닐봉지 대신 장바구니를 이용한다.
② 가정에서 불필요한 에너지 사용을 줄인다.
③ 일회용품 사용을 규제하는 정책을 펼친다.
④ 플라스틱이 아닌 친환경 소재로 용기를 생산한다.
⑤ '지구촌 전등 끄기'와 같은 세계적인 캠페인에 참여한다.

18 빈곤과 기아 문제에 대한 설명으로 알맞지 <u>않은</u> 것은 어느 것입니까? (   )

① 아프리카 지역에서 많이 나타난다.
② 가뭄, 홍수, 지진 등이 원인이 되기도 한다.
③ 문제를 해결하기 위해 모금 활동을 하기도 한다.
④ 분쟁 지역에서 빈곤과 기아를 겪는 사람들이 많이 사라졌다.
⑤ 가뭄에 강한 작물을 키울 수 있는 기술은 문제 해결에 도움이 된다.

19 ㉠에 들어갈 내용으로 알맞지 <u>않은</u> 것은 어느 것입니까? (   )

> 문화적 편견과 차별을 해결하는 데 필요한 것은 (　㉠　)이다.

① 다양성을 존중하는 태도
② 서로의 문화를 존중하는 자세
③ 공감하는 사회를 만드는 캠페인 활동
④ 나만의 기준으로 문화를 평가하는 마음
⑤ 다른 문화를 이해하고 받아들이는 태도

20 다음 내용의 공통점으로 알맞은 것은 어느 것입니까? (   )

> • 문화 존중 캠페인에 참여한다.
> • 이를 닦을 때는 양치 컵을 사용한다.
> • 기아 문제에 관심을 갖고 모금 활동에 참여한다.

① 세계 시민으로서의 태도를 실천한다.
② 남북통일이 되면 좋은 점을 홍보한다.
③ 환경을 아끼고 사랑하는 마음을 갖는다.
④ 독도가 우리 땅임을 알리기 위해 노력한다.
⑤ 지구촌의 문제보다 나의 생활 문제 해결에만 힘쓴다.

[01~02] 다음은 독도에 대한 옛 지도를 정리한 것입니다. 물음에 답하시오.

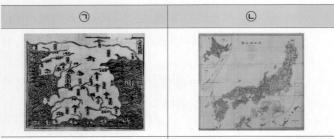

㉠	㉡
우산도(독도)를 실제와 달리 울릉도의 서쪽에 그렸다.	일본이 자국의 영토 전체를 나타낸 지도로, 독도는 표기되지 않았다.

01 ㉠과 ㉡에 들어갈 지도의 이름을 쓰시오.

㉠: (   )

㉡: (   )

02 위의 자료들을 통해 독도에 대해 알 수 있는 사실을 쓰시오.

_____

_____

_____

[03~04] 다음 자료를 보고, 물음에 답하시오.

역사적으로 이곳은 우리가 살던 곳이고 유대교 성서에도 기록되어 있으니 우리 땅이 맞습니다.

지금 우리가 살고 있는 곳인데 갑자기 유대인이 주인이라니요? 그리고 우리는 이슬람교를 믿습니다.

03 위의 갈등과 관련하여 보고서를 쓰려고 할 때, ㉠, ㉡에 알맞은 말을 쓰시오.

> 유대교를 믿는 (㉠   )과/와 이슬람교를 믿는 (㉡   )은/는 한 지역을 서로 차지하려고 1948년 이후 계속 갈등하고 있다.

㉠: (   )

㉡: (   )

04 위의 갈등이 발생한 까닭을 쓰시오.

_____

_____

_____

[05~06] 다음 자료를 보고, 물음에 답하시오.

(가)	국경 없는 의사회	인종이나 종교, 성별 등과 관계없이 의료 지원이 필요한 사람들을 돕는 활동을 한다.
	그린피스	지구의 환경과 평화를 지키기 위한 활동을 한다.
(나)	국제 연합 난민 기구	전쟁 등으로 살 곳을 잃은 난민들을 돕는 활동을 한다.
	국제 연합 교육 과학 문화 기구	교육, 과학, 문화 등의 분야에서 교류를 통하여 국제 평화를 추구하는 활동을 한다.

05 위 단체들의 공통점을 쓰시오.

_____

_____

_____

06 (가) 단체들과 (나) 단체들은 어떤 차이가 있는지 쓰시오.

_____

_____

_____

[07~08] 다음은 지구촌 환경 문제를 정리한 것입니다. 물음에 답하시오.

(㉠)	지표면의 평균 기온이 올라가는 현상이 발생하여 세계 곳곳에서 이상 기후 현상이 나타난다.
(㉡) 파괴	사람들이 열대 기후 지역의 숲을 무분별하게 개발하면서 많은 동물의 서식지가 파괴되고 있다.
플라스틱 쓰레기 문제	사람들이 버린 플라스틱 쓰레기가 작게 쪼개져서 바다로 흘러가 해양 동물과 생태계에 큰 피해를 준다.
초미세 먼지 문제	화석 연료를 사용하는 공장과 자동차 등에서 발생하는 오염 물질 때문에 초미세 먼지 농도가 증가하고 있다.

07 ㉠과 ㉡에 들어갈 알맞은 말을 쓰시오.

㉠: ( )

㉡: ( )

08 플라스틱 쓰레기 문제를 해결하기 위해 개인이 할 수 있는 노력을 한 가지 쓰시오.

_____

_____

_____

BOOK3
해설책

만점왕 사회
6-2

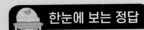

Book 1 개념책

1단원
세계의 여러 나라들

(1) 지구, 대륙 그리고 국가들

핵심 개념 문제　　　13~15쪽

01 ②　02 ②　03 ①　04 ①　05 태평양　06 ⑤　07 ①
08 ④　09 남아메리카　10 ③　11 ①　12 ②

중단원 실전 문제　　　16~17쪽

01 ①　02 ④　03 세계 지도　04 ③　05 ②　06 ②
07 (1) ㉠ (2) 유럽(유럽 대륙)　08 ④　09 ①　10 ①

서술형 평가 돋보기　　　18~19쪽

실전 문제

1 ㉠ 유럽(유럽 대륙) ㉡ 아프리카(아프리카 대륙) ㉢ 아시아
(아시아 대륙) ㉣ 오세아니아(오세아니아 대륙) ㉤ 북아메리
카(북아메리카 대륙) ㉥ 남아메리카(남아메리카 대륙)　2 아
프리카, 아시아, 적도　3 ⑩ 태평양은 아시아, 오세아니아, 북
아메리카, 남아메리카 대륙의 사이에 위치하며, 세계에서 가
장 큰 바다이다. / 태평양은 아시아, 오세아니아, 북아메리카,
남아메리카 대륙의 사이에 위치하며, 우리나라와 맞닿은 대
양이다. 등

실전 문제

1 위선, 경선, 위치　2 (1) ㈎, 디지털 영상 지도　(2) ⑩ 디지털
영상 지도의 확대 기능을 이용하여 자세히 살펴볼 수 있다. 등
3 페루, 아르헨티나　4 ⑩ 세로로 긴 모양이다. / 남북으로 긴
형태이다. 등　5 ⑩ 칠레는 지구의 남반구에 위치하고 에티오
피아는 북반구에 위치한다. / 칠레는 적도의 남쪽, 에티오피아
는 적도의 북쪽에 위치한다. 등

(2) 세계의 다양한 삶의 모습

핵심 개념 문제　　　25~27쪽

01 ③　02 ③　03 (1) ○ (2) ○ (3) ×　04 온대 기후
05 ②　06 ㉠ 고, ㉡ 얼음　07 ①　08 ②　09 ㉠　10 ㉡
11 ④　12 ②

중단원 실전 문제　　　28~30쪽

01 ④　02 (1) ㉡ (2) 냉대 기후　03 ⑤　04 ②　05 ③
06 ⑤　07 ④　08 고산 기후　9 ④　10 ⑤　11 ③　12 ③
13 ②　14 ③　15 ②

서술형 평가 돋보기

연습 문제

1 (1) 열대 기후 (2) 한대 기후 2 낮아, 열대, 한대 3 예 온대 기후는 주로 중위도 지역에 분포하며, 사계절이 나타나고 기온이 온화한 편이다. 등

실전 문제

1 건조 2 (1) ○ 3 햇볕(햇빛), 모래바람 4 예 가축에게 먹일 물과 풀을 찾아 이동하기 때문이다. 등 5 (1) 냉대, 침엽수림(침엽수), 통나무(나무) (2) 고상 가옥, 열기(습기), 습기(열기) 6 예 주변에서 얻을 수 있는 재료가 다르고 기후와 같은 환경의 영향을 받기 때문이다. 등

서술형 평가 돋보기

연습 문제

1 (순서 상관 없음) 중국, 일본, 러시아 2 러시아, 에너지, 경제 3 예 해양 플라스틱 문제는 이웃 나라와 함께 해결해야 하는 공동의 문제이기 때문이다. / 우리나라의 노력만으로 해결하기 어려운 공동의 문제이기 때문이다. 등

실전 문제

1 (1) 중국, 동쪽(동부 해안, 바닷가) (2) 러시아, 영토, 냉대, 동, 서 (3) 일본, 4(네), 바다 2 예 지진이 많이 발생한다. 등 3 (1) 원유 (2) 원유, 원유 4 예 베트남은 의류 산업과 같이 노동력을 바탕으로 하는 경공업이 발달하였다. 등 5 예 우리나라에 필요한 물건을 얻을 수 있다. 등

(3) 우리나라와 가까운 나라들

핵심 개념 문제

01 (1) 러시아 (2) 중국 (3) 일본 02 ④ 03 (1) (나) (2) (가), (다) (3) (라) 04 (1)-㉠ (2)-㉡ 05 베트남 06 ④ 07 ① 08 ③

대단원 마무리

01 ② 02 ⑤ 03 ②, ④ 04 ①, ③ 05 ④ 06 ① 07 태평양 08 ③ 09 (1) (라) (2) 건조 기후 10 예 대체로 적도에서 극지방으로 갈수록 열대 기후, 건조 기후, 온대 기후, 냉대 기후, 한대 기후의 순서로 나타난다. 등 11 ① 12 ⑤ 13 ⑤ 14 ④, ⑤ 15 ④ 16 ㉠ 자연환경, ㉡ 인문환경 17 ① 18 ③ 19 ② 20 러시아 21 예 우리나라, 중국, 일본은 한자를 바탕으로 한 문자를 사용하고, 러시아는 세 나라와 다르게 알파벳을 바탕으로 한 문자를 사용한다. 등 22 ⑤ 23 ⑤ 24 ④ 25 예 우리나라는 세계 여러 나라와 다양한 분야에서 교류하며 상호 의존 관계를 맺고 있다. 등

중단원 실전 문제

01 ① 02 ④ 03 ④ 04 중국 05 ⑤ 06 ② 07 준수 08 ⑤ 09 ② 10 ②

2 단원
통일 한국의 미래와 지구촌의 평화

(1) 한반도의 미래와 통일

 핵심 개념 문제   55~56쪽

01 ③   02 ②   03 안용복   04 ①   05 ②   06 국방비
07 ②, ③   08 ④

 중단원 실전 문제   57~58쪽

01 ③   02 지효   03 ①   04 ④   05 안용복   06 반크
07 ⑤   08 ⑤   09 ①   10 ④

 서술형 평가 돋보기   59~60쪽

연습 문제

1 울릉도   2 동도, 서도(서도, 동도), 생태계   3 ㉔ 독도 주변 바다에 자원이 풍부하다. / 독도는 생태적으로 소중한 곳이다. / 독도는 선박의 항로뿐만 아니라 군사적으로도 중요한 위치에 있다. 등

실전 문제

1 세종실록지리지   2 ㉔ 독도가 우리나라의 영토임을 알 수 있다. 등   3 ㉔ 이산가족의 아픔, 국방비 증가, 달라지는 남북한 언어, 전쟁에 대한 두려움이 있다. 등   4 ㉔ 국방비가 줄어서 남은 비용을 국민들의 삶의 질을 높이는 곳에 사용할 수 있다. 등

(2) 지구촌의 평화와 발전

 핵심 개념 문제   64~65쪽

01 ③   02 ②   03 ⑤   04 ⑤   05 국제 연합(UN, 유엔)
06 ⑤   07 비정부 기구(NGO)   08 ⑤

 중단원 실전 문제   66~67쪽

01 ②   02 ④   03 ㉢   04 ⑤   05 넬슨 만델라   06 ④
07 국제 연합(UN, 유엔)   08 ①   09 ④   10 ②

 서술형 평가 돋보기   68~69쪽

연습 문제

1 종교   2 평화   3 ㉔ 지구촌 갈등으로 피해를 입은 친구들을 돕는 모금 활동을 한다. / 사람들이 지구촌 갈등 문제 해결에 관심을 갖도록 관련 글이나 영상을 인터넷, 누리 소통망 서비스(SNS) 등에 올린다. 등

실전 문제

1 국제기구   2 ㉔ 지구촌 평화 유지, 전쟁 방지, 국제 협력을 위해 다양한 활동을 한다. 등   3 ㉔ 질병 예방, 교육, 어린이 보호 등 어린이의 권리 향상을 위한 다양한 활동을 한다. 등
4 비정부 기구(NGO)   5 ㉔ 비정부 기구(NGO)는 뜻이 같은 개인들이 모여 지구촌의 여러 문제를 해결하기 위해 노력한다. 등

(3) 지속 가능한 지구촌

핵심 개념 문제   72~73쪽

01 지구 온난화   02 사막화   03 ①   04 ㉢   05 ㉡   06 세계 시민   07 ③   08 ⑤

중단원 실전 문제
74~75쪽

01 ③   02 ④   03 지구 온난화   04 ④   05 ⑤   06 ③
07 지속 가능   08 ⑤   09 ⑤   10 ②

서술형 평가 돋보기
76~77쪽

연습 문제

1 환경 문제   2 열대 우림, 친환경(친환경적)   3 ⑩ 친환경 제품을 찾아 소비하려고 노력한다. 등

실전 문제

1 ⑩ 기아 문제로 고통을 겪고 있는 지역이 많다. 등   2 ⑩ 빈곤과 기아 문제를 해결하기 위해 모금 활동, 구호 활동, 캠페인 등을 한다. 등   3 주원   4 ⑩ 서로 다른 문화를 이해할 수 있도록 교육을 실시한다. / 다른 나라의 음식을 소개하는 행사를 연다. 등   5 ⑩ 가까운 거리는 걸어 다닌다. / 문화 존중 캠페인에 참여한다. 등

대단원 마무리
80~83쪽

01 독도   02 ④   03 ⑩ 조선 시대에 만들어진 「팔도총도」를 보면 동해에 울릉도와 독도 두 섬이 함께 그려져 있다. 등
04 ①   05 ④   06 ③   07 ⑩ 육로로 다른 나라와 더 많은 교류를 할 수 있다. 등   08 ⓒ, ㉣   09 ①   10 ④   11 ⑤   12 이태석   13 ⑤   14 ⑤   15 ②   16 ⑩ 국제기구는 국가들이 모여 만든 조직이며, 비정부 기구는 뜻이 같은 개인이 모여 만든 조직이다. 등   17 그린피스   18 ③   19 ④   20 ⑤   21 지속 가능한 미래   22 ②   23 ①   24 ⑤   25 ⑤

Book 2 실전책

1단원 (1) 중단원 쪽지 시험
5쪽

01 디지털 영상 지도   02 세계 지도   03 위선   04 대륙, 대양   05 대서양   06 오세아니아(오세아니아 대륙)   07 러시아   08 유럽(유럽 대륙)   09 남아메리카(남아메리카 대륙)
10 단조로운

중단원 확인 평가   1 (1) 지구, 대륙 그리고 국가들
6~7쪽

01 ㉠ 적도, ⓒ 본초 자오선   02 ⑩ 찾고자 하는 장소를 입력하면 지도에서 위치 정보 등을 찾을 수 있다. 등   03 ④
04 ②   05 ④   06 (1) ⓒ (2) ㉠ (3) ⓒ   07 ⑤   08 ①
09 칠레(칠레의 위치는 해설 참조)   10 ⑤

1단원 (2) 중단원 쪽지 시험
9쪽

01 기후   02 화전 농업   03 온대 기후   04 침엽수(침엽수림)   05 한대 기후   06 고산 기후   07 건조   08 자연환경, 인문환경   09 고상 가옥   10 이해

중단원 확인 평가   1 (2) 세계의 다양한 삶의 모습
10~11쪽

01 위도   02 ③   03 ⑤   04 ④   05 ⑩ 쉽고 빠르게 조립할 수 있어서 유목 생활에 유리하다. / 이사를 편리하게 하기 위함이다. 등   06 ④   07 ⑤   08 두 지역의 자연환경이 다르기 때문이다. / 주변에서 쉽게 구할 수 있는 재료가 다르다. 등   09 (1) 한대 기후 (2) ⑩ 기온이 매우 낮아 농사 짓기가 어렵다. / 자원 개발이 활발하게 이루어지고 있다. / 이 지역의 독특한 자연환경을 연구하고 있다. 등   10 ①

1단원 (3) 중단원 쪽지 시험 13쪽

01 러시아 02 중국 03 일본 04 가까워 05 협력 06 문화 07 미국 08 사우디아라비아 09 베트남 10 의존

중단원 확인 평가 1 (3) 우리나라와 가까운 나라들 14~15쪽

01 선호 02 (1) ○ (2) × 03 ④ 04 ④ 05 (1) × (2) ○ 06 예 국가 간 협력이 필요한 분야에서 교류·협력하고 있다. 등 07 ④ 08 ④ 09 ㉠, ㉡ 10 예 나라마다 환경이 서로 다르기 때문이다. / 서로에게 필요한 물건이나 서비스를 주고 받기 위해서이다. / 교통·통신 기술이 발달하면서 물자 이동이 편리해졌기 때문이다. 등

학교 시험 만점왕 ❶회 1. 세계의 여러 나라들 16~19쪽

01 ② 02 ② 03 ④ 04 ④ 05 ① 06 ③ 07 ②
08 ⑤ 09 ④ 10 ③ 11 ③ 12 ② 13 ② 14 ④ 15 ③
16 ② 17 ① 18 ③, ⑤ 19 ⑤ 20 ③

학교 시험 만점왕 ❷회 1. 세계의 여러 나라들 20~23쪽

01 ⑤ 02 ③ 03 ③ 04 ② 05 ① 06 ③ 07 ③
08 ③ 09 ④ 10 ⑤ 11 ②, ④ 12 ① 13 ③ 14 ④
15 ③ 16 ⑤ 17 ② 18 ④ 19 ③ 20 ①

1단원 서술형 평가 24~25쪽

01 ㉠ 세계 지도 ㉡ 지구본 02 예 위선과 경선을 활용하면 세계 여러 나라의 위치를 쉽게 찾을 수 있다. / 위치를 숫자로 정확하게 나타낼 수 있다. 등 03 (1) 디지털 영상 지도 (2) 예 장소 간 이동 거리, 예상 시간을 이용하여 지도에서 위치를 찾을 수 있다. / 특정 장소의 실제 모습을 검색할 수 있다. 등 04 (1) 아시아 (2) 태평양, 예 태평양은 세계에서 가장 넓은 바다이다. 등 05 (1) 열대 기후 (2) 일 년 내내 기온이 높고 비가 많이 내린다. / 건기와 우기가 나타나는 곳도 있다. 등 06 예 유목 생활을 한다. 07 예 조립과 분해가 쉬워 가축과 함께 이동해야 하는 유목 생활에 유리하다. 등 08 예 세계 여러 나라의 생활 모습은 환경의 영향을 받아 다르게 나타나며 각각 고유한 가치를 가지고 있다. / 서로 다른 생활 모습을 이해하고 존중하는 마음가짐이 필요하다. 등 09 예 지리적으로 가까워 오래전부터 교류하였기 때문이다. 10 예 나라마다 자연환경과 인문환경이 서로 달라 필요한 도움을 주고받을 수 있기 때문이다. 등

2단원 (1) 중단원 쪽지 시험 27쪽

01 독도 02 천연기념물 03 (1) × (2) ○ 04 세종실록지리지 05 안용복 06 이산가족 07 재영 08 (2) ○ 09 남북 예술단 합동 공연 10 (1) ○ (2) ×

중단원 확인 평가 2 (1) 한반도의 미래와 통일 28~29쪽

01 ④ 02 가스 하이드레이트 03 ④ 04 예 일본에 가서 울릉도와 독도가 우리나라 땅임을 확인받았다. / 불법 고기잡이를 하던 일본 어민을 쫓아내고 일본에 가서 독도가 우리나라 땅임을 확인받았다. 등 05 ⑤ 06 팔도총도 07 ④ 08 ③ 09 ③ 10 예 육로로 유럽까지 갈 수 있다. / 남북한의 국토와 자원을 효율적으로 활용할 수 있어 경제가 성장할 것이다. / 세계 평화에 이바지할 수 있다. / 전통문화를 체계적으로 관리할 수 있다. 등

2단원 (2) 중단원 쪽지 시험
31쪽

01 이스라엘 02 (1) ○ (2) × 03 국제 연합(UN, 유엔)
04 국제 연합 난민 기구(UNHCR) 05 비정부 기구 06 그
린피스 07 국제 앰네스티 08 국제 연합 평화 유지군
09 이태석 10 (1) × (2) ○

학교 시험 만점왕 ❶회 2. 통일 한국의 미래와 지구촌의 평화

01 ③ 02 ③ 03 ① 04 ③ 05 ⑤ 06 ④ 07 ②
08 ② 09 ② 10 ③ 11 ③ 12 ④ 13 ① 14 ② 15 ⑤
16 ③ 17 ① 18 ④ 19 ④ 20 ①

중단원 확인 평가 2 (2) 지구촌의 평화와 발전
32~33쪽

01 ①, ③ 02 ② 03 ⑤ 04 예 갈등 해결을 위한 홍보 동
영상 만들기 / 모금 활동하기 / 캠페인 활동하기 등 05 넬
슨 만델라 06 예 교육받을 권리가 있다. 등 07 ④ 08
국제 연합 교육 과학 문화 기구(UNESCO) 09 ⑤ 10 ④

학교 시험 만점왕 ❷회 2. 통일 한국의 미래와 지구촌의 평화

01 ⑤ 02 ④ 03 ② 04 ③ 05 ① 06 ② 07 ⑤
08 ⑤ 09 ③ 10 ④ 11 ② 12 ④ 13 ③ 14 ④ 15 ③
16 ① 17 ① 18 ④ 19 ④ 20 ①

2단원 (3) 중단원 쪽지 시험
35쪽

01 지구 온난화 02 (1) ○ (2) × 03 초미세 먼지 04
(1) ㉡ (2) ㉠ 05 가능성 06 세계 시민 07 친환경 생산
08 ㉠ 09 (1) ○ (2) × 10 호민

2단원 서술형 평가
46~47쪽

01 ㉠ 팔도총도, ㉡ 대일본전도
02 예 옛날부터 독도는 우리나라 땅이었다. / 일본은 독도를
일본 땅이라고 생각하지 않았다. / 옛날 우리나라와 일본은
독도를 우리나라 땅이라고 생각했다. 등
03 ㉠ 이스라엘, ㉡ 팔레스타인
04 예 하나의 지역을 서로 자기 땅이라고 주장하기 때문이
다. / 종교가 서로 달라서 이해하지 못하기 때문이다. / 오랜
분쟁으로 감정이 나쁘기 때문이다. 등
05 예 지구촌 평화를 위한 단체이다. / 지구촌 갈등을 해결하
기 위해 설립한 단체이다. 등
06 예 ㈎는 지구촌 여러 문제를 해결하기 위해 뜻이 비슷한
개인들이 모여 활동하는 비정부 기구이고, ㈏는 국가들이 모
여서 지구촌 문제를 함께 해결하려고 만든 국제기구이다. 등
07 ㉠ 지구 온난화, ㉡ 열대 우림
08 예 일회용품 사용을 줄인다. / 환경 캠페인에 참여한다.
등

중단원 확인 평가 2 (3) 지속 가능한 지구촌
36~37쪽

01 ⑤ 02 플라스틱 03 예 플라스틱 빨대 사용을 줄인다.
/ 환경 캠페인에 참여한다. 등 04 ② 05 ① 06 ② 07
편견 08 ① 09 ⑤ 10 예 나와 다르더라도 서로의 문화
를 존중해야 해. / 서로 다른 문화를 이해하는 태도를 가져야
해. 등

1단원 세계의 여러 나라들

(1) 지구, 대륙 그리고 국가들

핵심 개념 문제   13~15쪽

01 ② 02 ② 03 ① 04 ① 05 태평양 06 ⑤ 07 ①
08 ④ 09 남아메리카 10 ③ 11 ① 12 ②

01 지구본에서는 가로선인 위선과 세로선인 경선을 찾을
수 있습니다.

02 디지털 영상 지도는 나라의 모습을 확대 또는 축소하여
살펴볼 수 있습니다. 또한, 지구본, 세계 지도에서 얻을
수 없는 이동 경로, 경로별 이동 시간, 주요 장소의 사
진 등 다양한 정보를 얻을 수 있습니다.

03 ㉠은 대륙 중 가장 큰 아시아이며, 우리나라가 속해 있
는 대륙입니다.

04 유럽은 북반구에 위치하고 아시아와 연결된 대륙입니
다. 서쪽은 대서양과 닿아 있으며, 면적은 좁지만 많은
나라들이 위치하고 있습니다.

05 아시아, 오세아니아, 북아메리카와 남아메리카 사이에
위치한 대양은 태평양입니다.

06 인도양은 세계에서 세 번째로 넓은 바다로, 아시아, 아
프리카, 오세아니아 대륙에 닿아 있습니다.

오답 피하기
③ 대서양은 아프리카, 유럽, 북아메리카, 남아메리카 대륙에
둘러싸여 있습니다.

07 아시아는 인도, 베트남이 속해 있는 대륙이며, 우리나
라가 속해 있는 대륙이기도 합니다.

08 지도에 표시된 대륙은 아프리카입니다. 아프리카에는

케냐, 이집트, 알제리, 남아프리카 공화국 등의 나라가
속해 있습니다. 이탈리아는 유럽에 속한 나라입니다.

09 서진이가 설명하고 있는 대륙은 남아메리카입니다.

10 미국, 캐나다, 멕시코는 북아메리카 대륙에 속한 나라
입니다. 북아메리카 대륙은 북반구에 속하며, 북극해와
접해 있습니다.

11 제시된 지도는 세계 여러 나라의 영토 면적과 순위를
나타낸 지도입니다. 세계 여러 나라는 영토 크기가 다
르며, 세계에서 가장 면적이 넓은 나라는 러시아입니
다. 우리나라 영토 면적은 세계 85위이고, 세계에서 면
적이 가장 작은 나라는 바티칸 시국입니다. ① 미국보
다 캐나다의 영토 면적이 더 넓습니다.

12 연두색으로 표시된 나라는 칠레입니다. 칠레의 영토 모
양은 남북으로 긴 모양입니다.

오답 피하기
㉠ 영토의 서쪽과 남쪽은 바다와 맞닿아 있고, ㉢ 북쪽과 동쪽
은 다른 나라와 맞닿아 있습니다.

중단원 실전 문제   16~17쪽

01 ① 02 ④ 03 세계 지도 04 ③ 05 ② 06 ②
07 (1) ㉠ (2) 유럽(유럽 대륙) 08 ④ 09 ① 10 ①

01 나라의 위치를 찾을 때, 나라가 위치한 곳의 가로선(위
선)을 통해 그 나라의 위도를 확인할 수 있습니다. 영토
의 북쪽과 남쪽 끝에 가까운 위선을 찾아 위도를 확인
하며, 동쪽과 서쪽 끝에 가까운 경선을 찾아 경도를 확
인할 수 있습니다.

02 제시된 지도는 디지털 영상 지도입니다. 디지털 영상 지도는 확대와 축소가 자유로워 좁은 지역을 자세히 살펴볼 수 있을 뿐만 아니라 넓은 지역도 간략하게 살펴볼 수 있습니다. ④ 적도뿐 아니라 다양한 지역을 살펴볼 수 있습니다.

03 세계 지도는 둥근 지구를 펼쳐서 평면으로 나타낸 것입니다. 입체적인 지구를 평면으로 표현하는 과정에서 땅 및 바다의 크기, 모양 등이 실제와 다르게 나타날 수 있습니다.

04 세계 지도에 표시된 위선과 경선을 통해 나라의 위치를 찾고 나라들의 위도 및 경도를 비교할 수 있습니다. 우리나라와 경도가 비슷한 나라로는 필리핀과 인도네시아의 일부, 오스트레일리아의 일부 지역 등이 해당되며, 우리나라와 위도가 비슷한 나라로는 에스파냐, 튀르키예, 이라크 등의 나라가 있습니다.

05 세계 지도는 지도에 표시된 여러 대륙 및 대양 등 전 세계의 모습을 한눈에 파악할 수 있다는 장점이 있습니다.

> **오답 피하기**
> ④, ⑤ 나라 간의 이동 방법, 경로 등이나 주요 장소에 대한 사진 등 정보는 디지털 영상 지도를 통해 확인할 수 있습니다.

06 ⓛ은 아프리카 대륙입니다. 아프리카는 아시아에 이어 세계에서 두 번째로 큰 대륙입니다.

> **오답 피하기**
> ① ㉠은 유럽 대륙으로 북반구에 위치합니다.
> ③ 대부분 얼음으로 덮여 있는 대륙은 ㉺(남극 대륙)이고, ㉣은 오세아니아 대륙입니다.
> ④ ㉠과 ㉤의 사이에는 대서양이 위치합니다.
> ⑤ ㉮은 남아메리카 대륙으로, 대부분이 적도의 남쪽인 남반구에 위치합니다.

07 프랑스, 덴마크, 네덜란드가 속한 대륙은 북반구에 위치한 ㉠ 유럽 대륙입니다.

08 태평양은 세계에서 가장 큰 바다이며, 우리나라와 맞닿아 있는 대양입니다. 태평양은 아시아, 오세아니아, 북아메리카, 남아메리카 사이에 위치합니다.

09 뉴질랜드의 위도는 남위 34°~47°로, 남반구에 위치한 나라입니다.

> **오답 피하기**
> ③ 뉴질랜드의 경도가 동경 166°~179°이므로, 본초 자오선의 동쪽에 위치함을 알 수 있습니다.
> ⑤ 뉴질랜드의 위치는 남위 34°~47°이므로 북반구에 위치(북위)하는 우리나라와 위도가 비슷하다고 말할 수 없습니다.

10 대화를 통해 이탈리아의 영토 모양과 이집트의 영토 모양이 서로 다르다는 것을 알 수 있습니다. 세계 여러 나라의 영토 모양은 국경선, 해안선 등에 따라 서로 다르게 나타납니다.

서술형 평가 돋보기 18~19쪽

> **연습 문제**

1 ㉠ 유럽(유럽 대륙) ㉡ 아프리카(아프리카 대륙) ㉢ 아시아(아시아 대륙) ㉣ 오세아니아(오세아니아 대륙) ㉤ 북아메리카(북아메리카 대륙) ㉥ 남아메리카(남아메리카 대륙) **2** 아프리카, 아시아, 적도 **3** 예 태평양은 아시아, 오세아니아, 북아메리카, 남아메리카 대륙의 사이에 위치하며, 세계에서 가장 큰 바다이다. / 태평양은 아시아, 오세아니아, 북아메리카, 남아메리카 대륙의 사이에 위치하며, 우리나라와 맞닿은 대양이다. 등

> **실전 문제**

1 위선, 경선, 위치 **2** (1) (다), 디지털 영상 지도 (2) 예 디지털 영상 지도의 확대 기능을 이용하여 자세히 살펴볼 수 있다. 등 **3** 페루, 아르헨티나 **4** 예 세로로 긴 모양이다. / 남북으로 긴 형태이다. 등 **5** 예 칠레는 지구의 남반구에 위치하고 에티오피아는 북반구에 위치한다. / 칠레는 적도의 남쪽, 에티오피아는 적도의 북쪽에 위치한다. 등

1 지구는 대륙과 대양으로 이루어져 있습니다. 대륙은 유럽, 아프리카, 아시아, 오세아니아, 북아메리카, 남아메리카, 남극 대륙이 있고, 대양은 태평양, 인도양, 대서양, 북극해, 남극해가 있습니다.

2 ⓒ은 북반구와 남반구에 걸쳐 있는 아프리카입니다. 아프리카는 아시아 다음으로 두 번째로 큰 대륙입니다.

3 태평양의 서쪽에는 아시아와 오세아니아가 위치하고, 동쪽에는 북아메리카와 남아메리카가 위치합니다. 태평양은 세계에서 가장 크기가 큰 바다로, 우리나라와 맞닿은 바다이기도 합니다.

채점 기준
대륙을 이용하여 태평양의 위치를 설명하고 크기 등의 특징을 함께 설명한 경우 정답으로 합니다.

실전 문제

1 지구본과 세계 지도에는 위선과 경선이 나타나 있으며, 이것을 이용하여 북위, 남위, 동경, 서경 등으로 나라의 위치를 나타낼 수 있습니다.

2 재은이는 지구본에 나라가 너무 작게 표시되어 있어 불편함을 느끼고 있습니다. 지구본과 세계 지도는 확대하여 나라를 볼 수 없기 때문에 나라를 자세히 살펴보기가 어렵습니다. 반면, 디지털 영상 지도는 지도의 정보가 디지털 정보로 표현되어 있기 때문에 확대 기능을 활용하여 나라의 형태, 장소 등을 자세하게 살펴볼 수 있다는 특징이 있습니다.

채점 기준
기호와 이름을 모두 정확하게 쓰고, 디지털 영상 지도의 '확대' 기능 등을 활용한다는 내용으로 쓴 경우 정답으로 합니다.

3 칠레의 동쪽에는 아르헨티나, 볼리비아, 파라과이가 있고, 북쪽에는 페루가 있습니다.

4 나라 카드에 칠레 영토는 세로로 긴 형태로 표현되어 있습니다. 칠레 영토는 동서는 짧고, 남북으로 매우 긴 형태입니다.

채점 기준
길이가 길거나 세로(남북)로 긴 형태라는 내용으로 쓴 경우 정답으로 합니다.

5 나라 카드에 표시된 나라의 위치와 그 나라가 속한 대륙의 이름을 통해 위치를 알 수 있습니다. 칠레는 적도의 남쪽인 남반구에 위치하며, 에티오피아는 적도의 북쪽인 북반구에 위치합니다.

채점 기준
칠레는 남반구, 에티오피아는 북반구에 위치한다는 내용으로 쓴 경우 정답으로 합니다.

(2) 세계의 다양한 삶의 모습

01 ③   02 ③   03 (1) ○ (2) ○ (3) ×   04 온대 기후
05 ②   06 ㉠ 고, ㉡ 얼음   07 ①   08 ②   09 ㉠   10 ㉡
11 ④   12 ②

01 기후는 한 지역에서 여러 해에 걸쳐 나타나는 평균적인 날씨를 뜻하며 위도, 지형, 위치 등의 영향을 받습니다.

02 기후는 위도, 지형 등의 영향을 받으며, 기온 및 강수량의 특징에 따라 기후를 구분합니다.

03 열대 기후는 주로 적도 부근의 저위도 지역에서 나타나며 일 년 내내 더운 날씨가 나타납니다. 열대 기후 지역에서는 전통적 화전 농업으로 카사바, 얌 등의 작물을 재배하며, 최근에는 카카오, 바나나 등을 재배하기도 합니다.

04 온대 기후는 주로 중위도 지역에 나타나며 기온이 온화하고 사계절이 나타나는 특징이 있습니다. 사람이 살기에 적당한 기후가 나타나 인구 밀도가 높고 많은 사람이 모여 살기 때문에 다양한 산업이 발달하였습니다.

05 냉대 기후는 온대 기후에 비해 겨울이 더 춥고 길게 나타납니다. 또한 옥수수, 밀, 감자 등의 재배가 이루어지며 침엽수림이 많이 분포합니다.

06 한대 기후 지역은 일 년 내내 기온이 낮으며, 낮은 기온으로 대부분의 땅이 눈과 얼음으로 덮여 있고, 땅속도 얼어 있는 곳이 많습니다.

07 건조 기후 지역은 비가 잘 내리지 않기 때문에 나무 등의 식물이 자라기 어렵고, 물을 구하기 어려운 지역도 많습니다. 따라서 사람들은 강이나 오아시스 주변에 모여 살며 농사를 지으며 살아갑니다.

08 보고타는 적도 부근의 해발 고도가 높은 곳에 위치한 도시로, 고산 기후가 나타나는 지역입니다.

09 세계 여러 지역의 다양한 생활 모습은 그 지역의 지형, 기후, 종교, 전통 등 여러 가지 환경의 영향을 받아 나타납니다. 차도르는 종교의 영향을 받은 의생활 모습입니다. 반면 고상 가옥은 열대 기후 지역에서 볼 수 있는 가옥이고, 아노락은 한대 기후 지역의 추운 날씨에서 살아가는 사람들이 입는 옷이며, 하얀 벽 집은 그리스 등 지중해에 위치한 나라들에서 뜨거운 햇빛을 반사하기 위해 짓는 집으로 기후의 영향을 받은 생활 모습입니다.

10 사막 지역에 나타나는 건조 기후는 강수량이 매우 적어 나무와 같은 식물이 자라기에 알맞지 않은 기후입니다. 사막 지역에서는 주변에서 구하기 쉬운 흙으로 벽돌을 만들어 집을 짓습니다.

11 인도 사람들은 힌두교의 영향을 받아 소고기를 먹지 않고, 한 장의 긴 천으로 된 옷을 입습니다. 이것은 사람들의 생활 모습에 종교가 영향을 준 사례에 해당합니다.

12 세계 각 나라의 생활 모습은 고유한 가치를 가지고 있기 때문에 서로 다른 생활 모습을 이해하고 존중하는 태도가 필요합니다.

01 ④   02 (1) ㉡ (2) 냉대 기후   03 ⑤   04 ②   05 ③
06 ⑤   07 ④   08 고산 기후   9 ④   10 ⑤   11 ③   12 ③
13 ②   14 ③   15 ②

01 기후는 주로 기온과 강수량의 특성에 따라 열대 기후, 건조 기후, 온대 기후, 냉대 기후, 한대 기후로 구분합니다.

02 온대 기후와 한대 기후의 중간에 나타나는 기후는 냉대 기후입니다. 냉대 기후는 온대 기후처럼 사계절이 나타나지만, 온대 기후에 비해 겨울이 더 길고 춥습니다.

03 백야를 볼 수 있으며 지하자원 개발이 활발히 이루어지는 지역은 극지방입니다. 극지방은 기온이 매우 낮은 한대 기후가 나타납니다.

04 제시된 자료는 열대 기후의 특징입니다. 열대 기후 지역 중 매우 덥고 습한 지역에서는 땅의 열기와 습기를 피하기 위해 땅으로부터 띄워서 집을 짓습니다.

05 지중해 지역은 온대 기후가 나타나는 지역입니다.

06 건조 기후는 강수량이 매우 적은 지역이기 때문에 오아시스나 강 주변에서 농사를 짓기도 합니다.

> **오답 피하기**
> ㉠ 빙하가 넓게 분포하는 곳은 한대 기후 지역입니다.
> ㉡ 열대 우림이 넓게 형성되어 있는 곳은 열대 기후 지역입니다.

07 제시된 그래프를 보면, 콜롬비아의 보고타의 월평균 기온은 15℃ 전후로 일 년 내내 온화한 날씨가 이어지고 있습니다.

08 해발 고도가 높아 일 년 내내 우리나라의 봄철과 같은 날씨가 나타나는 기후는 고산 기후입니다.

09 목재와 펄프를 이용한 산업이 발달할 수 있는 것은 나무를 많이 얻을 수 있기 때문입니다. 침엽수림이 발달한 곳에서 이러한 산업이 발달하는데, 침엽수림은 주로 냉대 기후 지역에서 볼 수 있습니다.

10 인도네시아에서는 더운 기후에 상하지 않도록 밥과 다양한 향신료를 넣어 볶는 음식인 나시고렝을 많이 먹습니다.

11 이란의 차도르는 이슬람교의 영향을 받은 옷차림이며, 인도의 사리는 힌두교의 영향을 받아 나타난 옷차림입니다. 이와 같이 사람들의 생활 모습은 종교의 영향을 받기도 합니다.

12 케밥은 튀르키예에서 유목 생활을 하며 가축으로부터 얻은 고기를 얇게 썰어 그 조각을 간단히 구워 먹던 풍습에서 발전한 음식입니다.

13 튀르키예 사람들이 많이 믿는 종교인 이슬람교에서는 돼지고기 먹는 것을 금하기 때문에 튀르키예의 케밥은 주로 양고기나 닭고기로 만듭니다.

14 그리스에 하얀 벽 집이 많이 나타나는 이유를 알기 위해서는 생활 모습에 영향을 준 지형, 위치, 기후 등을 조사하고, 그 재료를 이용한 이유 등을 조사하면 생활 모습과 환경과의 관계를 이해할 수 있습니다.

15 각 나라의 문화는 서로 다르게 나타나며, 그 문화는 각각의 고유한 가치를 가지고 있습니다. 따라서 어떤 문화가 더 우수하고, 어떤 문화가 더 나쁘다고 말할 수 없으며, 다름을 이해하고 존중하는 태도가 필요합니다.

 서술형 평가 돋보기   31~32쪽

> **연습 문제**
> **1** (1) 열대 기후 (2) 한대 기후 **2** 낮아, 열대, 한대 **3** 예 온대 기후는 주로 중위도 지역에 분포하며, 사계절이 나타나고 기온이 온화한 편이다. 등

> **실전 문제**
> **1** 건조 **2** (1) ○ **3** 햇볕(햇빛), 모래바람 **4** 예 가축에게 먹일 물과 풀을 찾아 이동하기 때문이다. 등 **5** (1) 냉대, 침엽수림(침엽수), 통나무(나무) (2) 고상 가옥, 열기(습기), 습기(열기) **6** 예 주변에서 얻을 수 있는 재료가 다르고 기후와 같은 환경의 영향을 받기 때문이다. 등

1 ㉠은 적도 근처의 저위도 지역에 분포하는 열대 기후 지역이고, ㉢은 가장 고위도 지역에 분포하는 한대 기후 지역입니다.

2 저위도에서 고위도로 갈수록 태양 에너지의 각도가 달라지면서 기온이 달라지게 됩니다. 적도 지역의 저위도 지역은 태양열이 수직에 가깝게 들어와 좁은 지역에 태양열이 집중되어 기온이 높기 때문에 열대 기후가 나타납니다. 고위도 지역으로 갈수록 태양열이 넓은 지역으로 분산되어 기온이 낮아져 냉대 기후가 나타나고 극지방은 한대 기후가 나타나게 됩니다.

3 ㉢ 온대 기후는 중위도 지역에 분포하며, 열대 기후에 비해 기온이 낮고 냉대 기후와 한대 기후에 비해 기온이 높습니다. 또한 사계절이 비교적 뚜렷하다는 특징이 있습니다.

채점 기준
저위도와 고위도 사이에 위치하여 기온이 온화한 편이라는 내용이나 열대 기후와 한대 기후와 비교하였을 때 기온이 중간 정도에 해당한다는 내용으로 쓴 경우 정답으로 합니다.

실전 문제

1 위도 20°~30° 지역에 나타나며, 햇볕이 강하고 강수량이 매우 적은 것은 건조 기후의 특징입니다. 특히 강수량이 적은 지역은 사막이 나타나고, 사막보다 비가 조금 더 내리는 곳에는 풀이 자라는 초원도 나타납니다.

2 사막은 강수량이 적어서 나무나 풀이 보이지 않는 지역입니다.

3 사막에 사는 사람들은 강한 햇볕과 모래바람을 막기 위해 온몸을 가릴 수 있는 얇은 천으로 된 옷을 입습니다.

4 초원 지역에 사는 사람들은 가축에게 먹일 물과 풀을 찾아서 이동 생활을 합니다. 이렇게 물과 풀을 찾아 이동하며 양, 염소, 말 등의 가축을 기르는 생활 방식을 유목 생활이라고 합니다.

채점 기준
가축을 키우기 위해서 이동한다는 내용으로 쓴 경우 정답으로 합니다.

5 핀란드는 침엽수림이 넓게 분포하는 곳으로 이 지역에서는 주변에서 쉽게 얻을 수 있는 통나무로 집을 짓습니다. 파푸아 뉴기니는 열대 기후가 나타나는 지역으로 열기와 습기를 막기 위해 땅에서부터 집을 떨어뜨려 짓습니다.

6 각 지역마다 쉽게 얻을 수 있는 재료가 다르기도 하고, 기후 등과 같은 환경에 적합한 집의 형태가 나타나게 됩니다.

채점 기준
환경의 영향을 받았기 때문이라는 내용으로 썼으면 정답으로 합니다.

(3) 우리나라와 가까운 나라들

핵심 개념 문제　36~37쪽

01 (1) 러시아 (2) 중국 (3) 일본　**02** ④　**03** (1) (나) (2) (가),
(다) (3) (라)　**04** (1)-㉠ (2)-㉡　**05** 베트남　**06** ④　**07** ①
08 ③

01 우리나라의 북쪽에는 러시아가 위치하고, 서쪽에는 중국, 동쪽에는 일본이 위치합니다. 러시아, 중국, 일본은 우리나라와 지리적으로 가까운 이웃 나라입니다.

02 일본은 네 개의 큰 섬과 수많은 작은 섬들로 이루어져 있으며 화산 활동, 지진 활동이 많이 일어나는 나라입니다. 화산이 많이 있기 때문에 온천이 발달하였고, 이를 이용한 관광 산업이 발달하였습니다.

> **오답 피하기**
> ⑤ 일본은 태평양 연안을 따라 공업 지역이 발달했습니다.

03 치파오는 중국의 전통 의상이고, 기모노는 일본의 전통 의상입니다. 섬나라인 일본은 생선 요리를 많이 먹기 때문에 가시를 발라 먹기 알맞도록 끝이 뾰족한 젓가락을 많이 사용합니다. 침엽수림이 발달한 러시아는 주변에서 쉽게 구할 수 있는 통나무를 이용해서 집을 짓습니다.

04 우리나라의 장관이 이웃 나라의 장관과 함께 외교 문제에 대해 논의하고 협력하는 것은 정치 분야의 교류 모습에 해당합니다. 또한 우리나라는 이웃 나라와 함께 에너지 협력과 같은 경제 교류를 하기도 합니다.

05 베트남은 벼농사가 많이 이루어져 쌀을 많이 수출하는 나라입니다.

06 다른 나라에서 생산된 물건을 우리나라로 수입하는 것은 경제 교류 중 생산품을 교류하는 예입니다.

07 다른 나라로부터 물건을 수입하는 것은 경제 분야의 예입니다.

> **오답 피하기**
> ③ 외교 담당 장관 회의는 정치 교류의 예입니다.

08 각 나라는 서로 자연환경과 인문환경이 다르기 때문에 필요한 것을 얻기 위해 많은 교류가 이루어집니다. 우리나라는 세계 여러 나라와 정치·경제·사회·문화 분야에서 다양한 교류를 하며 상호 의존하고 밀접한 관계를 맺고 있습니다.

> **오답 피하기**
> ⑤ 우리나라는 지리적으로 멀리 떨어진 나라들과도 다양한 교류를 합니다.

중단원 실전 문제　38~39쪽

01 ①　**02** ④　**03** ④　**04** 중국　**05** ⑤　**06** ②　**07** 준수　**08** ⑤　**09** ②　**10** ②

01 중국은 우리나라의 서쪽에 위치하며 인구가 많은 나라입니다. 일본은 우리나라의 동쪽에 있는 섬나라이며, 러시아는 우리나라의 북쪽에 위치하는 세계에서 가장 영토가 넓은 나라입니다.

02 중국은 서쪽보다 동쪽의 지형이 더 낮아 주로 동쪽 지역에 인구가 모여 살고 도시가 발달하였습니다.

> **오답 피하기**
> ③ 일본은 섬나라이기 때문에 바다의 영향을 많이 받아 강수량이 많은 특징이 나타납니다. 따라서 '일본은 주로 건조한 기후가 나타난다.'에 대한 퀴즈의 정답은 'X'가 맞습니다.

03 일본은 섬나라로 화산 활동이 활발하여 온천이 발달하였으며, 태평양 연안을 따라 대도시와 공업 지역이 형성되어 있습니다.

04 그림의 나타난 옷은 중국의 전통 의상인 치파오입니다. 중국은 우리나라와 비슷하게 새해를 맞이하는 명절이 있습니다. 중국 사람들은 새해가 시작될 때 웃어른께 세배를 하고 만두를 먹는 전통이 있습니다. 또한, 중국

사람들은 식사를 할 때, 둥그런 테이블에 음식을 올려 두고, 각자 음식을 덜어 먹는 문화를 가지고 있습니다.

05 중국, 일본은 우리나라와 지리적으로 가까워 오래전부터 문화를 주고받았습니다. 우리나라와 중국, 일본은 모두 한자 문화권이라는 공통점이 있지만, 이웃 나라 중 러시아는 유럽의 영향을 받아 알파벳과 비슷한 문자를 사용하는 점이 다릅니다.

06 미국은 우리나라와 밀접한 관계를 맺고 있는 나라 중에 하나입니다. 미국은 세계에서 영토 면적이 세 번째로 크며, 영토가 넓어 다양한 지형과 기후가 나타납니다. 넓은 영토에 지하자원이 풍부하여 이를 바탕으로 다양한 산업이 고르게 발달하였습니다.

오답 피하기

ⓒ 우리나라는 미국에 전자 제품 및 자동차 등을 주로 수출합니다.
ⓔ 미국은 우리나라와 지리적으로 멀리 떨어져 있습니다.

07 제시된 그래프는 우리나라에 온 외국인 유학생들의 나라와 우리나라를 방문하는 관광객의 나라를 나타낸 자료입니다. 이를 통해 중국, 베트남, 일본 등의 사람들이 우리나라를 방문하며 다양한 교류가 이루어지고 있음을 알 수 있습니다.

08 사우디아라비아는 세계적인 원유 생산국으로, 우리나라는 우리나라 원유 수입량의 1/4 이상을 사우디아라비아로부터 수입하고 있습니다. 최근 우리나라의 기업들이 사우디아라비아에 진출하여 건물을 짓고, 기술을 이용하여 다양한 사업을 펼치고 있습니다.

09 준서가 읽은 책은 베트남에 대한 내용을 담은 책입니다. 베트남은 벼농사가 활발하게 이루어지며, 쌀이 많이 생산되어 쌀국수가 유명합니다.

10 오늘날 세계 여러 나라들은 다양한 생산품 및 서비스 등을 교류하며 다양한 무역 활동을 하고 있으며, 수출과 수입이 활발하게 이루어지고 있습니다.

연습 문제

1 (순서 상관 없음) 중국, 일본, 러시아   **2** 러시아, 에너지, 경제   **3** 예 해양 플라스틱 문제는 이웃 나라와 함께 해결해야 하는 공동의 문제이기 때문이다. / 우리나라의 노력만으로 해결하기 어려운 공동의 문제이기 때문이다. 등

실전 문제

1 (1) 중국, 동쪽(동부 해안, 바닷가) (2) 러시아, 영토, 냉대, 동, 서 (3) 일본, 4(네), 바다   **2** 예 지진이 많이 발생한다. 등   **3** (1) 원유 (2) 원유, 원유   **4** 예 베트남은 의류 산업과 같이 노동력을 바탕으로 하는 경공업이 발달하였다. 등   **5** 예 우리나라에 필요한 물건을 얻을 수 있다. 등

연습 문제

1 ㈎, ㈏는 우리나라, 중국, 일본, 러시아가 함께 협력하는 교류 모습을 담은 기사입니다.

2 ㈎는 에너지 협력을 통해 경제 교류가 이루어진 사례이며, ㈏는 공동의 환경 문제 해결을 위해 노력하는 정치, 사회적 교류의 사례입니다.

3 우리나라와 이웃 나라들은 환경 문제와 같은 공동의 문제를 해결하기 위해 서로 의견을 나누며 힘을 모으며 협력하기도 합니다.

채점 기준

공동의 노력으로 함께 해결해야 하는 문제이기 때문이라는 내용, 또는 이해와 협력을 바탕으로 공동의 문제를 잘 해결하기 위해서라는 내용 등으로 쓴 경우 정답으로 합니다.

실전 문제

1 중국은 영토가 넓어 다양한 지형과 기후가 나타납니다. 중국 서북부에는 넓은 고비 사막이 나타나고, 세계의 지붕이라고 불리는 시짱고원(티베트 고원)이 나타납니다. 서쪽에서 동쪽으로 갈수록 지형이 낮아지며 동쪽에는 항구와 도시가 발달하였습니다. 러시아는 위도가 높은 곳에 위치하여 주로 냉대 기후와 한대 기후가 나타나며 동부는 주로 고원과 산지가 분포하고, 서부에 평

원이 나타납니다. 일본은 섬나라이며, 바다의 영향을 받아 강수량이 많은 특징을 보입니다.

2 제시된 사진은 지진으로 인해 길 등이 무너진 모습입니다. 일본의 땅은 화산 활동으로 만들어진 섬으로 지금도 여전히 화산 활동과 지진 활동이 활발하게 일어나는 나라입니다.

채점 기준

화산 활동이 활발하거나 지진이 많이 발생한다는 내용으로 쓴 경우 정답으로 합니다.

3 제시된 자료를 통해 우리나라는 사우디아라비아로부터 원유 등을 수입하고, 자동차, 타이어, 플라스틱 등을 수출하는 것을 알 수 있습니다. 또한, 베트남으로부터 휴대 전화 부품 및 의류 등을 수입하고, 반도체, 모니터 등을 수출하는 것을 알 수 있습니다.

4 베트남은 풍부한 노동력을 바탕으로 섬유, 의류, 신발 등의 경공업이 발달한 나라입니다.

채점 기준

노동력을 바탕으로 한 경공업이 발달했다는 내용으로 쓴 경우 정답으로 합니다.

5 세계 여러 나라들은 각 나라마다 환경이 다르고 자원 등이 다르기 때문에 필요한 것을 얻기 위해 무역을 합니다. 이러한 무역을 통해 각 나라에 필요한 물건 및 서비스를 얻을 수 있습니다.

채점 기준

경제적 교류(무역 등)를 통해 필요한 것을 얻을 수 있다는 내용으로 쓴 경우 정답으로 합니다.

 대단원 마무리   44~47쪽

01 ②   **02** ⑤   **03** ②, ④   **04** ①, ③   **05** ④   **06** ①   **07** 태평양   **08** ③   **09** (1) ㉣ (2) 건조 기후   **10** 예 대체로 적도에서 극지방으로 갈수록 열대 기후, 건조 기후, 온대 기후, 냉대 기후, 한대 기후의 순서로 나타난다. 등   **11** ①   **12** ⑤   **13** ⑤   **14** ④, ⑤   **15** ④   **16** ㉠ 자연환경, ㉡ 인문환경   **17** ①   **18** ③   **19** ②   **20** 러시아   **21** 예 우리나라, 중국, 일본은 한자를 바탕으로 한 문자를 사용하고, 러시아는 세 나라와 다르게 알파벳을 바탕으로 한 문자를 사용한다. 등   **22** ⑤   **23** ⑤   **24** ④   **25** 예 우리나라는 세계 여러 나라와 다양한 분야에서 교류하며 상호 의존 관계를 맺고 있다. 등

01 지구본과 세계 지도에는 본초 자오선과 적도가 나타나 있습니다. 본초 자오선을 기준으로 동경과 서경으로 구분하며, 적도를 기준으로 북위와 남위로 구분합니다. 또한, 지구본과 세계 지도에 표시된 위선과 경선을 통해 나라의 위치를 숫자(위도와 경도)로 나타낼 수 있습니다.

02 나라와 나라가 얼마나 멀리 떨어져 있는지는 디지털 영상 지도에서 거리 측정 기능을 사용하여 알 수 있습니다. 디지털 영상 지도를 활용하면 거리 및 교통수단별 이동 시간도 알 수 있습니다.

03 아프리카는 세계에서 두 번째로 큰 대륙으로, 북반구와 남반구에 걸쳐 있습니다.

오답 피하기

③ 남극 대륙과 오세아니아는 서로 분리되어 있는 대륙이며, 그 사이에는 바다가 있습니다.
⑤ 아시아와 북아메리카 사이에는 태평양이 위치합니다.

04 우리나라가 속한 대륙은 아시아 대륙입니다. 아시아 대륙은 세계 대륙 중 가장 크며, 태평양과 맞닿아 있습니다.

오답 피하기

② 아시아 대륙은 대부분이 북반구에 속합니다.
④ 아시아 대륙의 북쪽에는 북극해가 위치합니다.

05 브라질은 남아메리카 대륙에 속하는 나라입니다.

06 지도에 색으로 표시된 대륙은 북아메리카입니다. 북아메리카에 속하는 나라로는 미국, 캐나다, 멕시코 등이 있습니다.

07 태평양은 세계에서 가장 큰 바다로, 아시아, 오세아니아, 북아메리카, 남아메리카 대륙에 둘러싸여 있습니다.

08 영토가 바다로 둘러싸여 있는 나라는 뉴질랜드와 같은 섬나라를 말합니다.

> **오답 피하기**
> ① 미국의 영토는 두 지역으로 나뉘어져 있습니다.
> ② 우리나라는 삼면이 바다로 둘러싸여 있지만, 북쪽은 육지로 연결된 반도 국가입니다.

09 건조 기후는 주로 20°~30° 일대와 내륙의 내부에 분포하며, 강수량이 매우 적은 특징이 나타납니다.

10 세계의 기후는 기온과 강수량을 기준으로 나누며, 대체로 적도에서부터 극지방으로 가며 기온이 낮아지고 이에 따라 열대 기후, 건조 기후, 온대 기후, 냉대 기후, 한대 기후의 순서로 나타납니다.

> **채점 기준**
> 적도에서부터 극지방으로 가며 순서대로 기후의 변화를 쓴 경우 정답으로 합니다(건조 기후를 제외하고 열대 기후−온대 기후−냉대 기후−한대 기후의 순으로 설명한 경우도 정답으로 합니다).

11 열대 기후 지역에서는 초원 등의 자연환경을 이용하여 사파리 관광 산업과 같은 생태 관광이 이루어지기도 하며, 커피, 바나나, 카카오 등의 작물을 대규모로 재배하여 수출하기도 합니다.

12 온대 기후 지역은 열대 기후, 건조 기후, 냉대 기후, 한대 기후에 비해 기온이 온화한 편이고 강수량도 적당하여 농업 등 다양한 산업이 발전할 수 있었으며 많은 사람들이 모여 살게 되었습니다.

> **오답 피하기**
> ① 고위도 지역은 기온이 매우 낮아 사람들이 살아가기에 너무 춥습니다.
> ④ 나무가 자라지 않는 지역은 강수량이 매우 적은 건조 기후

지역의 사막이거나 기온이 매우 낮은 한대 기후 지역에 해당합니다.

13 제시된 소개 자료에는 한대 기후 지역의 특징이 들어가야 합니다. 한대 기후 지역은 기온이 매우 낮고 대부분의 땅이 얼어 있기 때문에 농사를 짓기 어렵습니다.

14 스위스 지역은 대규모 목축이 이루어지며 낙농업이 발달한 곳으로 지역에서 많이 생산되는 치즈를 이용한 퐁뒤라는 음식이 발달하였습니다. 또한, 멕시코는 옥수수, 감자 등의 작물을 많이 재배하며 옥수숫가루를 이용하여 만든 토르티야를 활용한 음식이 발달하였습니다. 퐁뒤와 타코는 각 지역에서 생산되는 작물을 이용하여 만든 음식입니다. 이러한 음식들과 음식 문화는 그 지역의 환경의 영향을 받아 나타난 식생활 모습입니다.

> **오답 피하기**
> ①, ③ 스위스 지역은 주로 고산 기후, 냉대 기후가 나타나며, 멕시코는 지역에 따라 건조 기후와 열대 기후, 고산 기후 등이 나타납니다.

15 인도 사람들이 소고기를 먹지 않는 것은 종교의 영향을 받은 것입니다.

16 지형, 기후 등은 자연환경에 해당하고, 종교, 풍습 등은 인문환경에 해당합니다.

17 페루 사람들은 일교차가 큰 기후의 영향을 받아 체온을 유지하기 위해 망토를 입습니다.

18 몽골 사람들은 유목을 하며 게르라는 이동식 집을 짓고 생활합니다.

> **오답 피하기**
> ②, ④ 제시된 자료는 열대 기후 지역에서 볼 수 있는 모습입니다.

19 오아시스 주변에서 농사를 짓는 것은 비가 거의 내리지 않는 건조 기후의 영향을 받은 것이고, 침엽수림을 이용한 목재와 펄프 산업이 발달한 것은 냉대 기후의 영

향을 받은 생활 모습입니다. 즉, 두 지역에서 발달한 산업이 다른 것은 두 지역의 기후가 다르기 때문입니다.

20 러시아는 우리나라의 이웃 나라이지만, 중국, 일본과 다르게 주로 유럽의 영향을 많이 받았기 때문에 우리나라와 생활 모습이 많이 다릅니다.

21 우리나라와 중국, 일본은 한자 문화권으로 한자를 바탕으로 한 문자가 발달하였고, 러시아는 세 나라와 다르게 알파벳에 기초한 문자를 사용합니다.

우리나라, 일본, 중국은 한자를 바탕으로 한 문자를 사용하는 반면 러시아는 알파벳을 바탕으로 한 문자를 사용한다는 내용이면 정답으로 합니다.

22 우리나라와 이웃 나라들은 외교, 환경, 경제, 국방, 보건 등 함께 해결해야 하는 공동의 문제를 위해 서로 협력하며 상호 의존하고 있습니다.

23 우리나라의 대중 음악과 춤 등이 세계적으로 인기를 끌게 되면서 다른 여러 나라에서 우리나라의 대중음악과 관련된 행사, 대회 등이 열리고 있습니다. 음악 분야뿐만이 아닌 영화, 스포츠, 드라마 등 오늘날에는 우리나라의 문화를 세계에 알리며 다양한 교류가 이루어지고 있습니다.

24 미국은 북아메리카에 있으며 미국과 우리나라 사이에는 태평양이 위치하여 지리적으로 가까운 나라는 아닙니다. 미국은 영토가 넓고 자원이 풍부하며, 다양한 산업이 발달한 나라입니다. 이를 바탕으로 우리나라는 미국과 무역을 많이 하고 있으며, 정치·경제적으로도 많은 교류가 이루어집니다.

⑤ 미국의 영화제에서 우리나라의 영화가 상을 받거나, 우리나라 음악, 우리나라의 드라마 등이 인기를 얻어 공연을 하는 것 등은 문화 교류의 예라 할 수 있습니다.

25 케냐와 무역을 통해 생산품을 주고받는 것은 경제 교류의 모습이며, 영국과 미술, 음악을 교류하는 것은 문화 교류의 모습입니다. 또한, 싱가포르에서 많은 유학생이

우리나라를 방문하여 교육 등의 교류가 이루어지고, 우리나라의 기업이 싱가포르에 진출하여 건물을 짓고 기술을 교류하는 등 다양한 교류가 이루어지고 있습니다. 이와 같이 우리나라는 세계 여러 나라들과 정치·경제·문화 등의 분야에서 다양한 교류를 하며 상호 의존하는 관계를 맺고 있습니다. 이러한 교류를 통해 각 나라들은 서로 필요한 물건, 자원, 서비스 및 도움 등을 얻을 수 있습니다. 오늘날에는 교통·통신의 발달로 나라 간의 교류가 더욱 늘어나게 되었고 더욱 밀접한 관련을 맺으며 살아갑니다.

우리나라는 세계 여러 나라와 다양한 분야에서 교류하며 상호 의존 관계를 맺고 있다는 내용이면 정답으로 합니다.

통일 한국의 미래와 지구촌의 평화

(1) 한반도의 미래와 통일

핵심 개념 문제 55~56쪽

01 ③　02 ②　03 안용복　04 ①　05 ②　06 국방비
07 ②, ③　08 ④

01 독도는 우리나라의 동쪽 끝에 있고, 경제적 가치가 높은 섬입니다.

02 팔만대장경은 고려 시대 부처의 힘으로 외적을 물리치기 위하여 만든 것으로, 독도가 우리나라 영토임을 알 수 있는 자료가 아닙니다.

03 조선 시대 안용복이 일본으로 건너가 울릉도와 독도가 조선의 영토임을 주장했고, 일본으로부터 이를 확인하는 문서를 받아 냈습니다.

04 독도를 지키기 위하여 독도에 사람들을 강제로 가서 살게 할 수는 없습니다.

05 저작권 침해는 정보화로 발생하는 문제점입니다.

06 통일이 되면 나라의 예산 중에 국방비가 줄어들어 다른 곳에 쓸 수 있으므로 사람들의 삶의 질이 좋아질 것입니다.

07 남북통일을 위한 정치적 노력에는 7·4 남북 공동 성명 발표, 남북 기본 합의서 채택, 남북 정상 회담 개최 등이 있습니다.

> **오답 피하기**
> ①은 남북통일을 위한 경제적 노력, ④, ⑤는 남북통일을 위한 사회·문화적 노력입니다.

08 통일이 되면 이산가족 문제가 해결되며, 전쟁에 대한 두려움이 사라집니다. 또한 휴전선이 없어져 비무장 지대를 평화롭게 이용할 수 있습니다.

중단원 실전 문제 57~58쪽

01 ③　02 지효　03 ①　04 ④　05 안용복　06 반크
07 ⑤　08 ⑤　09 ①　10 ④

01 독도는 동해의 중심에 자리잡고 있어 선박과 항공 교통뿐만 아니라 군사적으로도 중요한 위치에 있습니다.

02 독도는 동도와 서도인 두 개의 큰 섬과 그 주위에 크고 작은 바위섬 89개로 이루어졌습니다. 독도는 경사가 급하고 대부분 암석이지만 다양한 동식물이 서식하는 생태계의 보고이며, 가스 하이드레이트와 같은 자원이 있어 경제적 가치가 높습니다.

03 「팔도총도」는 우리나라 옛 지도 중 우산도(지금의 독도)가 표기된 가장 오래된 지도입니다.

04 『무구정광대다라니경』은 통일 신라 시대에 만들어진 불경 인쇄본으로, 세계에서 가장 오래된 목판 인쇄물입니다.

05 조선 시대에 살았던 안용복은 독도를 지키기 위해 일본에 가서 울릉도와 독도가 우리 영토임을 확인받았습니다.

06 반크는 1999년 설립된 사이버 외교 사절단으로, 인터넷에서 우리나라와 관련된 잘못된 사실을 바로잡는 데 노력하고 있습니다.

07 남북 분단으로 겪는 어려움에는 이산가족의 아픔, 국방비 증가, 달라지는 남북한 언어, 전쟁에 대한 두려움 등이 있습니다.

08 통일을 하면 남한의 높은 기술력과 북한의 풍부한 자원을 이용하여 경쟁력 높은 제품을 만들 수 있습니다.

> **오답 피하기**
> ① 남북통일이 되면 국방비는 줄어듭니다.
> ②, ③ 남북통일을 이루지 않아도 현재 독도 관련 축제를 열고 독도에 사람이 가서 살고 있습니다.
> ④ 통일이 되면 철도(육로)를 이용해서 외국과 더욱 활발하게 교류할 수 있습니다.

09 남북통일을 위한 경제적 노력에는 개성 공단 운영, 경의선·동해선 철도 연결 및 현대화 착공식이 있습니다.

10 통일을 이루면 휴전선이 없어져 비무장 지대를 평화롭게 이용할 수 있습니다.

서술형 평가 돋보기   59~60쪽

연습 문제

1 독도는 일본의 오키섬보다 우리나라의 울릉도에 더 가까이 있습니다.

2 독도는 경사가 급하고 대부분 암석이지만 다양한 동식물이 서식하는 생태계의 보고이기도 합니다. 우리나라는 독도를 천연기념물로 지정해 보호하고 있습니다.

3 독도는 각종 자원을 얻을 수 있는 중요한 가치가 있는 곳입니다.

채점 기준

독도의 지정학적 위치, 독도의 풍부한 자원 등과 같은 내용을 포함하여 썼으면 정답으로 합니다.

실전 문제

1 『세종실록지리지』에는 지금의 독도인 우산과 지금의 울릉도인 무릉이 강원도 울진현의 동쪽 바다에 있다는 사실이 나와 있습니다.

2 옛 지도와 기록에는 독도가 우리나라의 영토라는 사실이 나타나 있습니다.

채점 기준

독도가 우리 영토라는 내용을 썼으면 정답으로 합니다.

3 남북 분단으로 겪고 있는 어려움에는 전쟁에 대한 공포, 이산가족의 아픔, 국방비 과다로 인한 경제적 손실, 남북 간의 언어와 문화 차이 등이 있습니다.

채점 기준

남북 분단으로 겪고 있는 어려움을 두 가지 이상 포함하여 썼으면 정답으로 합니다.

4 남북이 통일한다면 이산가족끼리 서로 만나고 고향에도 갈 수 있으며, 전쟁의 공포에서 벗어날 수 있습니다. 그리고 남북의 자원을 효율적으로 사용할 수 있으며, 국방비가 줄어서 남은 비용을 국민들의 삶의 질을 높이는 곳에 사용할 수 있습니다.

채점 기준

남북통일을 이루었을 때의 장점(자원과 기술의 효율적 이용, 지리적 이점 등)을 썼으면 정답으로 합니다.

(2) 지구촌의 평화와 발전

01 유대교를 믿는 이스라엘의 유대인과 이슬람교를 믿는 팔레스타인의 아랍인들이 팔레스타인 지역을 차지하려고 다투고 있습니다.

02 남중국해에 있는 스프래틀리 군도(난사 군도, 쯔엉사 군도, 칼라얀 군도)는 석유와 천연가스가 바다 밑에 묻혀 있어 주변 나라들 모두가 자국의 섬이라고 주장하며 갈등을 빚고 있습니다.

03 말랄라 유사프자이는 여성 교육을 위해 활동한 파키스탄의 운동가로 누리 소통망 서비스(SNS)를 이용해 탈레반 점령 지역의 생활과 여학생 교육의 문제점을 알리려고 노력했습니다.

04 지구촌 평화를 위해 우리나라에서는 한국 국제 협력단(KOICA) 운영, 국제 연합 평화 유지군 파견, 국제기구 활동 참여, 평화를 위한 외교 활동 등을 합니다. ⑤는 독도를 알리기 위해 민간단체가 한 일입니다.

05 1945년 설립된 국제 연합(UN)은 지구촌의 평화 유지, 전쟁 방지, 국제 협력 활동을 하는 단체입니다.

06 국제 연합 교육 과학 문화 기구(UNESCO)에서는 교육, 과학, 문화 교류를 통해 세계 평화를 추구합니다.

오답 피하기

① 사형 폐지, 난민 보호 등 인권을 보장하고 존중하기 위한 활동을 합니다.
② 전쟁 등으로 살 곳을 잃은 난민들을 돕고 있습니다.
③ 질병 예방, 교육, 어린이 보호 등 어린이의 권리 향상을 위한 다양한 활동을 합니다.
④ 어려움에 처한 사람들에게 식량을 지원하는 일을 합니다.

07 비정부 기구(NGO)는 뜻이 같은 개인들이 모여 지구촌

의 여러 문제를 해결하고자 활동하는 조직입니다.

08 그린피스는 지구 환경과 평화를 지키고자 다양한 방법으로 핵 실험 반대, 자연 보호 운동을 합니다.

01 시리아에서는 독재 정치와 종교 문제로 국내에 크고 작은 내전이 계속되고 있습니다.

02 에티오피아에서는 민족 간 종교와 언어 차이, 경제적·정치적 차별 등으로 끊이지 않는 갈등이 발생하였습니다.

03 지역마다 민족이나 종교, 인종, 생각과 믿음이 다른 경우가 많기 때문에 지구촌 갈등이 일어나는 지역이 많습니다.

04 지구촌 사람들에게 서로 비슷한 문화를 장려하는 것은 지구촌 갈등을 평화롭게 해결하는 방법이 아닙니다.

05 넬슨 만델라는 남아프리카 공화국에서 일어난 흑인 차별과 종족 간의 갈등을 해결하기 위해 노력한 인물입니다.

06 우리나라에서는 지구촌 갈등을 해결하고자 한국 국제 협력단(KOICA)을 운영하여 빈곤, 전쟁, 인권 문제 등을 겪는 나라에서 의료 활동, 교육 봉사 등을 합니다.

07 제1, 2차 세계 대전을 계기로 세계는 전쟁을 미리 막고, 실질적인 힘을 지녀 지구촌 갈등을 해결할 국제기구가 필요하다는 것을 깨닫고 국제 연합(UN, 유엔)을 만들었습니다.

08 국제 연합 아동 기금(UNICEF)은 질병 예방, 교육, 어린이 보호 등 어린이의 권리 향상을 위한 다양한 활동을 합니다.

09 국경 없는 의사회는 인종이나 종교, 성별 등과 관계없

이 의료 지원이 필요한 사람들을 돕는 단체입니다.

오답 피하기

① 지구 환경과 평화를 지키고자 다양한 방법으로 핵 실험 반대, 자연 보호 운동을 합니다.
② 가난, 전쟁, 자연재해 등으로 터전을 잃어버린 사람들에게 집을 지어 주고 있습니다.
③ 사형 폐지, 난민 보호 등 인권을 보장하고 존중하기 위한 활동을 합니다.
⑤ 모든 아동의 생존과 보호를 위해 교육, 의료 등의 분야에서 다양한 지원을 합니다.

10 해비타트에서는 가난, 전쟁, 자연재해 등으로 터전을 잃어버린 사람들에게 집을 지어 주고 있습니다.

서술형 평가 돋보기
68~69쪽

연습 문제

1 종교 2 평화 3 ⑩ 지구촌 갈등으로 피해를 입은 친구들을 돕는 모금 활동을 한다. / 사람들이 지구촌 갈등 문제 해결에 관심을 갖도록 관련 글이나 영상을 인터넷, 누리 소통망 서비스(SNS) 등에 올린다. 등

실전 문제

1 국제기구 2 ⑩ 지구촌 평화 유지, 전쟁 방지, 국제 협력을 위해 다양한 활동을 한다. 등 3 ⑩ 질병 예방, 교육, 어린이 보호 등 어린이의 권리 향상을 위한 다양한 활동을 한다. 등
4 비정부 기구(NGO) 5 ⑩ 비정부 기구(NGO)는 뜻이 같은 개인들이 모여 지구촌의 여러 문제를 해결하기 위해 노력한다. 등

연습 문제

1 유대교를 믿는 이스라엘의 유대인과 이슬람교를 믿는 팔레스타인의 아랍인들이 팔레스타인 지역을 차지하려고 다투고 있습니다.

2 지구촌 갈등의 문제는 갈등을 겪는 지역뿐만 아니라 다른 여러 국가와 연결되어 있어 짧은 시간에 해결하기 어려우므로 지구촌 평화를 위해 여러 사람이 함께 노력해야 합니다.

3 지구촌 갈등을 평화롭게 해결하기 위해 우리는 피해를 입은 친구들을 돕는 모금 활동을 하거나 사람들이 지구촌 갈등 문제 해결에 관심을 갖도록 관련 글이나 영상을 인터넷 등에 올릴 수 있습니다.

채점 기준

예시 답안과 비슷한 내용으로 썼으면 정답으로 합니다.

실전 문제

1 국제기구는 국가들이 모여서 지구촌 문제를 함께 해결하려고 만든 조직입니다.

2 ㉮ 국제 연합(UN, 유엔)은 지구촌의 평화 유지, 전쟁 방지, 국제 협력 활동을 합니다. ㉯ 국제 연합 아동 기금(UNICEF), ㉰ 국제 연합 교육 과학 문화 기구(UNESCO), ㉱ 국제 연합 난민 기구(UNHCR), ㉲ 국제 연합 세계 식량 계획(WFP)은 국제 연합 산하 기구입니다.

채점 기준

국제 연합에서 하는 일을 바르게 썼으면 정답으로 합니다.

3 ㉯ 국제 연합 아동 기금(UNICEF)은 질병 예방, 교육, 어린이 보호 등 어린이의 권리 향상을 위한 다양한 활동을 합니다. ㉰ 국제 연합 교육 과학 문화 기구(UNESCO)는 교육, 과학, 문화 교류를 통해 세계 평화를 추구합니다. ㉱ 국제 연합 난민 기구(UNHCR)는 난민을 보호하고 안전한 피난처를 찾을 수 있도록 돕는 활동을 합니다. ㉲ 국제 연합 세계 식량 계획(WFP)은 어려움에 처한 사람들에게 식량을 지원하는 일 등을 합니다.

채점 기준

국제 연합 아동 기금(UNICEF)에서 하는 일을 바르게 썼으면 정답으로 합니다.

4 비정부 기구(NGO)는 지구촌의 여러 문제를 해결하기 위해 뜻이 비슷한 개인들이 모여 활동합니다.

5 각국 정부가 모인 국제기구와 달리 비정부 기구는 개인이나 민간단체 중심으로 만들어집니다.

채점 기준

뜻이 같은(비슷한) 개인이 모여 만들었다는 내용을 썼으면 정답으로 합니다.

(3) 지속 가능한 지구촌

핵심 개념 문제
72~73쪽

01 지구 온난화 **02** 사막화 **03** ① **04** ㉢ **05** ㉡ **06** 세계 시민 **07** ③ **08** ⑤

01 지구 온난화는 대기 중에 이산화 탄소, 메탄 등 온실가스가 늘어나 태양열 일부를 지구에 가둬서 지구의 온도가 높아지는 현상입니다.

02 사막화는 자연적 또는 인위적 요인에 의해 기존에 사막이 아니던 곳이 점차 사막으로 변해 가는 현상입니다.

03 지구촌 환경 문제를 해결하기 위해 개인은 쓰레기 분리배출하기, 일회용품 사용 줄이기, 에너지 절약하기, 환경 운동에 참여하기 등을 할 수 있습니다.

> **오답 피하기**
> ②, ⑤ 지구촌 환경 문제를 해결하기 위한 기업의 노력입니다.
> ③, ④ 지구촌 환경 문제를 해결하기 위한 국가의 노력입니다.

04 지구촌 환경 문제를 해결하기 위해 국가에서는 신·재생 에너지 생산 시설 운영을 늘리고, 온실가스 감축을 실천하는 가정이 많아지도록 지원 정책을 펼칩니다.

05 지속 가능한 미래는 지구촌의 사람들이 오늘날의 발전뿐만 아니라 미래 세대의 환경을 보호하고 발전할 수 있도록 책임감 있게 행동해 지구촌의 지속 가능성을 높여 가는 것입니다.

06 세계 시민은 지구촌 문제가 우리의 문제임을 알고 이를 해결하고자 협력하는 자세를 지닌 사람입니다.

07 농작물을 재배할 때 농약의 사용을 최소화하는 것은 친환경적 생산과 관련이 있습니다.

08 문화적 편견과 차별 해소를 위해 서로 다른 문화를 이해할 수 있도록 교육을 실시합니다. 그리고 편견과 차별로 인한 문제를 해결하기 위한 제도를 마련합니다.

중단원 실전 문제
74~75쪽

01 ③ **02** ④ **03** 지구 온난화 **04** ④ **05** ⑤ **06** ③
07 지속 가능 **08** ⑤ **09** ⑤ **10** ②

01 사막화는 자연적 또는 인위적 요인에 의해 사막이 아니던 곳이 점차 사막으로 변해 가는 현상입니다.

02 바다에 버려진 쓰레기들이 파도와 바람에 밀려와 이룬 거대한 쓰레기 섬에 대한 기사입니다.

03 지구 온난화는 대기 중에 이산화 탄소, 메탄 등 온실가스가 늘어나 태양열 일부를 지구에 가둬서 지구의 온도가 높아지는 현상입니다.

04 공장의 매연 속 초미세 먼지가 공기 중에 퍼지며 사람과 동식물에게 해를 끼칩니다.

05 지구촌 환경 문제를 해결하기 위해 기업에서는 친환경 제품 생산, 제품에 불필요한 포장 줄이기 등을 합니다.

> **오답 피하기**
> ① 지구촌 환경 문제를 해결하기 위한 세계의 노력에 해당합니다.
> ② 지구촌 환경 문제를 해결하기 위해 개인은 플라스틱 빨대 사용을 줄여야 합니다.
> ③, ④ 열대 우림을 개발하는 일과 화석 연료 사용량을 늘리는 일은 지구촌 환경 문제를 가속화시키고 있습니다.

06 지구촌 전등 끄기 캠페인은 매년 3월 마지막 주 토요일에 실시하고 있으며, 해당 일에 1시간 전등을 소등함으로써 기후 변화 문제의 심각성을 알리는 상징적 자연보전 캠페인입니다.

07 지속 가능한 미래는 지구촌 사람들이 현재와 미래 세대의 환경을 보호하고 지구촌의 지속 가능성을 높여 가는 것입니다.

08 제품에 부착된 표시들은 환경 오염을 줄이기 위한 것이라는 공통점을 갖고 있습니다.

09 다문화 교육 활동은 문화적 편견과 차별 문제를 해결하기 위한 노력입니다.

10 친환경적 생산과 소비 방식의 확산은 환경 문제를 해결하기 위한 노력입니다.

 서술형 평가 돋보기 76~77쪽

연습 문제

1 환경 문제 **2** 열대 우림, 친환경(친환경적) **3** ㉔ 친환경 제품을 찾아 소비하려고 노력한다. 등

실전 문제

1 ㉔ 기아 문제로 고통을 겪고 있는 지역이 많다. 등 **2** ㉔ 빈곤과 기아 문제를 해결하기 위해 모금 활동, 구호 활동, 캠페인 등을 한다. 등 **3** 주원 **4** ㉔ 서로 다른 문화를 이해할 수 있도록 교육을 실시한다. / 다른 나라의 음식을 소개하는 행사를 연다. 등 **5** ㉔ 가까운 거리는 걸어 다닌다. / 문화 존중 캠페인에 참여한다. 등

연습 문제

1 제시된 사진에는 평소 우리가 즐겨 먹는 과자를 만드는 데 필요한 팜유를 생산하기 위해 열대 우림이 파괴되어 동식물이 살기 어려운 환경이 나타나 있으며, 이것은 환경 문제와 관련 있습니다.

2 우리가 깊게 생각하지 않고 친환경적 생산과 소비를 위해 노력하지 않는다면 지구의 환경이 크게 오염되어 다른 동식물이 살아가는 데 치명적인 영향을 미칠 수 있습니다.

3 친환경적 생산과 소비 방식으로 자원을 아끼고 환경 문제를 줄일 수 있습니다.

채점 기준

친환경적 생산과 소비에 관련된 내용을 썼으면 정답으로 합니다.

실전 문제

1 제시된 자료는 세계 기아 지도로, 전체 인구 중 영양 결핍 인구 비율을 나타낸 것입니다. 이 지도를 통해 기아와 빈곤 문제가 세계적으로 큰 문제가 됨을 알 수 있습니다.

채점 기준

기아 또는 빈곤 문제를 겪고 있다는 내용이 들어가게 썼으면 정답으로 합니다.

2 빈곤과 기아 문제를 해결하기 위한 노력에는 모금 활동, 구호 활동, 캠페인, 식량 지원, 교육 지원, 농업 기술 지원 등이 있습니다.

채점 기준

빈곤과 기아 문제를 해결하기 위한 노력에 대해 썼으면 정답으로 합니다.

3 주원이는 문화가 달라 겪었던 어려움을, 하진이는 환경 문제로 겪는 어려움을 말하고 있습니다.

4 문화적 편견과 차별 해소를 위해 서로 다른 문화를 이해할 수 있도록 교육을 실시합니다. 그리고 편견과 차별로 인한 문제를 해결하기 위한 제도를 마련합니다.

채점 기준

문화적 편견과 차별 해소를 위한 노력을 썼으면 정답으로 합니다.

5 세계 시민으로서 우리가 실천할 수 있는 일에는 물은 필요한 만큼만 사용하기, 가까운 거리는 걸어가기, 음식 남기지 않기, 문화 존중 캠페인 참여하기 등이 있습니다.

채점 기준

지속 가능한 미래를 위해 세계 시민으로서 우리가 실천 가능한 일을 썼으면 정답으로 합니다.

대단원 마무리 80~83쪽

01 독도 **02** ④ **03** ㉔ 조선 시대에 만들어진 『팔도총도』를 보면 동해에 울릉도와 독도 두 섬이 함께 그려져 있다. 등 **04** ① **05** ④ **06** ③ **07** ㉔ 육로로 다른 나라와 더 많은 교류를 할 수 있다. 등 **08** ㉡, ㉣ **09** ① **10** ④ **11** ⑤ **12** 이태석 **13** ⑤ **14** ⑤ **15** ② **16** ㉔ 국제기구는 국가들이 모여 만든 조직이며, 비정부 기구는 뜻이 같은 개인이 모여 만든 조직이다. 등 **17** 그린피스 **18** ③ **19** ④ **20** ⑤ **21** 지속 가능한 미래 **22** ② **23** ① **24** ⑤ **25** ⑤

01 독도는 동해의 중심에 있어 선박과 항공 교통의 항로뿐만 아니라 군사적으로도 중요한 위치에 있습니다.

02 독도 주변 바다의 해양 심층수는 햇빛이 닿지 않는 수심 200m 이상의 깊은 곳에 있는 바닷물로, 항상 낮은 온도(약 3℃)를 유지합니다.

> **오답 피하기**
> ① 봉우리의 모양이 옛날 관리가 갓 아래 받쳐 쓰던 탕건과 닮아서 탕건봉이라고 부릅니다.
> ② 천장굴은 침식으로 생긴 동굴입니다.
> ③ 한반도 모양을 닮아서 한반도 바위라고 부릅니다.
> ⑤ 천연가스와 물이 결합한 고체 상태의 물질로 불을 붙이면 타는 성질이 있어 '불타는 얼음'이라고도 부릅니다.

03 독도가 우리나라 영토임을 알 수 있는 자료에는 『세종실록지리지』, 「팔도총도」, 대한 제국 칙령 제41호, 「태정관 지령」, 「대일본전도」, 연합국 최고 사령관 각서 제677호 등이 있습니다.

> **채점 기준**
> 독도가 우리나라 땅이라는 역사적 자료를 한 가지 썼으면 정답으로 합니다.

04 조선 시대 안용복이 일본으로 건너가 울릉도와 독도가 조선의 영토임을 주장했고, 일본으로부터 이를 확인하는 문서를 받아 냈습니다.

> **오답 피하기**
> ③ 최종덕은 경상북도 울릉군 독도리로 주민 등록을 옮긴 최초의 독도 주민입니다.
> ④ 홍순칠은 독도의용수비대를 결성하여 독도 경비 활동을 펼친 인물입니다.
> ⑤ 심흥택은 대한 제국의 제3대 울도군(울릉군) 군수로 '독도'라는 명칭을 대한 제국 공식 문서 상에서 최초로 사용한 인물입니다.

05 제시된 자료는 독도 홍보 포스터입니다.

06 남북 분단으로 겪는 어려움에는 이산가족의 아픔, 많은 국방비, 달라지는 남북한 언어, 전쟁에 대한 두려움 등이 있습니다.

07 남북통일이 되면 육로로 유럽이나 아시아의 다른 나라와 쉽고 빠르게 더 많은 교류를 할 수 있습니다.

> **채점 기준**
> 육로를 이용하여 다른 나라와 교류할 수 있다는 내용으로 썼으면 정답으로 합니다.

08 통일을 위한 정치적 노력에는 남북 정상 회담 개최, 남북 기본 합의서 채택 등이 있습니다.

> **오답 피하기**
> ㉠, ㉺은 남북통일을 위한 경제적 노력, ㉢, ㉣은 남북통일을 위한 사회·문화적 노력입니다.

09 영토 갈등은 땅을 서로 차지하려고 하여 발생하는 갈등입니다.

10 에티오피아에서는 민족 간 종교와 언어 차이, 경제적·정치적 차별 등으로 끊이지 않는 갈등이 발생하였습니다.

11 지구촌 갈등의 문제는 갈등을 겪는 지역뿐만 아니라 다른 여러 국가가 서로 연결되어 있기 때문에 문제를 해결하려면 함께 노력해야 합니다.

12 이태석은 남수단에서 의료 봉사와 교육에 헌신하여 '남수단의 슈바이처'라고 불렸습니다.

13 우리나라는 국제 연합 평화 유지군을 파견하여 분쟁 지역의 평화에 기여해 국제 사회 발전에 이바지합니다.

> **오답 피하기**
> ①, ②는 독도를 지키기 위한 노력과 관련 있습니다.
> ③ 남북한 예술단은 남북통일을 위한 노력과 관련이 있습니다.
> ④ 선진국이 개발 도상국 또는 개발 도상국을 위한 국제기구에 돈이나 기술 등의 도움을 주는 것입니다.

14 해비타트, 국제 앰네스티, 국경 없는 의사회, 세이브 더 칠드런은 비정부 기구(NGO)입니다.

15 사이버 공간에서 외교 사절단 역할을 하는 것은 반크에 관련된 설명입니다.

16 각국 정부가 모인 국제기구와 달리 비정부 기구는 개인이나 민간 단체 중심으로 만들어집니다.

17 그린피스는 지구 환경과 평화를 지키고자 다양한 방법으로 핵 실험 반대, 자연 보호 운동을 합니다.

18 지구촌의 환경 문제에는 지구 온난화, 사막화, 열대 우림 파괴, 바다 위 쓰레기 섬, 초미세 먼지 증가 등이 있습니다.

19 시리아 내전에 대해 조사하는 것은 환경 문제와 관련이 없습니다.

20 지구촌 환경 문제를 해결하기 위한 개인의 노력에는 재활용 실천하기, 일회용품 사용 줄이기, 쓰레기 분리배출하기, 친환경 제품 사용하기 등이 있습니다.

21 지구촌의 문제를 우리의 문제로 인식하고 이를 해결하기 위해 전 세계 사람들과 협력해 나갈 때 지속 가능한 미래를 만들 수 있습니다.

22 빈곤과 기아 문제를 해결하기 위한 노력에는 모금 활동, 구호 활동, 캠페인, 식량 지원, 교육 지원, 농업 기술 지원 등이 있습니다.

23 '제로 웨이스트 숍(Zero Waste Shop)'을 자주 이용하는 것은 친환경적 소비에 해당합니다.

24 제시된 내용은 문화적 편견과 차별로 힘들어하는 모습입니다. 문화적 편견과 차별을 해결하기 위하여 다양성을 존중하는 교육을 합니다.

25 제시된 사례는 친환경적 생산과 소비 방식 확산을 위하여 플라스틱 빨대를 없애자는 의견을 기업에 보낸 메일입니다.

1단원 (1) 중단원 쪽지 시험 5쪽

01 디지털 영상 지도 02 세계 지도 03 위선 04 대륙, 대양 05 대서양 06 오세아니아(오세아니아 대륙) 07 러시아 08 유럽(유럽 대륙) 09 남아메리카(남아메리카 대륙) 10 단조로운

6~7쪽

중단원 확인 평가 1 (1) 지구, 대륙 그리고 국가들

01 ㉠ 적도, ㉡ 본초 자오선 02 ⑩ 찾고자 하는 장소를 입력하면 지도에서 위치 정보 등을 찾을 수 있다. 등 03 ④
04 ② 05 ④ 06 (1) ㉡ (2) ㉠ (3) ㉢ 07 ⑤ 08 ①
09 칠레(칠레의 위치는 해설 참조) 10 ⑤

01 세계 지도에는 가로선인 위선과, 세로선인 경선이 표시되어 있습니다. 적도(위도 0°)를 기준으로 북쪽은 북위, 남쪽은 남위라고 합니다. 본초 자오선(경도 0°)을 기준으로 동쪽은 동경, 서쪽은 서경이라고 합니다.

02 디지털 영상 지도는 위성 사진이나 항공 사진을 바탕으로 전자 기기에서 이용할 수 있도록 디지털 정보로 표현한 지도입니다. 디지털 영상 지도를 이용하면 주변 모습, 장소까지의 거리, 관광 정보 등 다양한 정보를 쉽게 얻을 수 있습니다.

채점 기준
예시 정답과 비슷한 내용을 썼으면 정답으로 합니다.

03 세계 지도는 여러 나라의 위치와 영역을 한눈에 살펴볼 수 있어 세계 여러 나라의 전반적인 특징을 이해하는데 효과적입니다.

오답 피하기
③ 세계 지도는 둥근 지구를 평면으로 나타냈기 때문에 땅과 바다의 모양이나 크기가 실제 모습과 차이가 있습니다.

04 아시아는 우리나라가 속한 대륙으로, 북쪽으로 북극해, 남쪽으로 인도양, 동쪽으로 태평양과 닿아 있습니다.

아시아는 대륙 중에서 가장 넓으며, 러시아, 몽골, 중국, 인도 등의 나라가 있습니다.

05 인도양은 세계에서 세 번째로 넓은 바다입니다. 남쪽은 남극해와 닿아 있고 동쪽은 오세아니아, 서쪽은 아프리카, 북쪽은 아시아 대륙으로 둘러싸여 있습니다.

06 유럽은 다른 대륙에 비해 면적이 좁은 편이지만 많은 나라들이 위치하고 있어 인구 밀도가 높은 특징이 있습니다. 오세아니아는 가장 작은 대륙으로 대부분 남반구에 있습니다. 아프리카는 세계에서 두 번째로 큰 대륙으로 북반구와 남반구에 걸쳐 있습니다.

07 러시아는 세계에서 영토의 면적이 가장 넓은 나라이고, 바티칸 시국은 영토의 면적이 가장 작은 나라입니다. 바티칸 시국의 면적은 약 0.44km²입니다.

08 아프리카 대륙에 속한 나라에는 남아프리카 공화국, 이집트, 케냐, 리비아 등이 있습니다. ② 뉴질랜드, 키리바시는 오세아니아, ③ 미국, 멕시코는 북아메리카, ④ 우루과이, 콜롬비아는 남아메리카, ⑤ 노르웨이, 이탈리아는 유럽에 속한 나라입니다.

09 칠레는 남아메리카 대륙에 있는 나라로, 세계에서 남북으로 가장 긴 나라입니다.

10 오스트레일리아는 태평양과 인도양 사이에 있으며, 오세아니아에서 가장 큰 나라입니다.

1단원 (2) 중단원 쪽지 시험 9쪽

01 기후 02 화전 농업 03 온대 기후 04 침엽수(침엽수림) 05 한대 기후 06 고산 기후 07 건조 08 자연환경, 인문환경 09 고상 가옥 10 이해

중단원 확인 평가　1 (2) 세계의 다양한 삶의 모습

01 위도　02 ③　03 ⑤　04 ④　05 예 쉽고 빠르게 조립할 수 있어서 유목 생활에 유리하다. / 이사를 편리하게 하기 위함이다. 등　06 ④　07 ⑤　08 두 지역의 자연환경이 다르기 때문이다. / 주변에서 쉽게 구할 수 있는 재료가 다르다. 등　09 (1) 한대 기후　(2) 예 기온이 매우 낮아 농사 짓기가 어렵다. / 자원 개발이 활발하게 이루어지고 있다. / 이 지역의 독특한 자연환경을 연구하고 있다. 등　10 ①

01 지구는 둥글기 때문에 위도에 따라 받는 태양열(에너지)의 양이 다릅니다. 태양열(에너지)을 수직으로 받는 적도 부근은 좁은 지역에 태양열이 집중되기 때문에 기온이 높고, 태양열(에너지)을 비스듬히 받는 극지방은 태양열이 넓은 지역으로 분산되어 기온이 낮습니다.

02 온대 기후 지역은 사계절이 비교적 뚜렷하고, 다른 기후 지역보다 사람이 살기에 좋아 인구가 많고 다양한 산업이 발달했습니다. 온대 기후 지역에서는 농업이 발달하였으며, 지역에 따라 벼농사, 밀농사, 올리브나 포도 등을 재배합니다. ③은 냉대 기후 지역에 대한 설명입니다.

03 열대 기후 지역 중 일 년 내내 비가 많이 내리는 곳에는 열대 우림이 발달합니다.

오답 피하기
①은 온대 기후, ②는 건조 기후, ③은 한대 기후, ④는 저위도 지역의 고산 기후 지역에서 나타나는 특징입니다.

04 냉대 기후는 북반구의 중위도와 고위도 사이 지역에 널리 나타납니다. 러시아, 우리나라 북부, 캐나다, 미국의 북부 등에 냉대 기후가 나타납니다.

05 초원 지역에 사는 사람들은 물과 풀을 찾아 이동하며 가축을 기르는 유목 생활을 합니다. 몽골의 유목민들은 유목 생활에 유리하도록 쉽고 빠르게 설치하고 해체할 수 있는 집을 만듭니다.

채점 기준
게르가 초원 지역에서의 유목 생활에 적합하다는 의미로 썼으면 정답으로 합니다.

06 고산 기후는 해발 고도가 높은 곳에서 나타납니다. 해발 고도가 높을수록 기온이 점차 낮아지지만, 저위도 고산 기후 지역은 일 년 내내 우리나라의 봄철과 같이 온화합니다. 사람들이 생활하기에 유리하여 도시가 발달하기도 합니다. 이 지역에서는 낮은 기온에서도 잘 자라는 감자, 옥수수 등을 재배합니다.

07 사람들의 생활 모습은 그 지역의 지형, 기후 등 자연환경과 종교, 풍습 등 인문환경의 영향을 받습니다. 그 차이에 따라 그 지역만의 독특한 문화가 형성되기도 합니다.

08 멕시코 사람들은 강한 햇볕을 차단하여 시원하게 지내기 위하여 밀짚이나 나무 껍질로 모자를 만들어 사용하였고, 베트남 사람들은 야자나무 잎으로 뾰족한 원뿔 모양의 모자를 만들어 비와 햇빛을 막았습니다. 두 나라 사람들이 사용하는 모자가 다른 까닭은 주변에서 쉽게 구할 수 있는 재료를 활용해 기후에 적합한 모자를 만들어 쓰기 때문입니다.

09 한대 기후 지역은 일 년 내내 평균 기온이 매우 낮아 농사를 짓기 어렵습니다. 짧은 여름에는 풀이나 이끼가 자라는 땅에서 순록을 기르는 유목 생활을 하기도 합니다. 극지방의 기후 환경 및 과학 연구를 위해 세계 여러 나라에서 과학 기지를 세우고 있습니다.

채점 기준
(2) 한대 기후 지역의 특징에 대하여 한 가지 이상 바르게 썼으면 정답으로 합니다.

10 세계 여러 나라의 생활 모습은 자연환경과 인문환경의 영향을 받아 다양하게 나타납니다. 사람들의 생활 모습은 각각 고유한 특징과 가치를 지니고 있습니다. 따라서 서로 다른 생활 모습을 이해하고 존중하려는 마음가짐이 필요합니다.

01 러시아　**02** 중국　**03** 일본　**04** 가까워　**05** 협력　**06** 문화　**07** 미국　**08** 사우디아라비아　**09** 베트남　**10** 의존

14~15쪽

중단원 확인 평가 　1 (3) 우리나라와 가까운 나라들

01 선호　**02** (1) ○ (2) ✕　**03** ④　**04** ④　**05** (1) ✕ (2) ○　**06** 예 국가 간 협력이 필요한 분야에서 교류·협력하고 있다. 등　**07** ④　**08** ④　**09** ㉠, ㉡　**10** 예 나라마다 환경이 서로 다르기 때문이다. / 서로에게 필요한 물건이나 서비스를 주고 받기 위해서이다. / 교통·통신 기술이 발달하면서 물자 이동이 편리해졌기 때문이다. 등

01 러시아는 우리나라의 북쪽에 있는 나라로, 세계에서 가장 넓은 나라입니다. 러시아는 아시아와 유럽에 걸쳐 있는데 우랄산맥을 기준으로 동쪽은 아시아, 서쪽은 유럽에 속합니다. 풍부한 천연자원을 바탕으로 산업이 발달했습니다.

02 중국은 우리나라의 서쪽에 있는 나라로, 영토의 면적이 넓어 다양한 지형과 기후가 나타납니다. 서쪽에는 고원과 산지, 사막이 많습니다. 동부 평야와 해안 지역에 주요 항구와 대도시가 밀집해 있고, 인구가 집중해 있습니다.

03 일본은 우리나라의 동쪽에 있는 나라로, 네 개의 큰 섬과 수많은 작은 섬들로 이루어져 있습니다. 일본의 주요 산업으로는 자동차, 로봇 등의 제조업과 첨단 산업이 있습니다.

04 우리나라는 지리적 거리와 관계없이 세계 여러 나라와 밀접한 관계를 맺으며 교류하고 있습니다.

05 우리나라와 중국, 일본의 표지판에서는 공통적으로 한자를 볼 수 있습니다. 지리적으로 가까워 교류가 활발했던 우리나라, 중국, 일본은 한자 문화권에 속합니다.

06 한·중·일 각국의 과학 기술 장관들이 모여 공동의 문제에 대하여 논의하고 해결 방안을 마련하는 등 우리나라와 이웃 나라들은 국가 간 협력이 필요한 분야에서 서로 협력하고 있습니다.

채점 기준

예시 답안과 비슷한 의미로 썼으면 정답으로 합니다.

07 베트남은 영토 모양이 남북으로 길게 뻗어 있어 지역에 따라 다양한 기후가 나타납니다. 주로 열대 기후와 온대 기후가 나타나며, 일부 북부 지역은 사계절이 나타나는 곳도 있습니다.

08 세계적인 원유 생산국인 사우디아라비아는 우리나라가 원유를 수입하는 대표적인 나라입니다. 뛰어난 기술력을 가진 우리나라 기업들은 1970년대부터 사우디아라비아에 진출하여 도로, 발전소, 항만 등의 건설에 참여하고 있습니다. 오늘날에는 여러 분야에서 경제 협력을 강화하고 있습니다.

09 미국은 우리나라와 경제 분야뿐만 아니라 정치·군사·외교·문화 등 다양한 분야에서 밀접한 관계를 맺고 있습니다. 국토의 면적이 넓어 다양한 지형과 기후가 나타나며, 지하자원이 풍부하여 다양한 산업이 고르게 발달했습니다.

10 우리나라가 세계 여러 나라와 밀접한 관계를 맺으며 교류하는 까닭은 나라마다 자연환경과 인문환경이 서로 달라서 필요한 도움을 주고받을 수 있기 때문입니다.

채점 기준

예시 답안과 비슷한 의미로 썼으면 정답으로 합니다.

16~19쪽

학교 시험 만점왕 ❶회 　1. 세계의 여러 나라들

01 ②　**02** ②　**03** ④　**04** ④　**05** ①　**06** ③　**07** ②
08 ⑤　**09** ④　**10** ③　**11** ③　**12** ②　**13** ②　**14** ④　**15** ③
16 ②　**17** ①　**18** ③,⑤　**19** ⑤　**20** ③

01 지구본은 지구의 실제 모습을 일정한 비율로 축소한 모형으로, 실제 지구와 비슷한 둥근 형태입니다.

> **오답 피하기**
> ①, ③은 디지털 영상 지도, ④, ⑤는 세계 지도에 대한 설명입니다.

02 지구본과 세계 지도에는 가상의 가로선인 위선과 세로선인 경선이 있습니다. 위도 0°를 적도라고 하고, 경도 0°를 본초 자오선이라고 합니다.

03 ④번을 사용하면 지도를 확대하거나 축소할 수 있습니다.

> **오답 피하기**
> ①번을 사용하면 찾고자 하는 장소의 위치와 주요 정보를 찾을 수 있습니다.
> ②번을 활용하면 출발지에서 목적지까지의 이동 수단에 따른 이동 경로와 예상 시간을 알 수 있습니다.
> ③번을 사용하면 지도를 위성 사진이나 지형도 등으로 바꿔 볼 수 있습니다.
> ⑤번을 사용하면 어떤 장소의 실제 모습을 여러 각도에서 볼 수 있습니다.

04 ㉠ 대륙은 유럽, ㉡ 대륙은 아시아, ㉢ 대륙은 아프리카, ㉣ 대륙은 오세아니아, ㉤ 대륙은 북아메리카입니다.

05 아시아는 세계에서 가장 큰 대륙으로, 대부분 북반구에 포함되어 있으며 우리나라가 속한 대륙입니다.

> **오답 피하기**
> ② 태평양, ③ 아시아, ④ 아프리카에 대한 설명입니다.
> ⑤ 대서양은 두 번째로 큰 바다입니다.

06 리비아, 알제리, 수단은 아프리카 대륙에 속한 나라입니다.

07 기후는 일정한 지역에서 여러 해에 걸쳐 나타나는 평균적인 대기 상태를 말합니다. 지역 간 기온 차에 가장 큰 영향을 주는 요인은 위도입니다.

08 제시된 글은 건조 기후의 생활 모습입니다. 건조 기후의 사막 지역에서는 강이나 오아시스 주변에 모여 살고, 초원 지역에서는 유목 생활을 하기도 합니다.

09 열대 기후는 적도 주변의 저위도 지역에 널리 나타납니다. ④는 냉대 기후 지역에서 볼 수 있는 모습입니다.

> **오답 피하기**
> 열대 기후 지역 중 연중 비가 많이 내리는 곳에는 열대 우림이 발달하고, 건기와 우기가 나타나 비교적 강수량이 적은 곳에서는 초원이 발달합니다.

10 위도 30°~60°의 중위도 지역에서는 사계절이 뚜렷하고 다른 기후 지역보다 기온이 온화하고 강수량이 적당한 온대 기후가 나타납니다.

11 냉대 기후 지역에서도 다양한 생활 모습을 볼 수 있습니다. 침엽수림이 발달하여 목재와 펄프를 생산하고, 나무가 많아 주로 통나무집을 짓고 생활합니다. 추위를 이겨내기 위해 두꺼운 털옷과 털모자를 착용한 사람들을 볼 수 있습니다. ③은 한대 기후 지역의 생활 모습에 대한 설명입니다.

12 세계 여러 나라의 자연환경과 인문환경은 그곳에 사는 사람들의 생활 모습에 영향을 미칩니다. 생활 모습에 영향을 준 요인을 알게 되면 우리와 다른 생활 모습에 대하여 이해할 수 있게 됩니다. 두 사진 속 전통 복장은 기후의 영향을 받았습니다.

13 각 나라 사람들의 생활 모습은 환경에 따라 다양하고 고유한 특징과 가치를 갖고 있습니다. 세계 여러 나라 사람들이 어울려 살기 위해서는 서로 다른 생활 모습을 이해하고 존중하는 태도가 필요합니다.

14 우리나라와 중국, 일본은 지리적으로 가깝고 오래전부터 활발하게 교류하였기 때문에 생활 모습 중 비슷한 점을 볼 수 있습니다. 그러나 나라마다 고유한 특성과 환경이 다르기 때문에 다른 모습을 보입니다. 러시아의 식사 도구와 문자는 유럽의 모습과 비슷한 점이 많습니다.

15 중국은 우리나라의 서쪽에 있는 나라로, 인구가 많은 나라입니다. 영토가 넓어 다양한 기후가 나타나며, 만리장성과 자금성 등 세계적인 문화유산이 있습니다.

16 일본은 영토가 남북으로 길어서 지역에 따라 기후 차이가 납니다. 주로 온대 기후가 나타나며 북쪽으로 갈수록 냉대 기후가 나타납니다.

17 우리나라와 이웃 나라의 무역과 에너지 공급을 위한 협력은 경제적 교류의 사례입니다.

18 미국은 북아메리카 대륙에 있는 나라입니다. 옥수수, 밀 등 곡물을 대규모로 수출하며, 우리나라와 정치·경제·문화적으로 교류가 많습니다.

② 미국 중부의 대평원 지역에서 밀, 옥수수 등을 대량으로 재배합니다. 미국은 농산물 수출국입니다.

19 베트남은 기술력과 풍부한 노동력을 바탕으로 전자, 기계 등의 공업과, 의류, 신발 등의 경공업이 발달하였습니다. 베트남에는 우리나라의 많은 기업이 진출해 있습니다.

20 우리나라는 지리적으로 가까운 나라뿐만 아니라 지리적으로 멀리 떨어져 있는 나라들과도 밀접한 관계를 맺으며 교류하고 있습니다.

학교 시험 만점왕 ❷회   1. 세계의 여러 나라들

01 ⑤ 02 ③ 03 ③ 04 ② 05 ① 06 ③ 07 ③
08 ③ 09 ④ 10 ⑤ 11 ②, ④ 12 ① 13 ③ 14 ④
15 ③ 16 ⑤ 17 ② 18 ④ 19 ③ 20 ①

01 지구본은 여러 나라의 위치, 모양 등을 비교적 실제에 가깝게 표현되어 있다는 점이 특징입니다.

02 적도는 위선의 기준이 되는 위도 0°입니다. 지구의 자전축에 대해 직각으로 지구의 중심을 지나도록 자른 평면과 지표면이 만나는 선입니다. 적도를 기준으로 북쪽을 북반구, 남쪽을 남반구라고 합니다.

03 디지털 영상 지도는 인터넷을 연결해야 다양한 기능을 사용할 수 있습니다. 디지털 영상 지도는 최신 정보가 실시간으로 반영되어 정확도가 높고 편리하게 사용할 수 있습니다.

ⓒ 디지털 영상 지도는 인터넷이 가능한 곳에서 사용할 수 있으며, 지도를 미리 저장해 두면 인터넷을 사용할 수 없는 곳에서도 사용할 수 있습니다.

04 대서양은 유럽, 아프리카, 북아메리카, 남아메리카 대륙 사이에 있습니다.

05 이탈리아가 속해 있는 대륙은 유럽입니다.

06 제시된 자료는 아프리카에 대한 설명입니다. 아프리카는 세계에서 두 번째로 큰 대륙이고, 세계 최대의 사막인 사하라 사막이 있습니다.

07 한대 기후는 일 년 내내 평균 기온이 매우 낮아 식물이 자라기 어려운 지역입니다.

① 냉대 기후 지역은 사계절의 변화가 있지만 온대 기후보다 겨울이 깁니다.
② 건조 기후는 연평균 강수량이 500mm 보다 적습니다.
④ 열대 기후는 일 년 내내 덥고, 연 강수량이 많은 편입니다.
⑤ 온대 기후는 사람들이 살기에 적합하여 인구가 많습니다.

08 고산 기후는 해발 고도가 높은 지역에 나타나는 기후입니다. 해발 고도가 높아질수록 기온이 점차 낮아집니다.

09 제시된 지도는 냉대 기후의 분포를 나타낸 것입니다. 냉대 기후 지역에서는 침엽수림이 널리 분포해 목재와 펄프를 많이 생산합니다.

10 한대 기후 지역 사람들은 전통적으로 순록을 기르는 유목 생활을 하거나 사냥을 하면서 생활하였습니다. 최근 극지방에서는 석유와 천연가스 등 자원 개발도 활발하게 이루어지고 있습니다.

11 건조 기후 지역의 흙집은 주변에서 쉽게 구할 수 있는 흙벽돌을 이용해 짓는 집입니다. 모래바람이 자주 불기 때문에 그 피해를 줄이기 위하여 창문을 작게 만드는 것이 특징입니다.

① 사막 지역은 기온의 일교차가 크기 때문에 한낮에는 더위를 피하고 밤에는 추위를 막기 위해 벽을 두껍게 만듭니다.

12 알프스산맥에 위치한 스위스는 낙농업이 발달하여 치즈로 만든 음식을 많이 먹습니다. 인도네시아의 음식 재료와 조리법은 무더운 기후의 영향을 많이 받았습니다. 각 나라마다 사람들의 생활 모습은 환경의 영향을 많이 받는다는 것을 알 수 있습니다.

13 세계 여러 나라 사람들은 다양한 생활 모습으로 살아가며, 각각 고유한 특징과 가치를 갖고 있습니다. 따라서 서로 다른 생활 모습을 대할 때는 이를 이해하고 존중하는 태도가 필요합니다.

14 우리나라와 중국, 일본은 숟가락과 젓가락을 사용하고 쌀을 주식으로 먹는다는 공통점이 있습니다.

15 제시된 내용은 러시아의 자연환경에 대한 설명입니다.

16 우리나라가 이웃 나라와 함께 문제를 해결해야 하는 까닭은 환경 문제, 영토 분쟁 등 우리나라만의 노력으로 해결할 수 없는 문제도 있기 때문입니다.

17 제시된 자료를 살펴보면 우리나라는 중국과 경제적 교류가 가장 많음을 알 수 있습니다.

18 제시된 표의 내용은 베트남에 대한 설명입니다. 베트남의 영토는 남북으로 길게 뻗어 있고, 기후는 열대 기후와 온대 기후의 특성이 모두 나타납니다.

19 우리나라와 미국은 경제 외에도 정치, 군사, 외교, 문화 등 다양한 분야에서 긴밀한 관계를 맺고 있습니다.

20 우리나라는 세계 여러 나라와 다양한 분야에서 서로 교류·협력하며 상호 의존 관계를 맺고 있습니다. 오늘날 교통과 정보 통신의 발달로 서로에게 필요한 물건이나 서비스, 문화 등을 주고받는 것이 편리해졌습니다.

1단원 서술형 평가 24~25쪽

01 ㉠ 세계 지도 ㉡ 지구본 02 예 위선과 경선을 활용하면 세계 여러 나라의 위치를 쉽게 찾을 수 있다. / 위치를 숫자로 정확하게 나타낼 수 있다. 등 03 (1) 디지털 영상 지도 (2) 예 장소 간 이동 거리, 예상 시간을 이용하여 지도에서 위치를 찾을 수 있다. / 특정 장소의 실제 모습을 검색할 수 있다. 등 04 (1) 아시아 (2) 태평양, 예 태평양은 세계에서 가장 넓은 바다이다. 등 05 (1) 열대 기후 (2) 예 일 년 내내 기온이 높고 비가 많이 내린다. / 건기와 우기가 나타나는 곳도 있다. 등 06 예 유목 생활을 한다. 07 예 조립과 분해가 쉬워 가축과 함께 이동해야 하는 유목 생활에 유리하다. 등 08 예 세계 여러 나라의 생활 모습은 환경의 영향을 받아 다르게 나타나며 각각 고유한 가치를 가지고 있다. / 서로 다른 생활 모습을 이해하고 존중하는 마음가짐이 필요하다. 등 09 예 지리적으로 가까워 오래전부터 교류하였기 때문이다. 10 예 나라마다 자연환경과 인문환경이 서로 달라 필요한 도움을 주고받을 수 있기 때문이다. 등

02 위선과 경선에 있는 숫자를 이용하면 세계 여러 나라의 위치를 정확하게 나타낼 수 있습니다.

채점 기준
정확한 위치를 나타낼 수 있다는 의미를 포함하면 정답으로 합니다.

03 디지털 영상 지도를 활용하면 어떤 장소의 실제 모습을 여러 각도로 살펴볼 수 있습니다. 또 어떤 장소에 대한 다양한 정보를 이용하여 찾고자 하는 위치를 찾을 수도 있습니다.

채점 기준
예시 답안과 비슷한 의미로 썼으면 정답으로 합니다.

04 우리나라는 아시아 대륙에 속해 있습니다. 태평양은 세계에서 가장 넓은 바다입니다.

채점 기준
예시 답안과 비슷한 의미로 썼으면 정답으로 합니다.

05 제시된 지도와 사진은 열대 기후 지역을 설명하고 있습니다.

06 제시된 사진은 건조 기후 지역과 한대 기후 지역의 유목 생활을 보여 주는 사진입니다.

07 텐트처럼 간단히 조립하고 분해할 수 있는 게르는 가축과 함께 이동해야 하는 유목 생활에 적합한 가옥 구조입니다.

08 세계 여러 나라의 생활 모습은 다양하게 나타나며, 서로 다른 생활 모습을 이해하고 존중하는 태도가 필요합니다.

09 우리나라와 중국, 일본은 지리적으로 가까워 예전부터 활발하게 교류하며 서로에게 영향을 끼쳤습니다.

10 나라마다 자연환경과 인문환경이 달라 서로 필요한 도움을 주고받을 수 있습니다. 오늘날 교통·통신 기술의 발달로 이동이 편리해졌기 때문에 서로 교류를 통해 함께 발전하고 있습니다.

2단원 (1) 중단원 쪽지 시험 · 27쪽

01 독도 02 천연기념물 03 (1) × (2) ○ 04 세종실록지리지 05 안용복 06 이산가족 07 재영 08 (2) ○
09 남북 예술단 합동 공연 10 (1) ○ (2) ×

중단원 확인 평가   2 (1) 한반도의 미래와 통일 · 28~29쪽

01 ④ 02 가스 하이드레이트 03 ④ 04 예 일본에 가서 울릉도와 독도가 우리나라 땅임을 확인받았다. / 불법 고기잡이를 하던 일본 어민을 쫓아내고 일본에 가서 독도가 우리나라 땅임을 확인받았다. 등 05 ⑤ 06 팔도총도 07 ④
08 ③ 09 ③ 10 예 육로로 유럽까지 갈 수 있다. / 남북한의 국토와 자원을 효율적으로 활용할 수 있어 경제가 성장할 것이다. / 세계 평화에 이바지할 수 있다. / 전통문화를 체계적으로 관리할 수 있다. 등

01 독도 주변 바다는 차가운 바닷물과 따뜻한 바닷물이 만나 먹이가 풍부해서 여러 해양 생물이 살기 좋은 환경을 갖추고 있습니다.

02 독도 주변 바다 밑바닥에는 미래 에너지원인 가스 하이드레이트가 묻혀 있습니다. 천연가스와 물이 결합한 고체 상태의 물질로 불을 붙이면 타는 성질이 있습니다.

03 연합국 최고 사령관 각서 제677호는 광복 직후 독도가 우리나라 땅임을 국제적으로 인정받는 역사적 근거입니다.

① 독도는 동도와 서도 두 개의 큰 섬과 그 주위의 크고 작은 바위섬 89개로 이루어져 있습니다.
③ 독도에서 울릉도까지의 거리가 독도에서 오키섬까지의 거리보다 더 가깝습니다.

04 조선 후기 안용복은 울릉도 인근에서 불법으로 고기잡이를 하던 일본 어민을 쫓아내고 일본에 가서 울릉도와 독도가 우리 영토임을 확인받았습니다.

05 남북 정상 회담에서 남한과 북한은 한반도 평화를 위해 노력하기로 약속하였습니다. 독도 분할의 내용은 담겨 있지 않습니다.

06 「팔도총도」는 독도가 우리나라 영토임을 알 수 있는 옛 지도 중 현존하는 가장 오래된 지도입니다.

07 남북 분단으로 인해 국방비로 사용하는 비용이 많아 경제적으로 큰 손실을 보고 있습니다.

08 남북통일을 위한 사회·문화적 노력으로는 남북 예술단 합동 공연, 남북 선수단 공동 입장 등이 있습니다.

오답 피하기
①, ④는 경제적 노력이고 ②, ⑤는 정치적 노력에 해당합니다.

09 바람직한 남북통일의 방향은 통일 이전부터 남북 교류를 확대하고 협력하는 경험을 바탕으로 대화를 통해 평화적으로 통일을 하는 것입니다.

10 남북통일이 되면 남북한의 국토와 자원을 효율적으로 이용할 수 있어 경제가 성장할 수 있고, 육로로 유럽까지 이동할 수 있습니다. 전쟁에 대한 공포감에서 벗어나 세계의 평화에 이바지할 수 있으며 전통문화를 체계적으로 관리할 수 있을 것입니다.

채점 기준
통일 한국의 다양한 모습을 바르게 예측하여 썼으면 정답으로 합니다.

2단원 (2) 중단원 쪽지 시험   31쪽

01 이스라엘   **02** (1) ○ (2) ×   **03** 국제 연합(UN, 유엔)
04 국제 연합 난민 기구(UNHCR)   **05** 비정부 기구   **06** 그린피스   **07** 국제 앰네스티   **08** 국제 연합 평화 유지군
09 이태석   **10** (1) × (2) ○

중단원 확인 평가   2 (2) 지구촌의 평화와 발전

01 ①, ③   **02** ②   **03** ⑤   **04** 예 갈등 해결을 위한 홍보 동영상 만들기 / 모금 활동하기 / 캠페인 활동하기 등   **05** 넬슨 만델라   **06** 예 교육받을 권리가 있다. 등   **07** ④   **08** 국제 연합 교육 과학 문화 기구(UNESCO)   **09** ⑤   **10** ④

01 이스라엘과 팔레스타인은 팔레스타인 지역을 차지하기 위해 영토 갈등을 겪고 있습니다. 또한 이스라엘은 유대교를 믿고 팔레스타인은 이슬람교를 믿기 때문에 서로 다른 종교로 인해 갈등이 나타나고 있습니다.

02 주민 대부분이 이슬람교를 믿는 카슈미르 지역이 이슬람 국가인 파키스탄이 아닌 힌두교 중심의 인도에 속하게 되면서 분쟁이 발생하였습니다.

03 지구촌 갈등은 갈등을 겪는 지역뿐만 아니라 다른 여러 국가가 연결되어 있어 한 나라나 개인의 힘만으로는 해결하기 어렵습니다.

오답 피하기
① 다양한 원인이 복합적으로 얽혀 있기도 합니다.
② 지구촌 갈등은 해결하는 데 시간이 오래 걸립니다.
③ 오늘날 사람들은 지구촌 갈등 해결을 위해 관심을 갖고 여러 노력을 하고 있습니다.
④ 지구촌 갈등 해결을 위해서 국제기구, 비정부 기구, 국가, 개인 등이 노력하고 있습니다.

04 지구촌 갈등 해결을 위해 어린이들이 실천할 수 있는 방법에는 홍보 동영상 만들기, 모금 활동하기, 지구촌 문제에 대한 관심을 갖고 정보 찾아보기, 누리 소통망 서비스(SNS)로 여러 나라에 홍보하기 등이 있습니다.

채점 기준
어린이들이 실천할 수 있는 방법으로 예시 답안과 비슷하게 썼으면 정답으로 합니다.

05 제시된 자료는 흑인 인권 운동가이자 남아프리카 공화국 최초의 흑인 대통령 '넬슨 만델라'에 대한 설명입니다.

06 말랄라 유사프자이는 누리 소통망 서비스(SNS)를 이용해 탈레반 점령 지역의 생활과 여학생 교육의 문제점을 알리며 여성도 교육받을 권리가 있다고 주장하였습니다.

> **채점 기준**
> 예시 답안과 비슷한 의미로 썼으면 정답으로 합니다.

07 국제 연합(UN)은 세계 여러 나라가 서로 협력해 지구촌 평화를 지키기 위해 설립한 국제기구입니다.

08 국제 연합 교육 과학 문화 기구(유네스코, UNESCO)는 교육, 과학, 문화 분야에서 국제적 교류 활동을 통하여 세계 평화를 추구합니다.

09 그린피스, 국경 없는 의사회, 해비타트는 비정부 기구입니다. 비정부 기구는 국가나 다른 단체의 간섭을 받지 않고 뜻이 비슷한 개인들이 자유로운 활동을 하기 위해 만든 조직입니다.

> **오답 피하기**
> ① 국제기구에 대한 설명입니다.
> ② 비정부 기구는 국적에 상관없이 뜻이 맞는 개인들이 모여 만든 조직입니다.
> ③ 비정부 기구는 지구촌 평화를 위해 설립되었습니다.
> ④ 비정부 기구는 국가의 외교 활동과는 관련이 없습니다.

10 우리나라는 지구촌 평화를 위해 한국 국제 협력단(KOICA) 운영, 국제 연합 평화 유지군 파견, 국제기구 활동 참여 등을 하고 있습니다.

> **오답 피하기**
> ㉠ 국제 연합(UN)은 세계 여러 나라들이 지구촌 평화를 지키기 위해 설립되었습니다.

2단원 (3) **중단원 쪽지 시험**   35쪽

01 지구 온난화   02 (1) ○ (2) ×   03 초미세 먼지   04 (1) ㉡ (2) ㉠   05 가능성   06 세계 시민   07 친환경 생산   08 ㉠   09 (1) ○ (2) ×   10 호민

중단원 확인 평가   **2 (3) 지속 가능한 지구촌**

01 ⑤   02 플라스틱   03 예 플라스틱 빨대 사용을 줄인다. / 환경 캠페인에 참여한다. 등   04 ②   05 ①   06 ②   07 편견   08 ①   09 ⑤   10 예 나와 다르더라도 서로의 문화를 존중해야 해. / 서로 다른 문화를 이해하는 태도를 가져야 해. 등

01 제시된 자료는 열대 우림 파괴 문제를 나타내고 있습니다. 무분별한 개발로 인하여 열대 우림이 급속도로 파괴되고 있습니다.

02 제시된 자료는 플라스틱 쓰레기 문제에 관련된 내용입니다. 편리함으로 인해 플라스틱 사용량이 점점 증가하면서 환경 오염이 심각해지고 있습니다. 플라스틱이 작게 쪼개져서 바다로 흘러 들어가게 되면 해양 동물들이 이를 먹이로 착각하고 먹는 등 해양 생태계에 악영향을 줍니다.

03 플라스틱 쓰레기 문제를 해결하기 위해 개인이 할 수 있는 노력으로는 환경 캠페인 참여하기, 일회용 플라스틱 용품 줄이기, 분해가 잘되는 친환경 제품 사용하기 등이 있습니다.

> **채점 기준**
> 예시 답안과 비슷한 의미로 개인이 지구촌 환경 문제를 해결하는 방법을 썼으면 정답으로 합니다.

04 지구촌 환경 문제 해결을 위해 기업은 친환경 제품 생산하기, 친환경 소재 개발하기, 에너지 절약에 힘쓰기 등의 노력을 합니다.

> **오답 피하기**
> ㉢은 지구촌 환경 문제 해결을 위한 정부의 노력에 해당합니다.

05 지속 가능한 미래를 위해 우리는 미래 세대가 발전할 수 있는 가능성을 파괴하지 않으면서 오늘날의 사람들이 좀 더 나은 세계에 살아갈 수 있도록 노력해야 합니다.

06 아프리카, 아시아, 남아메리카 등 지구촌 곳곳에서 빈곤과 기아로 고통받는 사람들이 있습니다. 특히 아프리

카에서 영양 결핍 인구 비율이 높게 나타납니다.

07 문화적 편견이란 문화적 차이를 이해하지 못한 채 다른 문화에 대해 공정하지 못하고 한쪽으로 치우친 생각을 말합니다.

08 문화적 편견과 차별은 자신의 문화를 기준으로 판단하기 때문에 생깁니다.

09 다른 나라의 음식 문화를 함부로 평가하는 태도로 문화적 편견을 보여 주고 있습니다.

10 세계 시민은 서로 다름과 다양성을 존중하고 지구촌 문제 해결에 책임감을 가지고 적극적으로 동참하는 태도를 지녀야 합니다.

채점 기준
예시 답안과 비슷한 의미로 세계 시민으로서 조언을 썼으면 정답으로 합니다.

학교 시험 만점왕 ❶회   2. 통일 한국의 미래와 지구촌의 평화

01 ③   02 ③   03 ①   04 ③   05 ⑤   06 ④   07 ②
08 ②   09 ②   10 ③   11 ③   12 ④   13 ①   14 ②   15 ⑤
16 ③   17 ①   18 ④   19 ④   20 ①

01 독도에서 울릉도까지의 거리는 87.4km이고 독도에서 오키섬까지의 거리는 157.5km입니다. 따라서 독도는 일본보다 우리나라에 더 가깝습니다.

02 대한 제국 칙령 제41호는 독도를 울릉도의 관할 구역으로 한다는 내용이 기록되어 있습니다.

오답 피하기
① 『세종실록지리지』와 관련된 내용입니다.
② '연합국 최고 사령관 각서 제677호'와 관련된 내용입니다.
④ 『대일본전도』와 『태정관 지령』을 통해 알 수 있는 내용입니다.
⑤ 우리나라 사람들은 독도를 우리나라 땅이라고 생각하였습니다.

03 독도는 경사가 급하고 대부분 암석으로 이루어진 화산섬입니다.

04 독도는 군사적·교통적으로 중요한 위치에 있으며 다양한 동식물이 서식하여 천연기념물로 지정해 보호하고 있습니다. 또한 독도 주변 바다에는 해양 심층수와 가스 하이드레이트가 있어 경제적 가치가 높습니다. ③ 독도에는 스키장이 없습니다.

05 제시된 자료는 남북통일의 필요성 중 국방비와 관련된 내용을 담고 있습니다. 남북통일이 되면 국방비가 줄게 되어 남은 비용을 필요한 곳에 활용할 수 있다는 장점이 있습니다.

06 남북통일을 위한 정부의 정치적 노력에는 7·4 남북 공동 성명 발표, 남북 기본 합의서 채택, 남북 정상 회담 개최 등이 있습니다. 경제적 노력에는 개성 공단 운영, 경의선·동해선 연결 및 현대화 등이 있습니다. 사회·문화적 노력에는 남북 선수단 공동 입장, 남북 예술단 합동 공연 등이 있습니다.

07 남북통일이 되면 백두산은 중국을 거치지 않고 방문할 수 있습니다.

08 제시된 지구촌 갈등은 '카슈미르 분쟁'입니다. '카슈미르 분쟁'의 원인은 종교 차이 때문입니다.

09 지구촌 갈등을 해결할 강력한 국제법은 없습니다. 자국의 이익 추구, 오랜 갈등으로 인한 감정, 역사적 문제 등으로 인하여 지구촌 갈등이 사라지지 않고 있습니다.

10 국제 연합 아동 기금(UNICEF)은 질병 예방, 교육, 어린이 보호 등 어린이의 권리 향상을 위한 활동을 하는 국제 연합(UN)의 산하 전문 기구입니다.

오답 피하기
① 국제 연합 난민 기구(UNHCR)에 대한 설명입니다.
② 비정부 기구인 그린피스에 대한 설명입니다.
④ 국제 연합 교육 과학 문화 기구(UNESCO)에 대한 설명입니다.
⑤ 국제 연합 세계 식량 계획(WFP)에 대한 설명입니다.

36 만점왕 사회 6-2

11 국제 연합(UN)은 1945년 지구촌의 평화 유지, 전쟁 방지, 국제 협력을 목표로 설립되었습니다.

12 ㉠~㉢은 지구촌의 여러 문제를 해결하기 위해 뜻이 비슷한 개인들이 모여 활동하는 비정부 기구입니다.

13 안용복은 조선 후기에 독도를 지키기 위해 노력한 인물입니다.

14 한국 국제 협력단(KOICA)은 우리나라가 국제 협력을 증진하기 위하여 설립한 단체입니다. 이 단체는 우리나라와 개발 도상국과 활발한 교류를 통해 이 국가들의 경제 사회 발전을 지원하고 있습니다.

15 제시된 자료는 지구 온난화와 관련 있습니다. 지구 온난화로 인해 지표면의 온도가 높아지고 있으며, 이로 인해 빙하가 녹아내려 해수면이 상승하고, 지구촌 곳곳에서 이상 기후가 나타납니다.

16 지구촌 환경 문제 해결을 위한 개인의 노력으로는 환경 캠페인 참여하기, 일회용품 줄이기, 에너지 절약하기, 가까운 거리는 걸어 다니기 등이 있습니다.

17 지구촌 환경 문제 해결을 위한 기업의 노력으로는 친환경 제품 생산하기, 친환경 소재 개발하기, 에너지 절약하기 등이 있습니다.

18 제시된 상황은 문화적 편견으로 고통받고 있는 사람들의 상황입니다.

19 제시된 지도를 보면 지구촌 곳곳에서 기아가 발생하고 있다는 사실을 알 수 있습니다.

오답 피하기
① 세계 기아 지도로는 알 수 없습니다.
②, ③ 영양 결핍 인구 비율이 가장 높은 곳은 아프리카입니다.
⑤ 아시아와 아프리카 일부 국가에서는 전체 인구의 35% 이상이 영양 결핍을 겪고 있습니다.

20 지속 가능한 미래를 위해 세계 시민으로서 친환경적인 소비 생활에 힘써야 합니다. 가까운 거리는 걸어 다니는 것이 바람직합니다.

42~45쪽

학교 시험 만점왕 ❷회   2. 통일 한국의 미래와 지구촌의 평화

01 ⑤   02 ④   03 ②   04 ③   05 ①   06 ②   07 ⑤
08 ⑤   09 ③   10 ④   11 ②   12 ④   13 ③   14 ④   15 ③
16 ①   17 ③   18 ④   19 ④   20 ①

01 독도는 동도와 서도 두 개의 큰 섬과 그 주위에 크고 작은 바위섬 89개로 이루어져 있습니다.

02 '연합국 최고 사령관 각서 제677호'에는 독도를 일본의 관할 지역에서 제외한다는 내용이 기록되었습니다. 이것은 우리나라와 세계 여러 나라 사람들 모두 독도를 우리나라 영토로 인정하고 있음을 의미합니다.

03 제시된 설명의 인물은 안용복입니다.

오답 피하기
③ 이사부는 신라 지증왕 때 지금의 독도인 우산국을 정복하여 신라 영토에 편입시킨 인물입니다.
⑤ 최종덕은 독도가 무인도가 아니라 한국인이 거주하고 있음을 알리기 위해 1981년 독도로 주민 등록을 옮긴 최초의 독도 주민입니다.

04 ③은 독도를 지키기 위한 정부의 노력에 해당합니다. 우리나라는 독도를 지키기 위해 등대, 선박 접안 시설, 경비 시설 등을 설치했습니다. 또한 독도의 생태계를 보호하고 독도를 지속적으로 이용할 수 있도록 법령을 시행하고 있습니다.

05 제시된 자료는 이산가족의 슬픔을 나타내고 있습니다. 남북 분단으로 인해 이산가족이 고향을 가지 못하거나 부모 형제가 서로 만날 수 없습니다.

06 제시된 자료는 남북한 자원의 효율적인 활용에 대한 내용입니다. 남북통일이 된다면 남한의 우수한 기술력과 북한의 풍부한 지하자원 및 노동력을 서로 결합해 활용하여 경제적인 성장을 기대할 수 있습니다.

07 남북통일을 위한 정부의 경제적 노력으로는 개성 공단 운영, 경의선 및 동해선 철도·도로 연결 사업 등이 있습니다.

08 바람직한 남북통일의 방향은 통일 이전부터 남북 교류를 확대하고 협력하는 기회를 통하여 상대를 존중하고 평화적으로 통일하는 것입니다.

09 시리아는 1971년 쿠데타 이후 현 시리아 대통령까지 오랜 독재 정치가 이루어졌습니다. 이에 독재에 반대하는 시민들이 중심이 되어 반정부군이 조직되면서 정부군과의 내전이 시작되었습니다. 여기에 이슬람 종파 문제까지 엮여 내전이 쉽게 해결되기 어려운 상황이 되었습니다. 시리아 내전으로 수많은 사상자가 발생하였고 대규모 난민이 발생하였습니다.

10 사람들이 지구촌 문제 해결에 관심을 갖도록 누리 소통망 서비스(SNS)로 여러 사람들에게 알리는 모습입니다. 한사람 한사람이 뜻을 모아 지구촌 평화를 지키기 위한 노력을 시작한다면 지구촌 갈등 해결에 큰 힘이 될 수 있습니다.

11 제시된 설명은 국제 연합(UN)에 관련된 설명입니다.

12 ㉠~㉢은 지구촌의 평화 유지와 전쟁 방지, 인권 보장 등을 위해 만들어진 국제 연합(UN)의 산하 전문 기구입니다.

13 제시된 자료는 국제 앰네스티에 관련된 내용입니다.

14 제시된 설명의 인물은 조디 윌리엄스입니다. 조디 윌리엄스는 지뢰 금지 국제 운동(ICBL) 단체 활동으로 1997년 노벨 평화상을 받았습니다. 사람을 대상으로 하는 지뢰를 사용하지 않도록 많은 국가들의 약속을 이끌어냈습니다.

15 제시된 자료는 초미세 먼지 문제를 나타내고 있습니다. 공장이나 자동차에서 배출되는 오염 물질 때문에 공기 중 초미세 먼지의 농도가 증가하는 환경 문제가 나타나고 있습니다.

16 지구 온난화는 지구의 평균 기온이 점점 높아지는 현상으로 대표적인 지구촌 환경 문제입니다.

17 지구촌 환경 문제 해결을 위해 국가는 일회용품 사용 규제 정책을 만들어 개인이나 기업이 일회용품 사용을 줄이도록 합니다.

18 분쟁, 가뭄 등의 원인으로 빈곤과 기아 문제가 계속되고 있습니다. 여전히 많은 어린이가 영양을 제대로 공급받지 못해 영양 결핍에 시달리고 있습니다.

19 문화적 편견과 차별을 해결하기 위해서는 자신의 문화를 기준으로 다른 문화를 평가하지 않고 서로 다른 문화를 존중하고 이해하는 자세를 가져야 합니다.

20 '문화 존중 캠페인, 자원 절약하기, 기아 문제 해결을 위한 모금 활동 참여하기'는 세계 시민으로서의 태도를 보여 줍니다.

01 ㉠ 팔도총도, ㉡ 대일본전도

02 예 옛날부터 독도는 우리나라 땅이었다. / 일본은 독도를 일본 땅이라고 생각하지 않았다. / 옛날 우리나라와 일본은 독도를 우리나라 땅이라고 생각했다. 등

03 ㉠ 이스라엘, ㉡ 팔레스타인

04 예 하나의 지역을 서로 자기 땅이라고 주장하기 때문이다. / 종교가 서로 달라서 이해하지 못하기 때문이다. / 오랜 분쟁으로 감정이 나쁘기 때문이다. 등

05 예 지구촌 평화를 위한 단체이다. / 지구촌 갈등을 해결하기 위해 설립한 단체이다. 등

06 예 ㈎는 지구촌 여러 문제를 해결하기 위해 뜻이 비슷한 개인들이 모여 활동하는 비정부 기구이고, ㈏는 국가들이 모여서 지구촌 문제를 함께 해결하려고 만든 국제기구이다. 등

07 ㉠ 지구 온난화, ㉡ 열대 우림

08 예 일회용품 사용을 줄인다. / 환경 캠페인에 참여한다. 등

---

01 「팔도총도」는 현존하는 우리나라의 옛 지도 중 독도가 표기된 가장 오래된 지도입니다. 독도를 울릉도의 서쪽에 그린 것이 특징입니다. 「대일본전도」는 일본 정부가 자국의 영토를 나타낸 지도입니다.

02 「팔도총도」와 「대일본전도」를 통해 옛날 우리나라와 일본 모두 독도를 우리나라 땅이라고 생각하였음을 알 수 있습니다.

> **채점 기준**
>
> 예시 답안과 비슷한 의미로 독도가 우리나라 땅이라는 내용을 썼으면 정답으로 합니다.

03 제시된 자료는 이스라엘과 팔레스타인의 분쟁입니다. 이스라엘은 유대교를 믿고 있고, 팔레스타인은 이슬람교를 믿고 있습니다.

04 이스라엘과 팔레스타인의 갈등은 영토 문제, 종교 문제, 역사적 문제 등 다양한 원인이 복합적으로 얽혀 있습니다.

> **채점 기준**
>
> 예시 답안과 비슷한 의미로 갈등의 원인을 영토, 종교, 역사적 문제와 관련하여 썼으면 정답으로 합니다.

05 ㈎와 ㈏는 모두 지구촌 갈등을 해결하고 평화와 발전을 이루기 위해 설립된 단체입니다.

> **채점 기준**
>
> 예시 답안과 비슷한 의미로 단체 설립 목적을 지구촌의 평화, 갈등 해결 등으로 썼으면 정답으로 합니다.

06 ㈎는 지구촌의 갈등을 해결하기 위해 뜻이 비슷한 개인들이 모여 활동하는 비정부 기구입니다. ㈏는 국제 연합(UN) 산하 전문 기구입니다. 국제 연합(UN)은 지구촌의 평화, 전쟁 방지, 국제 협력을 위해 국가들이 모여서 지구촌 문제를 함께 해결하려고 만든 국제기구입니다.

> **채점 기준**
>
> 예시 답안과 비슷한 의미로 ㈎는 비정부 기구, ㈏는 국제기구이며 어떻게 다른지 그 차이점을 썼으면 정답으로 합니다.

07 ㉠은 지구 온난화, ㉡은 열대 우림 파괴 문제를 설명하고 있습니다.

08 사람들이 환경을 고려하지 않고 무분별하게 개발하고 소비를 하면서 쓰레기 문제가 발생하였습니다. 특히 플라스틱 배출로 인한 쓰레기 문제를 해결하기 위해 개인은 '일회용품 사용 줄이기, 쓰레기 분리배출하기, 지구촌 환경을 위한 캠페인 참여하기' 등을 실천할 수 있습니다.

> **채점 기준**
>
> 예시 답안과 비슷한 의미로 플라스틱 쓰레기를 줄이기 위해 개인이 실천할 수 있는 방법을 썼으면 정답으로 합니다.